인물로 본 기독교회사 · (상)

존 우드브리지 엮음

박용규 옮김

신교횃불

인물로 본 기독교회사 · (상)

차 례

서   론

십수세기에 걸쳐 수백, 수천만의 사람들이 그리스도인임을 자처해 왔다. 그들은 이로 인해 목숨을 잃기도 하였다. 사도행전 7장에 기록된 돌에 맞아 죽은 스데반으로부터 에콰도르에서 살해된 짐 엘리옷(Jim Elliot)과 그의 선교 동역자들에 이르기까지 수천, 수만의 그리스도인들이 순교자로 삶을 마감했다. 또 많은 그리스도인들이 그와 같은 엄청난 희생을 겪지는 않았지만 조롱, 시험, 유혹에도 굴하지 않고 불굴의 신앙으로써 그리스도의 제자로 의연히 살아 갔다. 반면 어떤 신자들은 기독교를 사회적 풍습의 의복으로 살짝 걸치고 살기도 하였다.

잔인한 십자가 위에서 죽으사 첫 부활절 아침에 기적으로 죽음에서 살아나신 이 예수님을 따르기 위해 구두장이, 왕, 잡역부, 여왕 등 온갖 사회 계급의 사람들이 그리스도인으로 발벗고 나섰다. 자신을 그리스도인이라 부른 많은 사람들은 예수님이 "참 하나님이자 참 인간", 성육신한 말씀이라고 믿었다.

그리스도는 그들에게 구원을 안겨 주기 위해 그들의 죄를 위해 죽었었다. 그들은 그를 믿고 그의 가르침을 따랐다. 그는 그들의 주님이며 구주였다. 이 예수님은 자기 교회를 위해 다시 오시겠다고 약속하셨다. 주님이 떠난 후 성령이 오사 그리스도인들에게 선교 사명을 감당할 수 있도록 위로와 권능을 주셨다. 주님이 다시 오시기 전 그리스도인들이 할 일은 많았다. 주님은 그들에게 마음과 영혼과 힘을 다해 하나님을 사랑하고 이웃을 자기 몸처럼 사랑하라고 명하셨다. 그리스도는 또한 복음을 전파하고 제자를 삼으며 새로운 개종자들에게 세례를 주어야 할 사명을 부여하셨다.

예수님의 생애는 제자들의 역사에 대한 사고 방식을 바꾸어 놓을 정도로 그야말로 일대 신기원이었다. 그러므로 그리스도인들은 자신들이 "우리 주님의 시대에"(anno Domini : A. D.) 살고 있다는 표현을 종종 사용하였던 것이다.

잊혀진 성인들

이 수백, 수천만의 그리스도인들에 대한 기억이 인류의 집단적 의식으로 부터 오래 전에 사라졌으며 후속 세대에서 소멸되었다. 그들 중 많은 이들이 우리가 입수할 수 있는 현존 문서의 지면에 출현하지 않는다. 그들이 누린 기쁨, 자신들의 주님을 모방했던 자비로운 행위, 용기 있는 신앙 고백과 증언 사역 등에 대해 우리는 전혀 알 수가 없다. 그들이 당한 간고와 환난도 거의 잊혀졌다. 옛 흑인 영가가 그들의 고난을 잘 표현해 주고 있다. "내가 당한 고난은 아무도 몰라요, 예수님 외엔 아무도 몰라요." 그 누구도 몰라 주고 관심을 보이지 않는다 하더라도 예수님은 알아 주고 이해하신다는 믿음이 그들의 유일한 위로였다. 제각기 여러 문화 속에 살았고 피부 색깔도 붉은 색, 갈색, 황색, 흑색, 백색 등 다채로 왔던 이 성도들은 이제 기독 교회의 말없는 남녀 성인들의 반열에 서 있다.

반면 어떤 그리스도인들의 이름은 아직도 우리 귀에 쟁쟁히 들려 오고 있다. 이 중 많은 이들에 대해서는 희미한 속삭임만이 들려오고 혹자들의 이름은 아직도 나팔소리같이 울리고 있다. 이 그리스도인들은 육필 서적이나 기타의 책 혹은 오늘날까지 이어져 내려 온 구두적 전승에 의해 그 유명한 이름이 알려지게 된 자들이다. 신분은 목사, 사회 개혁가, 교회 고위 관리, 변증가, 신학자, 선교사, 전도자, 철학자, 과학자, 저술가, 예술가, 음악가, 상인, 농부 등등 각계 각층이었다. 그들 가운데 특정 소수는 오늘날 우리가 기독교 지도자들이라 부를 만한 자들이었다.

위대한 지도자들

　본서는 기독 교회의 이 특정 지도자 집단을 구성하는 인물들의 삶과 공헌에 초점을 맞추고 있다. 이 개개인 모두가 빠짐 없이 자기 시대에 영성이 가장 뛰어난 그리스도인은 아니었겠지만 그들 중 다수는 확실히 그러한 인물들이었다. 소수는 정치적 권력과 교회의 통치 권력을 지녔던 인물이라는 점에서 본서에서 지도자로 다루었다. 어떤 이들은 논란의 대상이 된 신학적 견해를 창출한 인물들이다. 그러한 견해가 전적으로 복음적이지는 않았다 하더라도 그것 역시 무시하거나 소홀히 평가할 수 없는 것이다. 그러나 일반적으로, 본서에서 논한 지도자들 중 다수는 삶과 행동에 그리스도의 인이 명확히 찍힘으로 인해 우리의 뇌리에 부각된 인물들이다. 수많은 그리스도인들이 그들의 가르침과 영적 모범에 깊은 감명을 받고 이를 모방하기 위해 애쓰기도 한다.

　본서는 이 "위대한 지도자"들을 한 사람씩 논할 때마다 서두에 생애에 대한 간략한 생애(年表)를 실었다(가능한 경우에 한해). 그 다음에는 도입부를 넣어 해당 인물의 교회사적 위치를 평가하였다. 이어 보다 상세한 본문에서 그 지도자의 가장 중요한 업적, 저술, 영적 시각 등을 다루었다.

　그러므로 본서는 기독 교회의 가장 중요한 일부 지도자들에 관한 참고 자료가 될 수 있다. 각 인물에 대한 다수의 필진이 기독교계에서 해당 인물의 뛰어난 전문가들로 자리잡고 있기 때문에 글월마다 일정 권위를 지니고 있다. 사실 본서에 어떤 좋은 점이 있다면 그것은 이 집필진의 수완에서 나온 것이다. 필진은 여러 나라의 학자들로 구성되어 있다. 그들이 이 저작 계획에 흔쾌히 참여해 상호 협력의 노고를 아끼지 않은데 대해 심심한 사의를 표하는 바이다.

　그러나 본서는 강의실, 교회, 혹은 각 가정을 위한 참고 자료 이상의 가치를 지니고 있다. 본서를 읽으면서 독자들은 일부 지도자들의 삶 가운데 거듭 나타나는 중요한 사실들을 발견하게 될 것이다. 제 아무리 값 비싼 희생이 든다 하더라도 오직 그리스도를 섬기고자 했던 놀라운 열성, 성경의 신실성과 약속에 대한 신뢰, 교회에 대한 사랑, 다른 그리스도인들에 대한 애정, 소외 계층의 빈곤을 해결하고자 하는 마음 등이 그것이다.

부요한 유산

우리가 이 지도자들의 사상과 영적 시각을 보다 익숙히 알게 되면 기독교 신앙 자체의 역동적인 힘에 대해 더욱 잘 이해할 수 있게 될 것이다. 바로 이 신앙이 그들의 가슴과 마음과 상상력을 완전히 휘어 잡았던 것이다.

또한 우리는 그들을 살펴 봄으로써 그리스도의 이름을 부르는 우리의 이 위대한 유산에 대해서도 보다 잘 알게 될 것이다. 과거 여러 세대에 걸쳐 예수 그리스도를 충성스럽게 섬긴 이 사람들에게 우리는 여러 가지 면에서 빚을 지고 있다. 본서에서 논한 위대한 지도자들은 여러 동료들의 자문을 거쳐 팀 도울리(Tim Dowley) 박사와 본 편집자가 선정한 것이다. 지면의 제약 때문에 훌륭한 다수의 인물들이 본서에서 제외될 수밖에 없었다. 생존해 있는 그리스도인들은 빌리 그래함 외에 수록하지 않았다. 지금부터 50년 이후에 저술되는 책이라면 제3세계의 보다 많은 남녀 인물들을 담게 될 것이라고 생각할 수도 있겠다.

기독 교회가 일반적으로 위대한 지도자들로 인정해 온 이 성도들에 관한, 교훈적이면서도 감동적인 이야기를 이제부터 시작하겠지만, 한편으로 우리는 하나님 보시기에 위대했던 수많은 미지의 종들이 있었음을 기억해야 할 것이다. 그러나 본문을 보면 알 수 있듯이 이 위대한 지도자들 가운데 대다수가 기독교적인 종의 정신에 크게 고무된 이들이었다는 것은 틀림 없는 사실이다.

예수님의 말씀도 그리스도인의 삶이 지닌 이 파라독스를 빈번하게 강조한 바 있다. "너희 중에 누구든지 크고자 하는 자는 너희를 섬기는 자가 되고 너희 중에 누구든지 으뜸이 되고자 하는 자는 너희 종이 되어야 하리라 인자가 온 것은 섬김을 받으려 함이 아니라 도리어 섬기려 하고 자기 목숨을 많은 사람의 대속물로 주려 함이니라"(마 20 : 26 하반절~28).

베드로

A.D. 65년경

예수 그리스도의 죽음, 부활, 승천으로 갓 태어난 교회는 머리 되신 그리스도 없이 지상에 홀로 남게 되었다. 밖에서 볼 때 교회는 지도자가 없는 상태였다. 그러나 소명감과 열정이 남달리 뛰어났던 베드로가 실패와 수치를 겪으며 온건한 인물로 변화되어 이 간극을 메꾸게 된다. 예수님과 동시대인이자 예수님의 첫 제자 가운데 한 사람이었고 제자들의 대변자 노릇을 자주 하였던 이 베드로는 주님 승천 후에도 거의 35년 간이나 지상에 머물다가 A.D. 65년 경 순교를 당하였다(아마 로마에서 순교했을 것이다).

오순절 이전 베드로는 주도권을 잡고 성경을 인용하면서 가룟 유다를 대신할 사도를 세우는 작업에 착수한다. 오순절, 120명의 성도들에게 성령이 강림했을 때도 앞장 서서 설교한 사람은 베드로였으며 그 결과 3천 명이나 되는 사람들이 회심하였다. 베드로의 설교는 단순하고 직접적이었으며 열정적이었다. 그리고 기록을 보면 그는 갑작스럽게 박해가 돌발할 때마다 의연히 일어서서 난국에 대처하곤 하였다.

그러나 베드로의 중요성은 이러한 점들 외에도 두 가지가 더 있다. 우리가 아는 한 베드로는 오직 예수 그리스도만이 유일무이한 구원자라는 사실을 최초로 주장한 인물이다(행 4 : 12). 이러한 측면에서 이 "도(the Way)를 따르는 사람들"(당시에는 그리스도인들이 때로 이러한 이름으로 불리기도 하였다)은 기존 유대 당국에 위협거리로 등장한다. 더욱 중요한 것은 베드로 홀로 보자기의 환상을 보고, 하나님이 깨끗하게 하신 것을 인간이 불결하게 보아서는 안된다는 진리를 깨달았다는 사실이다. 이 환상은 최초로 공식적인 이방인 복음화의 길을 열어 주었다(행 10~11). 나아가 베드로는 이 사건을 통해 이방인들이 그리스도인이 되기 위해 유대인이 될 필요가 없다는 원리를 확고히 고수하게 되었다. 이방인들은 유대인의 메시야를 믿기 위해 모세의 율법에 순종하겠다는 약속을 할 필요가 없었던 것이다. 만일 이 원리에 대한 베드로의 공적인 주장이 없었다면 교회는 복합 문화적, 복합 인종적 양상을 띨 수 없었을 것이고(베드로의 환상 이후 초대 교회는 급속도로 이러한 양상을 띠기 시작한다) 신약 성경도 기록될 수 없었을 것이다. 요컨대 베드로는 교회 최초의 위대한 지도자였을 뿐만 아니라 교회와 신약 성경의 선교적, 신학적 토대를 확립하는 데 공헌한 중대한 전환기적 인물이었던 것이다.

베드로와 교회 창설

카슨(D. A. Carson)

베드로의 생애와 사역

부모가 지어 주었던 베드로의 이름은 분명 히브리식 "시므온"(행 15 : 14, 벧후 1 : 1) 혹은 시몬이었을 것이다. 반면 그의 형제 안드레의 이름은 헬라식이었다. 이러한 복합적 언어 유산은 당연한 현상이라 하겠다. 베드로의 고향 땅인 "이방인들의 갈릴리"(마 4 : 15)는 헬라어와 아람어, 그리고 유대인과 이방인이 다채롭게 섞여사는 지역이었다. 베드로가 사용하던 아람어는 예루살렘의 그것과 다른 독특한 억양이 있었으므로 예루살렘 사람들은 그의 출신지를 쉽게 짐작할 수 있었다(막 14 : 70).

어업을 생업으로 하는 가정에서 자라난 베드로는 고향 벳새다(요 1 : 44)를 떠나 가버나움에 정착해 살았다(막 1 : 21~29). 이 두 성읍은 모두 갈릴리 해안에 자리잡고 있었다. 그의 가정 교육, 부름 받을 때의 연령, 기타 교육 등 상세한 것에 대해서는 전혀 알 길이 없다. 그러나 그가 공식적인 율법 교육을 받지는 않았으나(행 4 : 13을 보라. 이 말은 베드로가 무식하다는 의미가 아니다) 유대 백성 특유의 경건과 풍습을 유산으로 이어 받은 것만은 확실하다. 그가 그리스도인이 된 이후에도 이러한 경건의 관습은 계속되었다(행 10 : 14). 예수님을 따르기 시작할 무렵 이미 기혼자였던 베드로는(막 1 : 30. 어느 가문과 결혼했는지는 알 수 없다) 나중 사도로서 복음을 전하러 다니면서 어떤 때는 아내를 동반하기도 하였다(고전 9 : 5).

요한복음을 보면 적어도 안드레만큼은(아마 베드로 자신도) 예수님의 제자가 되기 전 세례 요한의 제자로 있었음을 짐작할 수 있다. 사실 그들에게 예수가 약속의 메시야라고 가르쳐 준 이는 세례 요한이었다(요 1 : 35~42). 이런 과정을 거쳐 이미 예수께로 마음이 기울어져 있었으므로 나중에 갈릴리 해변에서 부름을 받을 때 베드로와 안드레는 쉽게 응할 수 있었을 것이다(막 1 : 16~18). 그리고 일정한 테두리를 가진 보다 결속력 있는 사도 집단의 구성은 분명 그보다 훨씬 뒤에 이루어졌을 것이다(막 3 : 16 이하).

처음 만났을 때(요 1 : 35~42) 예수님은 베드로에게 게바라는 아람어 이름을 지어 주셨다. 이와 동등한 헬라어는 페트로스 즉 베드로이다. 아람어든 헬라어든 이 단어는 단순히 "바위"를 의미한다. 그리고(현존 자료상으로 볼 때) 이 시기 이전에는 그가 이러한 이름을 가지고 있지 않았다. 베드로가 이 이름을 최초로 받은 것이 가이사랴 빌립보에서였다는 생각은 별 근거가 없다(마 16 : 18).

예수님의 공생애 기간 중의 베드로

각각의 4복음서에 나타난 베드로의 모습을 비교해 보면 괄목할 만한 차이가 있음을 알 수 있다. 마가복음은 베드로를 다른 세 복음서보다 부정적인 시각에서 그리고 있다. 그러나 다른 사도들에 대해서도 이 점은 마찬가지다. 마가는 메시야 예수의 본질과 사역에 대한 사도들의 몰이해를 애써 부각시키고자 한다. 마태복음에서는 베드로가 다른 사도들보다 더욱 빈번하게 대변자 노릇을 한다. 누가는 베드로에 대한 예수님의 날카로운 책망을 언급하지 않고 있으며(9 : 20~22) 베드로의 실수를 일반적으로 보다 부드럽게 묘사한다. 누가의 관심은 사도들의 몰이해보다 그 시기의 구속사적 위치 및 그 속에서 베드로가 담당해야 할 역할에 있었기 때문이다. 그리고 이 모든 배려는 누가의 상하권짜리 저서 중 하권 즉 사도행전을 감안한 사전 포석이기도 하였다. 요한복음에서는 베드로가 탁월한 위치를 견지하고 있다. 요한복음은 공관복음서 기자들이 기록하지 않은 몇 가지 사건들을 담고 있다(예를 들면, 요 1 : 35~42에 나오는 안드레와 베드로의 소명, 그리고 예수께서 베드로의 발을 씻으려 할 때 그가 보였던 반응, 13 : 6~11).

그러나 강조점에 있어 이러한 작은 차이점들이 있음에도 불구하고 4복음서에 종합적으로 묘사된 베드로의 모습은 꽤 탄탄한 편이다. 제자들의 명단에서 베드로는 언제나 첫번째 위치를 차지한다. 게다가 그는 예수님과 보다 내밀한 관계를 유지했던 3인 가운데 한 사람이었다(막 5 : 37, 9 : 2, 14 : 33). 베드로는 때로 12제자의 대변자 노릇을 하기도 하였는데, 이는 남이 감히 말하지 못하는 것을 입 밖에 발설하는 정열적이고 충동적인 성격이 어느 정도 작용한 탓이었다. 예수께서 배신을 당하시던 그 밤에 결코 주를 부인하지 않겠노라고 힘 주어 역설하던 이는 베드로였다. 그리고 다른 제자들이 그 뒤를 따라 이구동성으로 같은 결심을 피력하게 된다(막 14 : 31). 12제자는 간혹 예수님의 말씀이 어려움을 느꼈다. 그러한 상황에서 한 번은 베드로가 모든 제자의 대변자로 나서서 자신들은 변절하지 않겠다고 선언한다 : "주여 영생의 말씀이 계시매 우리가 뉘게로 가오리이까 우리가 주는 하나님의 거룩하신 자신 줄 믿고 알았삽나이다"(요 6 : 68~69).

수난 전 예수님의 공생애 기간 중에 베드로가 주도적 역할을 담당하는 사건은 대략 열 개 정도 기록되어 있다. 그리고 예수님의 수난 및 부활과 관련해서도 그와같은 사건이 열두어 개 정도 나타난다. 전자에는 베드로가 물 위를 걷다가 두려워하여 물 속에 빠진 사건(마 14 : 22~31), 엄청난 양의 물고기를 잡은 후 충격을 받고 헌신하게 되는 사건 등도 포함되어 있다(눅 5 : 1~11). 그러나 베드로 자신의 마음에 가장깊은 인상을 심어 준 것은 변화산 상의 사건이었다(마 17 : 13). 그러므로 그의 서신들에서도 이 사건을 언급하고 있다(벧전 5 : 1, 벧후 1 : 16~18).

수난과 부활

베드로와 예수님의 수난 및 부활이 결부된 사건들은 베드로의 최상적 모습과 최악적 모습을 동시에 밝혀 준다. 결코 주님을 부인하지 않겠다고 맹세하던 그의 용기는 의심할 여지 없이 선의에서 우러난 정직한 것이었다. 그러나 주님을 모른다고 부인하던 그의 비열한 맹세는 도저히 용서할 수 없는, 그리고 이해할 수 없는 행동이었다. 검을 뽑아 말고의 귀를 칠 때의 그 기민성과 대담성은(분명 베드로는 그의 목을 칠 생각이었을 것이다!) 예수께 대한 헌신을 보여주는 행동이었다. 그러나 그는 무서운 권능을 가지고 있으면서도 치욕과 고통과 죽음을 택하고자 하셨던, 그러한 메시아에 대해서는 생각조차 하지 못하고 있었다. 그러므로 그는 다른 제자들과 함께 몸을 피해 대제사장의 집 뜰, 군중 틈에 숨어서 자신의 용기에 먹칠하는 짓을 저지르고 말았던 것이다. 그러나 오늘날 생각이 깊은 그리스도인이라면 그를 향해 비난의 손가락질을 하지 않을 것이다. 그의 수치가 깊었던 만큼 또한 그의 회개도 깊었기 때문이다. 닭이 울자 베드로는 밖에 나가 비통하게 울어제꼈다.

예수께서 무덤 속에 누워 계시고 소망은 재 가운데 묻혀 있었던 그 비참한 시간에 베드로는 다른 사도들과 함께 극심한 두려움 가운데서 문을 잠근 채 숨어 있었지만 부활이 선포되면서 주님은 은혜 중에 그의 이름을 다시 부르신다(막 16 : 7). 가까운 동료 요한과 함께 빈 무덤에 달려 간 베드로는(요 20 : 3~9) 자기의 소망이 다시 불붙는 것을 발견한다. 12제자 가운데 최초로 부활하신 그리스도를 목격한 자로서(눅 24 : 34, 고전 15 : 5) 주님과 공개적으로 화해하고 하나님의 양떼를 치라는 사명을 받은 후(요 21) 베드로는 자신이 자만하던 힘과 결심이 주 예수께서 내리신 용서와 사명에 비하면 아무 것도 아니라는 것을 깨닫게 되었다. 그의 두 서신에는 이와 전혀 다른 힘, 상한 심령과 온유한 마음의 힘이 매우 깊게 나타나고 있는데, 두말할 나위 없이 그와같은 깨달음이 이러한 새 힘의 원천이 되었을 것이다.

베드로의 신앙 고백과 사명

교회사에서, 예수님이 누구인가에 대한 베드로의 신앙 고백과 관련해 예수님이 그에게 내리신 사명을 기록하고 있는 세 공관복음의 본문보다 더 많은 분쟁을 불러 일으킨 구절도 별로 없을 것이다(마 16 : 13~20, 막 8 : 27~30, 눅 9 : 18~21). 로마 카톨릭 교회는 이 구절들을 교황 제도의 근간으로 삼고 있다. 이에 반발하여 개신 교회는 이 구절들에 대해 카톨릭의 그것에 못지 않게 환상적인 각종 구색을 갖춘 해석을 내리곤 하였다, 논쟁점들 가운데 다음과 같은 사항들이있다.

1. 요한복음은 제1장에서 베드로와 안드레가 예수님을 메시야로 고백하는 모습을 그리고 있다. 그렇다면 공관복음서들 특히 마태복음이 왜 예수님이 어떤 분인가에 대한 이 신앙 고백을 그처럼 주요한 전환점으로 다루고 있는가? 이 때문에 어떤 학자들은 요한복음이 시대 착오적인 기술을 하고 있다고 생각한다. 그렇지만 양자의 위치가 상호 대립된다고 볼 필요는 없다. 요한이 복음서 제1장에서 기록한 내용은 실제로 있었던 일이라고 생각된다. 결국 생각해 볼 때 베드로와 안드레 두 형제가 예수를 세례 요한보다 더 위대한 인물로 생각하지 않았다면, 세례 요한의 명성이 절정에 달해 있던 그 때, 그 무엇이 그들로 하여금 세례 요한을 떠나 예수께로 가게 만들 수 있었겠는가?

그러나 예수님은, 그의 제자들을 비롯해 당대 사람들이 기대한 바와는 전혀 다른 메시야라는 사실이 드러나게 된다. 예수님의 주장은 모호한 경우가 많았고 그의 자세는 비호전적이었다. 그는 다윗의 보좌를 세우고 로마인들을 그 땅에서 쫓아내고자 하는 어떤 열의도 내비치지 않았으며, 어떤 메시야적 통치 체제를 세우는 일보다는, 복음을 전파하고 병든 자를 고치며 창녀 및 기타 공적 죄인들과 함께 음식을 먹는 일 등에 더욱 관심을 쏟는 듯한 모습을 보였다. 그러므로 군중들도 그의 위대성을 인식하고 그를 적어도 선지자 정도로는 생각하고 있었다(마 16 : 14). 그러나 외견상의 반증에도 불구하고 예수가 실제로 약속된 메시야라는 사실을 인식하기 위해서는 하나님으로부터 오는 특별 계시가 없으면 안되었다(마 16 : 16~17). 이 계시에 대한 베드로의 파악이 아직 불충분하였다는 점은, 예수께서 결코 죽음을 당해서는 안된다고 베드로가 주장하고 있는 그 뒷 구절들의 내용에서 명백하게 드러난다(마 16 : 21~27). 하나님의 계시에 힘입어 베드로는 이 온유하신 지도자 예수님을 메시야로 받아들일 각오가 되어 있었지만, 십자가에 못박히는 그러한 메시야를 인정할 만한 준비는 아직 갖추고 있지 않았다.

2. 많은 학자들은, 예수께서 그 위에 자기 교회를 세우겠다고 말씀하신 "이 반석"이 베드로라는 인물이 아니라 베드로의 신앙 내지 베드로가 방금 예수님을 그리스도로 선포한 그 신앙 고백이라고 주장해 왔다. "반석"을 뜻하는 단어는 페트로스의 여성형 페트라이며 "베드로"라는 이름은 이 남성형에서 파생되었다고 그들은 말한다. 그리고 베드로 자신도 그 반석은 바로 예수님이라고 주장하지 않았느냐는 것이다(벧전 2 : 5~8). 이러한 정황을 고려해 볼 때 "이 반석"은 베드로라는 인물이 아니라는 것이 그들의 지론이다. 그러나 신약성경에서 은유법이 여러 가지로 상이하게 적용된다는 사실을 우리는 알아야 한다. 예컨대, 여기에서는 교회를 세우는 이가 예수님이시지만 고린도전서 3 : 10에서는 바울이 건축자로 나타난다. 고린도전서 3 : 11에서는 예수님이 교회의 터이지만 에베소서 2 : 20에서는 그 터가 "사도들과 선지자들"이다. 요한복음에서는 예수님이 세상의 빛이지만 마태복음 5 : 14에서는 그의 제자들이 세상의 빛이다. 게다가 페트라와 페트로스의 차이는 동음이의어를 이용한 언어유희적 성격을 지니고 있다. 그리고 이 언어 유희는, 베드로에 대한 예수님의 말씀을 예수님 자신이 베드로에게 준 바로 이름과 연결하고 있다. 그러므로 예수님은 사실상 베드로가, 교회가 설 반석이라고 말씀하신 것이다. 이러한 견해는 사도행전의 전반부와도 조화를 이룬다.

3. 처음에 베드로에게 주어졌던, 매고 풀 수 있는 천국 열쇠에 관한 약속은(마16 : 17~19) 나중에 다른 사도들에게까지 확대된다(18 : 18). 아마 이 열쇠는 복음 자체의 권위에 기초를 둔 교회의 치리와 관련이 있

을 것이다.

4. 로마의 감독들이 베드로의 직접적인 후계자들이라고 논증할 수 있다손치더라도(그러나 그렇게 논증할 수는 없다), 이 구절들에서 베드로에게 약속된 것이 무엇이나 로마의 감독들에게 모종의 독점적인 형태로 전이될 것이라는 논리는 성립되지 않는다. 예수님이 그러한 종류의 말씀을 하신 것은 결코 아니다. 베드로의 독자적인 역할은 교회의 "토대"라는 역할이다. 이 역할은 그 성격상 남에게 전이될 수 없는 것이다.

서방 라틴 교회의 많은 학자들이 베드로에게 프리무스 인테르 파레스(primus inter pares : "동등자들 가운데 첫째")라는 칭호를 붙인 것은 옳았다. 베드로가 다른 사들보다 우위를 점유했다는 증거는 없다. 기실 어떤 때는 사도들이 베드로와 요한을 선교 사역에 파송한 일도 있었다(행8 : 14). 그러나 베드로가 어떤 설립자적 탁월성을 발휘했다는 충분한 증거는 있다. 혹자들은 이를 "구원사적 최고성"(a salvation historical primacy)이라고 불렀다. 우리는 교회의 초창기에서 그 흔적을 발견할 수 있다.

초대교회 속에서의 베드로의 위상

다른 사도들, 그리고 최초의 120문도들과 함께, 베드로는 주님의 승천 이후 약속하신 성령을 기다리며 예루살렘에 머물러 있었다. 오순절 전이었지만 베드로는 지도자적인 위치에 서서, 성경에 입각해 갓 태어난 교회를 향하여 가룟 유다를 대신할 사람을 선정하자고 제의한다(행 1 : 15~26). 오순절 날, 이 첫 신자들은 한결같이 방언을 통해 "하나님의 큰 일"을 선포하였다(2 : 11). 그러나 설교를 통해 3천명을 회개시킨 이는 베드로였다. 그의 메시지의 핵심은 간단했다. 오순절 날의 현상은 바로 구약성경이, 성령이 쏟아 부어질 메시야 시대를 내다보면서 예견한 일이다. 그 시대는 예수님이 친히 계시하셨다. 성경은 "위대한 다윗의 더 위대한 아들"이 고난을 받을 뿐만 아니라 썩음을 보지 않을 것이라고 선언한다. 죽음에서 부활하신 후 그는 주와 그리스도로서 하나님 우편에 앉으셨다. 그러므로 회개하여 메시야 예수의 이름으로 세례를 받는 것이 긴급한 당면 과제이다. 그리하면 죄 용서와 성령의 선물을 받게 된다. 이상이 그의 설교의 요지였다.

여러 가지 기적들, 점차 달아오르는 핍박, 구약성경을 인용할 수 있는 역량의 점진적 성장, 교회 치리의 어려운 국면, 증가하는 제자들의 수, 행정적 보조자들을 세울 필요성 등등 다양한 상황 속에서 여전히 베드로는 각각의 기회를 포착하면서 주도적 인물로 나타난다. 사도들의 가르침에 전념하였던, 성령이 충만한 초대 교회 성도들이, 분명 외인들의 눈에는 유대교의 한 분파로 비쳤을 것이다. 그러나 사도행전 4장에서 이미 베드로는 그가 전파하는 예수가 유대교의 여러 종파 가운데서 선택할 수 있는 한 분파의 두령으로 격하될 수 없음을 역설하였다(행 4 : 12). "다른 이로서는 구원을 얻을 수 없나니 천하 인간에 구원을 얻을 만한 다른 이름을 우리에게 주신 일이 없음이니라." 빌립을 통해 사마리아인들에게 복음이 전파되었을 때(행 8), 베드로와 요한은 현지 상황을 시찰하기 위해 파송받는다. 그리고 두 사람은 사마리아인들에게 성령을 전달하는 중개자 역할을 한다. 이로써 예루살렘의 유대인 선교사들과 멀리 북방의 혼혈 민족 사마리아의 신자들이 동일한 발판 위에 서서 동일한 집단으로 합류하게 된다.

유대인과 이방인

사울의 회심(행 9장, A.D. 33년경) 후에도 교회는 이방인 신자들이 메시야 공동체인 교회에 들어가는 데 필요한 조건에 관하여 깊은 이해를 결여하고 있었다. 상당한 수의 유대 그리스도인들은, 이방인들이 유대의 메시야를 합법적으로 받아들이려면 먼저 유대인이 된 다음 모세의 율법을 준수해야만 한다고 생각했다. 그러나 기적적인 방법을 통해 베드로는 하나님께서 깨끗하게 하신 것―옛 언약이 부정하다고 선언한 음식 또는 비유대인들―은 깨끗하다는 사실을 깨닫는다(행 10). 그 결과 고넬료와 그의 가정이 회심하는 상황이 전개되고, 그들에게 성령이 강림하는 사건이 벌어진다. 이 사건은 교회사에서 아주 결정적인 전환점이 되었다. 누가는 상당한 분량의 지면을 할애해 이 사건을 다루고 있다(행 10~11). 베드로가 예루살렘으로 돌아와 동료 유대 그리스도인들로부터 힐문을 당했을 때 그가 준 답변을, 누가는 길게 서술하고 있다(그러나 그 내용은 주로 앞 장을 반복한 것이다). 베드로의 결론(11 : 18)에 대한 교회의 원칙적 수납이 광범한 결과를 낳았다는 점에서 그의 답변은 중요하였기 때문이다. 이 일은 이방인 선교를 자극하는 기폭제가 되었을 뿐만 아니라 옛 언약과 새 언약 사이의 복잡한 새로운 신학적 관계를 설정하는 토대가 되었다. 이로써 기독교가 상대적으로 미약한 유대교의 한 종파로 전락할 가능성은 영구히 제거되었다.

그러나 이러한 점들에 대한 논쟁이 잠잠해졌다는 뜻은 아니다. A.D. 49년 혹은 50년에, 증가 일로에 있던 바울의 이방인 사역의 항로를 따라 유사한 이슈들이 핵심 문제로 부상되자 급기야는 예루살렘에서 공의회가 개최되기에 이르렀다(행 15). 이번에도 베드로가 결정적인 역할을 한다(행 15 : 6~11). 고넬료의 회심과 그를 둘러싼 사건들을 다시 언급한 후 베드로는 바울적인 말과 매우 흡사한 표현을 사용해 결론을 내린다. "그런데 지금 너희가 어찌하여 하나님을 시험하여 우리 조상과 우리도 능히 메지 못하던 멍에를 제자들의 목에 두려느냐 우리가 저희와 동일하게 주 예수의 은혜로 구원받는 줄을 믿노라"(행 15 : 10~11).

베드로와 바울

우리는 베드로와 바울이 안디옥에서 충돌을 일으킨 사건(갈 2장)을 평가할 때, 베드로 사도의 이 중대한 신조를 염두에 두지 않으면 안된다. 바울이 공개적으로 베드로를 책망한 것은 사실이다. 그러나 그 책망은, 복음의 본질에 대한 기본적인 불일치에서 점화된 것이 아니라 베드로가 자신이 전파한 복음에 따라 살지 못한다는 바울의 인식에서 비롯되었다. 일부 학자들은 베드로와 바울이 초대 교회에서 상이한 강조점들을 드러내고 있다고 주장하지만 그들의 이론을 지지할 만한 근거는 거의 없다고 사료된다. 안디옥에서 베드로가 실수한 것은, 자신의 그런 행동으로 이 방인 신자들이 해를 당할 것은 충분히 고려하지 못한 채 단지 예루살렘 에서의 평화를 유지하는 데만 목표를 둔, 동기는 좋았으나 판단이 잘못 된 조처에서 비롯되었음이 거의 확실하다.

스데반의 사망 후 베드로의 활동에 대해서는 우리가 대략적인 윤곽 밖 에 잡을 수 없다. 사도행전 15장의 사건 이전에 베드로는 욥바, 해변의 가이샤랴, 안디옥 등지에 모습을 나타낸다. 이것은 그가 팔레스틴(나중 에 붙여진 이름으로서)과 시리아에서 선교 사역에 착수하였음을 시사해 준다. 아마도 그가 예루살렘을 떠난 것이, 예수님의 동생 야고보가 예루 살렘에서 지도권을 점유하는 데 일익이 되었을 것이다. 감옥으로부터 기 적적으로 탈출한(행 12) 이후 베드로는 분명 보다 넓은 지역에서의 선 교 여행에 착수했을 것이다. 그가 고린도에서 잠시 동안 사역을 행하였 다고 추측할 만한 근거도 있다(고린 1 : 12). 베드로전서는 소아시아와 현재 터키라 불리는 여타의 로마 속령들에 사는 신자들과 그가, 밀접한 관계를 가지고 있었음을 시사해 준다.

베드로의 죽음

베드로가 로마의 교회를 설립했다는 증거는 없다. 그러나 그가 거기에 서 사역을 행했다고 생각할 만한 근거는 다분하다. 그는 로마시에 있는 동안에 그의 첫 서신을 기록했을 것이다. 외경 베드로행전에 나타난 그 의 죽음에 관한 기사는 신빙성이 없다. 그는 네로 치하에서 순교를 당하 였는데, 자신은 주님처럼 십자가에 똑바르게 매달린 채로 죽을 만한 가 치가 없다면서 거꾸로 매달리기를 자청했다고 한다. 이 전승의 신빙성이 제 아무리 약하다 하더라도, 우리는 베드로가 자신의 죽음을 통해 하나 님을 영화롭게 하는 데 깊은 관심이 있었다고 충분히 믿을 수 있다(요 21 : 18~19 참조). 아마 베드로와 바울은 동일한 시기의 박해 속에서 순 교당했을 것이다. 그러나 어떤 상황 하에 당했는지는 확인할 수 없다.

베드로의 서신들

베드로의 첫 정경 서신(베드로전서)이 신자들에게 고난과 박해 가운데서 어떻게 기독교적 소망과 충성과 고결성을 유지하고 살아갈 것인지를 알리기 위한 글이었다는 사실은 꽤나 아이러니칼하다. 예수의 제자임이 발각되는 것을 모면하기 위해 맹세로써 주님을 부인하였던 이 사도가 자기 삶 속에 역사하는 하나님의 은혜를 통해 3년 후에는 크게 변화되어 고난에 관한 심오한 논문을 쓸 수가 있었던 것이다. 베드로의 두번째 편지는 그의 작품으로 신빙성이 없다고 일부 학자들은 생각해 왔다. 그러나 두 서신의, 문체상의 차이에 근거한 논증은 설득력이 없다. 베드로는 아마 서로 다른 필기자(속기사)를 사용했을 것이다. 어쨌든 문체의 차이가 디모데전서와 디도서 간의 차이보다는 덜하다. 그럼에도 디모데전서와 디도서는 저자가 단일 인물임이 거의 보편적으로 인정되고 있다. 그러나 주제만큼은 확실히 매우 다르다. 베드로후서는 독자들에게 거짓 가르침을 경고하는 데 목적이 있었다. 베드로는 여기에서 그리스도의 재림을 충성의 자극제와 불신앙의 억제제로 사용한다. 한편 베드로후서는 자체를 두번째 편지로 칭하고 있고(3 : 1) 저자가 주님의 변형 사건 시에 그 곁에 있었음을 언급하고 있다. 그러므로 만일 베드로가 이 글을 쓰지 않았다면, 가명의 기자가 의식적으로 수신자들을 속이려 하고 있다는 결론을 피하기 어렵다. 사실상 베드로가 저자라는 전통적인 견해에 반하는 증거는, 때로 생각되듯 그렇게 탄탄하지 못하다. 시몬 베드로를 기자로 밝히고 있는 편지 자체의 증거(1 : 1)를 받아들이는 편이 훨씬 더 용이하다고 생각된다. 베드로후서와 유다서 사이에 나타나는, 자료의 실질적 표절 문제는 장애 요소가 못 된다. 설사 베드로후서가 유다서의 내용을 차용해 왔다 하더라도(목하 대다수의 견해임), 고대 세계에서는 남의 작품을 복사하는 일이 빈번했다는 점을 가정할 때, 사도적 저작성에 어떤 위협 요인이 존재한다고 보기는 어렵다.

베드로의 저술이 숫자나 깊이에 있어서 바울의 그것에 필적할 수는 없다. 그러나 성령의 기름 부음을 받은 그의 용기와 설교, 지도력은 초창기의 여러 해 동안 교회를 이끌어 온 원동력이었다. 예수 그리스도 안에서 특별히 십자가와 부활을 통해 하나님의 계시가 완전 충족되고 종결되었다는 베드로의 분명한 인식은, 교회가 자신의 주체성을 자각, 확립하는 데 도움을 주었다. 그의 빈번한 성경인용, 그리스도의 가르침에 대한 호소, 고넬료 사건에서 체득한 교훈을 결코 이탈하지 않았던 그의 입지 등은, 초대 교회에서 큰 분열을 미연에 방지해 주었고, 사도 바울의 풍부한 신학 체계가 형성될 수 있는 길을 닦아 주었다.

바 울

A.D. 1~65년경

　"바울이라 불리는 사울"은 부활하신 주님의 손에 선택된 도구로서, 교회사 초창기에 특이한 위치를 점유한 인물이다. 그는 최초로 복음을 전한 사람도 아니었고 이방인에게 가장 먼저 복음을 전한 사람도 아니었지만 소명과 사명을 받은 이후에는 "모든 사도보다 더 많이 수고한"(고전 15 : 10) 인물로 변신하였다. 30년이 못 되어 그는 안디옥에서 로마에 이르는 간선 도로상과 주요 도시들에 기독교의 세력을 심어 놓았다. 이방 세계에 기독교가 확고히 뿌리내리는 데는, 누구보다도 하나님의 손길을 힘입은 사도 바울의 역할이 컸다.

　바울은 복음 전파자와 교회 설립자로는 물론 교회 최초의 위대한 신학자로서도 높이 평가되어야 한다. 그의 서신들은 조직 신학의 논문으로 기록된 것이 아니라 교회들이 처한 긴급한 상황에 맞추어 주어진 것이지만 복음의 지극히 심오한 내용들, 즉 하나님의 존재와 목적, 그리스도의 인격과 사역, 성령의 사역, 하나님과 바른 관계를 맺는 길, 기독교 윤리학의 토대, 하나님 백성의 소망, 창조된 우주의 운명 등에 대한 풍부한 가르침을 담고 있다. 이 문제들에 대한 그의 해석은 타의 추종을 불허할 만하며 그 적용성에 있어 영원한 가치를 지니고 있다.

　무엇보다도 바울은 기독교적 자유를 외친 위대한 전사였다. 그는, 영적 독재권이 되다시피한 절대적인 영적 지도에 즐겨 복종하는, 많은 그리스도인들의 고질적 경향을 잘 알고 있었다. 온갖 형태의 율법주의에 초지일관 반대하는 가운데 그는 회심자들에게 그리스도께서 주신 자유

를 바탕으로 굳건히 서라고 촉구하였다. 교회사 속에 일어난 위대한 해
방 운동들은, 그리스도 안의 자유에 대한 바울의 메시지가 재발견되고 새
로이 선포된 데서 기인한 경우가 다반사였다.

바울의 생애

A.D. 1년경   길리기아 다소에서 탄생
33   다메섹 도상에서 그리스도께 부르심과 사명을 받음
35~45   시리아와 길리기아에서 복음을 전파함
45~47   안디옥에서 바나바와 함께 사역함
47   기아 구제를 위해 예루살렘을 방문함
47~48   구브로와 중앙 소아시아에서 바나바와 함께 복음을 전파
48 또는 49   예루살렘 사도 공의회 개최
49~50   마게도냐에서 복음을 전함.
50~52   고린도와 아가야 지방에서 복음을 전함
52~55   에베소와 아시아 지방에서 복음을 전함
56   "일루리곤"(Illyricum) (롬 15 : 19)
56~57   고린도에서 월동하다. 로마서 기록
57   예루살렘을 최후로 방문함
57~59   가이사랴에서의 구금 생활
59~60   이탈리아로의 항해, 멜리데서 과동함
60~62   로마에서의 구금 생활
65?   로마에서 처형됨

바울과 선교 대장정
부르스(F. F. Bruce)

초기의 기독교 팽창

처음부터 기독교는 하나의 선교적 대장정이었다. 그렇지 않았다면 기독교는 한 세대 이상을 지속할 수 없었을 것이다. A.D. 30년 봄, 기독교의 개조(예수 그리스도)가 공개리에 처형당하고 그의 추종자들은 뿔뿔이 흩어졌다. 그리스도가 내세웠던 주의 주장은 붕괴되는 듯하였다. 상식적으로 생각해 볼 때 수치스러운 십자가의 사건 이후에도 기독교가 계속 존속한다는 것은 불가능하였다. 확실히, 그 누구도 십자가에 처형당한 한 인간을 스승, 지도자, 혹은 구원자로 받아들이지는 않았을 것이다.

그러나 불가능한 일이 발생하였다. 그의 사후 20년이 못 되어 그의 메시지에 대한 선포를 통해 알렉산드리아, 데살로니가, 로마 등지의 유대 사회에서는 일대 센세이션이 일어났다. 게다가 로마 제국 곳곳의 이방인들도 그리스도의 생활 방식을 받아들이게 되었다. 그의 사후 30년이 지나자 시리아, 길리기아, 갈라디아, 아시아, 마게도냐, 아가야 등의 지방에서는 기독교가 확고히 뿌리를 내렸다. 그리고 로마시 자체에서는 이방인 제자들의 수가 유대인 출신 제자들의 수를 능가하였다.

이와같이 불가능한 일이 발생한 것은, 십자가에 못박혀 죽은 예수가 3일만에 죽음에서 살아나 제자들에게 출현하시고 그들에게 새로운 소망과 권능을 주시며 자기 증인으로서의 사명을 재확인해 주셨기 때문이다. 부활 후 그리스도는 옛 제자들에게만 출현한 것이 아니다. 특별히 한 사람, 다소 출신의 사울에게도 그는 출현하셨다. 그리스도는 즉석에서 사울을, 예수 추종자들의 격렬한 핍박자로부터 그가 지금까지 말살하려 했던 그 신앙의 가장 열성적인 투사로 변모시켜 놓았다.

바울의 생애와 사역

사울은 그의 유대식 이름이다. 그는 로마식 이름 바울로 더 잘 알려져 있다. 사울은 3중적 유산을 가지고 태어났다.

혈통상 그는 유대인이었다. 타고난 성향과 교육을 통해 사울은 자기 민족의 종교적 전통을 보존, 전파하는 인물로 성장하였으며, 이스라엘 성율법의 수호자, 바리새파의 일원이 되었다.

환경상 그는 헬레니스트였다. 그의 출신지 다소는 헬라 문화의 중심지였지며 그 자신의 말대로 " 소읍이 아니었다"(행 21 : 39). 하지만 그는 다소가 아닌 예루살렘에서, 즉 그 시대의 가장 저명한 랍비인 가말리엘 문화에서 교육을 받았다. 그럼에도 그는 헬라의 생활 방식에 익숙하였으며 헬라어를 유창하게 쓰고 말하였다. 그에게 있어서 헬라어는 어떤 후천적인 외국어가 아니었다.

세째, 그는 로마의 시민이었다. 바울의 탄생시에 이미 로마의 세력은 서방 아시아를 확고히 장악하고 있었다. 그는 로마의 길리기아 지방(province : 로마 제국 본토 이외의 점령지 — 역주) 에서 태어났다. 정확히 말해 그는 로마 시민으로 태어났던 것이다. 로마 시민권은, 속국민들이 취득하기 힘든 특권이었다. 바울의 아버지나 할아버지가 분명 로마에 어떤 훌륭한 공헌을 함으로써 로마 시민권의 영예를 얻었을 것이다. 일단 어떤 사람이 로마 시민권을 획득하면 그의 가족은 자동적으로 이를 상속하게 되어 있었다.

바울 특유의 한 표현을 빌자면, 이 부유한 유산은 그리스도께 순종하는 방향으로 사로잡혔다. 바울에게 있어서 그리스도께 대한 순종은, 그리스도가 그를 다메섹 도상에서 불러 이방인의 사도로 삼은 날부터 복음 전파가 삶의 목적이 되었다는 의미이다. "다만 이 한 가지 일을 나는 행한다"(빌 3 : 13). 그는 자신이 그리스도를 섬기는 군사로 징집되었음을 잘 알고 있었다. 하지만 그와같은 자발적 징집병은 결코 없었을 것이다.

바울과 예루살렘

예수님의 공생애 기간 중에 예수님을 따라다녔던, 바울 이전의 사도들과 비교해 볼 때 바울은 확실히 유별난 외인이었다. 그 사도들이 가지고 있던 사명의 유효성에 대해서는 아무도 도전장을 낼 수 없었다. 그러나 바울의 신임장은 거듭 도전을 받았다. 바울은 자신이 부활하신 그리스도께 직접 사명을 부여받았다고 주장했다. 그러나 그는 어떤 외적 증거를 통해 자기 주장을 실증할 수 없었다. 그렇다면 어떻게 실증하였는가? 그가 그리스도를 위해 일하면서 발휘한 에너지를 통해서였다. 또 그가 개척한 교회들의 숫자를 통해서였다. 더 나아가서는, 그가 회심시킨 자들의 삶의 질을 통해서였다. 바울은 자신의 사역이 자기가 회심시킨 자들의 특성 여하에 따라 측정되리라는 것을(동료 그리스도인들이 측정할 뿐만 아니라 최후 평결의 날에 주님이 친히 측정하시리라는 것을) 잘 알고 있었다. 누가 그에게 그의 사도적 청지기직의 타당성을 설명하라고 요구했다면, 바울은 그의 "기쁨이요 면류관"인 자기 회심자들을 지적하면서(빌 4 : 1) 주님께 그들의 삶의 질을 통해 자기 사역을 평가해 달라고 요청하는 것으로 만족했을 것이다.

기독교 동아리 내에서도 바울의 비방자들이 없지 않았으나 예루살렘교회의 지도자들은 그가 동포 유대인들에게 복음을 전하는 자로 소명과 권한을 부여받았음을 인정하였다. 바울은 자신이 예루살렘교회 당국과는 별도로 독자적 위치를 지니고 있음을 조심스레 주장하였다. 그의 임무는 그리스께로부터 직접 받은 것이었다. 하지만 동시에 그는 예루살렘과의 유대 관계 속에서 자기의 사역을 신중하게 이행하였다.

바울의 사도적 경력

회심 후 3년 정도 지나 바울은 길리기아(당시, 인접 영토인 시리아와 행정적으로 단일체를 이루고 있었다)로 되돌아와 거기에서 복음을 전하였다. 40년대 초에 바울은 바나바의 초청을 받아들여 그와 함께 설립된 지 얼마 안된 안디옥 교회를 돌보며 그 곳에서의 복음 전파 활동을 주도하였다. 후에 안디옥 교회는 그와 바나바를 파송해 구브로와 소아시아에서 선교 사역을 담당하게 하였다. 이 때에 갈라디아의 여러 교회가 설립되었으며 그 후 오래지 않아 갈라디아서가 기록되었다.

예루살렘 공의회가 개최된 이후 A.D. 50년경 그는 바나바와 헤어져 서방으로 가서 마게도냐와 아가야 지방(현대 그리스의 주요 지역들임)에 복음을 전하였다. 그는 거기에서 복음을 전하며 빌립보, 데살로니가, 베뢰아, 고린도 등지에 교회를 설립하였다. 바울이 마게도냐의 어느 도시에서도 오래 머무르지는 못하였으나 거기에 짧게 체류하는 동안 설립된 교회들은 그의 선교의 장 전체에서 가장 안정적이고 고무적인 모습을 보여준 축에 들었다고 해도 과언이 아니다. 아가야의 제일 도시인 고린도에서 바울이 보낸 기간은 8개월이었다. 고린도와 아가야의 기타 지역에 머물렀던 그 기간 동안에 기독교는 확고히 뿌리를 내렸다. 그가 고린도에 있는 동안 한 유력한 로마인인 갈리오라는 사람이 아가야의 총독으로 부임하였다. 갈리오가 그곳 총독으로 부임한 연대가 정확히 A.D. 51~52년이었으므로 이로써 우리는 바울의 경력에 대해 일정한 시기를 추정해 볼 수 있겠다. 바울이 비합법적인 종교를 전파한다는 이유로 갈리오 앞에 그를 기소하려는 움직임이 거기에서 일어났다. 갈리오는 바울이 무엇을 전파하든, 그것은 로마법의 보호를 받는 유대 종교의 한 분파라는 판단을 내리고, 유대교의 상호 대립적인 분파들 사이에 개입해 어떤 재결을 하고 싶어하지 않았다. 그러므로 사실상 갈리오의 통치는 바울에게 도움이 되었다. 이는 바울의 복음 전도 행위가 공공 질서를 교란하지 않는 한 로마법에 저촉되지 않는다는 의미였다.

아시아에서의 복음 전파

바울의 그 다음 번 선교 기지는 에게해 건너편 에베소였다. 바울은 거기에서 대략 3년을 보냈다. 이것이 그의 사도적 활동에서 가장 많은 열매를 맺은 성공적인 경우 가운데 하나였다. 그와 그의 동료들의 증언 사역 덕택에 아시아 지방 전체가 복음화되어 수세기 동안이나 지중해권에서 기독교의 주요 요새로 자리잡게 되었다. 거기에 몇년 머물러 있는 동안 고린도의 회심자들 중에서 일어난 문제들을 처결할 필요성이 대두되었는데, 이를 통해 그는 "모든 교회에 대한 돌봄"이라는 어떤 원칙을 배우게 되었다. 그 기간 중에 또한 바울은 예루살렘 교회를 도우기 위해 그가 세운 이방인 교회들 중에서 특별한 모금 운동을 펼쳤다. 이것이 단순한 자선적인 제스처만은 아니었다. 바울은 이를 통해 예루살렘 모교회의 유대 그리스도인들과 그의 선교 현장의 이방 그리스도인들 간에 보다 끈끈한 유대 관계를 맺어 주고 싶었던 것이다. 그는 기부하는 교회들의 대표자들을 대동하고 예루살렘 교회에 이 기부금을 전하면서, 이를 통해 자신의 사도직에 대한 신적 승인이 충분히 입증되기를 염원하였다.

이 책무를 이행한 후, 그는 지중해 동부 연안을 떠나 스페인에 복음을 전하고 도중에 로마에 들를 계획을 세웠다. 바울은 자신의 방문에 대비해, 로마 그리스도인들에게 예루살렘을 향해 출발하기 직전 편지 한 통을 보냈다. 이 편지에서 그는 로마 교회에(로마 교회는 그가 한 번도 가 본 적이 없었다) 자신이 이해하고 선포한대로, 복음의 일대 성명을 전달해 주었다. 바울은 분명, 로마 교회가 이 복음을 세계로 확장하는 데 중대한 역할을 담당할 수 있다는 사실에 대해 선명한 그림을 마음 속에 그리고 있었을 것이다.

로마의 죄수

바울의 계획은 그가 바라던대로 이루어지지 않았다. 예루살렘에서 바울은 영어의 몸이 되어 로마 당국의 보호를 받으며 그의 안전을 위해 가이사랴로 호송된다. 유대의 지도자들은, 성전의 신성을 범했다는 이유로, 그리고 일반적으로 공공 질서를 교란했다는 이유로, 그를 고소하였다. 유대의 총독 벨릭스와 그의 계승자 베스도 앞에 몇 차례 출두한 이후 바울은 로마 시민이라는 특권을 발휘하여 자신에 대한 고소 사건을 로마 황제의 직접적 판결에 호소한다. 거기 로마에서는 유대에서보다 공평한 심리가 있을 것으로 그는 믿었다. 나아가 이 방법을 통해 바울은 로마행을 확보할 수 있었다.

로마에서 바울은 가택 연금 상태로 2년을 보내며 황제에 대한 자신의 호소가 청허되기를 기다렸다. 바울은 자유롭게 돌아다닐 수 없었으나 바울이 거기에 있음으로 해서 이 수도의 기독교 세력은 큰 힘을 얻을 수 있었다. 황제 친위대와 황궁 문관들 사이에서는 복음이 일상적 화제거리로 등장하였고 로마의 그리스도인들은 이러한 관심을 이용해 증언 사역을 보다 열정적으로 수행하였다. 그러므로 바울은 황제의 평결이 자신에게 유리하든 불리하든 자기가 로마에 온 사실만으로도 복음이 확장되는 결과를 가져왔다고 생각했다.

사도행전의 기사는 바울의 호소가 청허되기 전에 끝을 맺고 있으므로 우리는 호소의 결과가 어떻게 되었는지 알 수 없다. 그가 무죄 방면되었을 경우 스페인에 복음을 전하려던 그의 계획이 실현되었는지의 여부도 우리는 확인할 수 없다. 그러나 그의 선교 활동이 지속적인 효과를 미치고 서신을 통해 그가 후대에 지극히 값진 유산을 남겼다는 것은 틀림없는 사실이다.

바울의 전도 설교문

사도행전에는 두 개의 두드러진 바울의 전도 설교문이 기록되어 있다. 하나는 비시디아 안디옥에서 "이스라엘 사람들과 및 하나님을 경외하는 사람들"(행 13 : 16)로 지칭되는 청중들 앞에서 행한 것이다. 이 청중들은 모두 구약성경에 대한 모종의 지식을 가지고 있었다고 추정할 수 있겠다. 그러므로 바울은 그들에게 모세로부터 다윗까지 이르는 이스라엘의 역사를 상기시킨 다음, 다윗에게 주어진 그의 후손에 관한 약속이 예수 그리스도 안에서 어떻게 실현되었는가를 설명한다. 예수가 적들에게 죽음을 당했으나 하나님의 권능으로 다시 살아났고, 그를 통해, 믿는 자들에게는 모두 구원이 주어진다는 것이었다.

또 하나의 설교는 아덴에서 행한 것이다. 바울은 그곳 아레오바고 법정 앞에서 자신의 가르침을 전할 기회를 얻게 되었다. 이 법정의 구성원들은 이교도들이었다—고도의 학문을 쌓은 자들이었으나 어디까지나 이교도에 불과하였다. 바울은 설교를 시작하면서 먼저 히브리 역사(그들은 히브리 역사에 대해 전혀 알지 못했다)에 대해 말하지 않고 자신이 성 중에서 본 "알지 못하는 신에게"라고 새긴 제단을 언급하였다. 너희는 그가 미지의 신임을 인정하지만 나는 그를 너희에게 알리러 왔다고 바울은 말한다. 이어서 그는 하나님의 창조와 섭리, 심판에 대해 이야기하며 한 인간이 죽음으로부터 부활함으로써 하나님의 심판을 집행할 대행자로 이미 선정되었다는 선언으로 결론을 맺는다.

바울의 이러한 논증이 많은 이들에게 감명을 주지는 못하였다. 아덴 사람들은 사람이 죽음으로부터 부활할 수 있다는 사실을 믿기에는 너무나도 세련된 지성을 소유한 인간들이었다. 하지만 오늘날까지도 아테네 사람들은 바울의 말을 기억하고 있다. 그 때 전한 바 연설문이 아레오바고로 올라가는 언덕(Mar's Hill) 기슭의 한 청동판에 새겨져 있는 것이다.

바울이 과연 이와같은 말을 할 수 있었겠는가라는 의문이 제기될 수도 있을 것이다. 그러나 로마서 1~3장의 저자가 아덴에 와서, 교양있는 이교도들이 알아듣기 쉬운 관점에서 이 세 장의 가르침을 설명한다고 할 때 사도행전 17 : 22~31의 노선을 따르지 않고 다른 어떤 방향에서 시작할 수 있겠는가. 그것은 상상하기 어려운 일이다. 바울은 다른 면에서도 그렇지만, 선교 정책에 있어서도 매우 융통성이 높은 사람이었다. 그의 기본 메시지는 언제나 동일하였다. "예수는 십자가에 못박혀 죽었다가 다시 살아난 하나님의 아들이다." 그러나 이 진리의 제시 방법은 청중에 따라 다양하였다. 바울은 청중들과의 최초 접촉점을 만드는 것이 중요하다는 사실을 잘 알고 있었다. 그러므로 그는 언제나 청중 편에 서서, 그들이 소유하지도 못한 어떤 지식을 전체로 깔지는 않았다. "여러 사람에게 내가 여러 모양이 된 것은 아무쪼록 몇몇 사람들을 구원코자 함이니"(고전 9 : 22).

바울의 선교 정책

바울은 개척 선교사였다. 그의 정책은 한 번도 복음을 들어 보지 못한 곳에 복음을 전하는 것이었다. 그의 시간은 늘 한정되어 있었다. 다른 사람의 일을 그대로 복제하는 것, 그의 표현에 의하면 "남의 터 위에"(롬 15 : 20) 집을 짓는 것은 아무 의미가 없었다. 남들이 그의 선교의 장에 침입해 그가 닦은 터 위에 집을 짓고자 할 때도 늘 고맙게 생각하지만은 않았다. 바울은, 어느 장소에 복음을 전할 때, 거기에, 주변 지역 전체의 선교 기지 역할을 할 만한 강력한 신앙 공동체가 형성될 때까지만 머물렀다. 그리고 로마의 간선 도로 상에 서 있는 아주 중요한 도시들을 중심으로 선교 활동을 펼쳤다. 복음이 그러한 도시들에 뿌리를 내리게 되면 그 곳 신자들이 그러한 기존 교통망을 이용해 신앙을 더욱 넓게 확산시킬 수 있었던 것이다.

때로 그는 동역자에게 회심자들에 대한 후속적인 목회 사역을 맡기기도 하였다. 그러나 이 일이 언제나 가능하지만은 않았다. 그럼에도 바울은 이교의 우상 숭배와 부도덕에서 회심한 자들의 삶 속에 그리스도의 성령의 권능이 역사하시리라는, 산 믿음을 가지고 있었다. 그의 몇몇 친구들은 그의 이러한 태도를 비현실적인 낙관주의로 생각했으나 그는 자신의 방법이 그리스도의 방법임을 확신하였다.

바울은 이러한 정책을 실행에 옮김으로써 짧은 기간에 대단한 업적을 이룩할 수 있었다. A.D. 47년(경)에는 갈라디아, 아시아, 마게도냐 등지의 중요한 지방에 기독교 집단이 없었다. 그러나 10년 후에는, 바울이 그 곳들에서의 자기 사역이 완성되었다고까지 말할 정도로, 이 네 지방

곳곳에 복음이 두루 전파되었다. 바울은 서방으로 건너가, 자신이 지중해 동부에서 실천했던 것과 똑같은 종류의 프로그램을 스페인에 옮길 심산이었다.

이러한 선교 활동 과정에서 그가 겪어야 했던 여러 가지 고난(고후 11 : 23~27)은 우리로 하여금 많은 것을 생각케 해 준다. 이 구절들에서 우리는 바울의 타고난 강인함과 지칠 줄 모르는 힘을 엿볼 수 있다. 물론 그가 자신의 이러한 면모를 보여주기 위해 그런 말을 한 것은 아니지만 말이다. 그에게 있어서 이 모든 것은 신앙적 삶의 요소였다. 그는 자신의 사역에 수반되는 고난을, 억지로 맞이한 것이 아니라, 하나님이 자신을 열납하신다는 표시로, 자신의 기독교적 소망을 강화시켜 주는 요소로, 그리스도의 고난에 참여하는 수단으로 알고 기쁘게 수용하였다. 육체는 간고로 쇠약해졌지만 하나님께서는 이 고난을 이용해 내적 존재를 더욱 새롭게 하셨으며 장래의 영화로운 유산을 더욱 풍성 하게 하셨다.

교회사에서의, 바울의 위치

바울은 교회 역사상 오랜 기간에 걸쳐, 여러 지역의 교회에서 오해를 받고 무시되어 왔다. 바울이 자기 시대에도 크게 오해를 받고 무시당했다는 사실을 고려해 볼 때, 이는 별로 놀랄 바가 못된다고 하겠다. 생애 말년에 바울은, 자신이 가장 열성적으로 선교 사역을 수행했던 현장인 아시아 지방에서, 자신이 세워 놓은 표준으로부터 신앙이 퇴락하는 모습을 지켜 보아야 했다. 그는 디모데에게 이런 말을 했다 : "아시아에 있는 모든 사람이 나를 버린 일을 네가 아나니"(딤후 1 : 15). 바울은 로마에서 구금 상태에 있었으므로 그 곳 신자들을 방문할 수 없었으며 어떤 이 들은 바울의 이러한 강제적 부재 상황을 이용해 아시아에서 그의 사상과 어긋나는 가르침을 전하기도 하였다.

다행히도 보다 건전한 영향력이 아시아의 교회들에 흘러들어 그들의 충성스런 신앙을 회복시켜 주었다. 마찬가지로 교회 역사에서도 성령의 커다란 역사가 거듭 일어나 그 때마다 복음의 제일 원리들을 회복하고 교회를 크게 재생시키며 부요하게 만든 일이 종종 있었다. 그리고 이러한 운동의 발달은, 바울과 그의 가르침이 준 영향력으로까지 소급해 올라갈 수 있다. 바울의 가르침은, 바울 자신처럼 하나님의 사역을 위해 선택된 도구들인 특정 개인들에게 큰 영향을 미치곤 하였던 것이다.

A.D. 386년 어거스틴은 바울의 로마서 구절을 읽는 동안에 자기 영혼에 하늘의 빛이 넘쳐 흐르도록 쏟아지는 것을 느꼈다. 마르틴 루터가, "하나님의 의"는, 불의한 자들을 형벌하실 때의 표준이 되는 그러한 의가 아니라 인간으로 하여금 믿음을 통해 의롭다 하심을 얻게 하는 의라는 사실을 알게 된 것도, 바로 이 로마서에서였다. "그 후 즉시 나는 나 자신이 다시 태어나, 열린 문들을 통해 낙원으로 들어간 것 같은 느낌을 가지게 되었다"고 루터는 말한다. 1738년 요한 웨슬리는, 누군가가 낭독하는 루터의 로마서 서문을 들으면서 마음이 "이상하게 뜨거워지는" 것을 체험하였다. 이 변화가 그의 사도적 사역에 일대 불꽃을 일으켜 온 세계를 자기 교구로 삼고 일하게 만들었던 것이다.

바울이 남긴 유산

바울은 그리스도의 사역과 죽음, 승귀에 내포된 우주적 의미를 누구보다 잘 알고 있었다. 그는 자신의 가르침을 통해 그 의미를 캐 내었으며 자신의 사역에 그것을 실제로 적용시켰다. 그리하여 바울은 후 세대에 풍요로운 유산을 남기게 되었다. 그 유산의 일부 요소들은, 오늘날 너무 쉽게 망각되는 경향이 있으므로 여기에서 강조해 둘 필요가 있다.

1. 진정한 종교는 규칙과 규범의 문제가 아니다. 하나님은 회계사처럼 자기 백성을 다루시지 않는다. 하나님은 자기 백성이 하나님의 은혜를 받아들일 때 그들을 또한 기꺼이 열납하여 그들의 마음 속에 그리스도의 영을 심어서 그들로 하여금 하나님의 사랑을 남에게 베풀 수 있도록 만드신다.

2. 그리스도 안에서 하나님의 자녀들은, 그의 죽음과 부활 생명을 통해 재창조된 새로운 인류로서, 성년에 달하게 되었다. 하나님은 자기 자

녀들을 신뢰할 만한 성숙한 아들, 딸로 대우하신다.

3. 사물보다, 원리 원칙보다, 대의 명분보다, 사람이 더욱 중요하다. 가장 고귀한 원리 원칙과 가장 고상한 대의 명분들이 사람을 위해 존재한다. 그것들을 위해 사람을 희생시키는 것은 신적 질서를 왜곡하는 것이다.

4. 인종, 계급, 성 등에 근거하여 인간을 차별하는 것은 하나님과 인간에게 공히 범죄하는 것이다.

이러한 교훈들의 진가를 아는 자들은, 이것들을 그토록 알기 쉽게 가르쳤던 그 인물 바울을 기억 속에 길이 담아 두어야 할 것이다.

요 한

요한은 보통 크게 장수했던 사람으로 그리고 초창기 사도들의 무리 가운데서 가장 오랫 동안 생존했던 인물로 생각되고 있다. 그러므로 요한은, 한편으로 예수님과 그의 첫 제자들, 그리고 한편으로 예수님과 실질적인 접촉이 없이 로마제국의 대도시들에 열정적으로 기독교 신앙을 전파한 초대 교회 성도들, 이 양자 사이에 연결 고리 역할을 했다는 점에서 매우 중요한 인물로 평가된다. 요한이 바울의 경우처럼 체계 있는 전도 여행을 했는지는 알 수 없다. 설사 그와같은 여행을 했다 하더라도 거기에 대해서 전혀 알 길이 없다. 전해 내려오는 말(tradition)에 의하면, 요한은 에베소에 정착하여 이를 기지로 해서 광범한 지역에 영향을 미쳤다고 한다.

요한의 저서

어쨌든, 기독 교회에 대한 요한의 주요 영향은 그의 저술을 통해 이루어졌다. 제4복음서는 익명으로 되어 있으며, 요한의 세 서신도 역시 교회가 거기에 붙인 제목과는 상관 없이 익명으로 되어 있다. 계시록의 저자는 자신을 요한으로 지칭하고 있다. 그러나 그가 사도인지 혹은 다른 어떤 동명이인인지는 구체적으로 밝히지 않는다. 하지만 초대 교회는 충분한 근거가 있었기 때문에 이 모든 작품들을 사도 요한의 것으로 간주하였던 것이다. 이 작품들을 볼 때, 우리는 사도 요한이 기독 교회의 발전에 막대한 영향을 미친 것은 결코 우연이 아니었음을 가히 짐작할 수 있

다. 오늘날까지도 이 문헌들은 지금까지 저술된 문헌 가운데 영향력이
가장 높은 책들로서 한 자리를 차지하고 있다.

요한과 사도 시대의 종말

레온 모리스(Leon Morris)

요한은 어떤 인물이었는가?

요한은 기독교의 삶과 사상에 그처럼 큰 영향력을 미친 사람임에도 그 윤곽은 너무나도 희미하다. 신약성경의 지면에서, 베드로와 바울은 위대하고도 강력한 인물들로 부상하고 있지만, 요한의 언행은 별로 나타나지 않는다. 그리고 요한은 등장할 때도 보통 다른 누군가와 함께 나오는데, 이 경우 주도적 역할을 하는 이는 대개 그 상대편 인물이다.

우리가 알다시피 그의 부친은 세베대라는 사람이었는데, 그의 어업은 일꾼들을 고용할 정도로 상당히 번창하였다(막 1 : 19~20). 그러므로 가족은 꽤나 유복한 생활을 한 것 같다. 요한에게는 야고보라는 형제가 있었다(마 4 : 21). 그런데 이 두 사람을 함께 언급할 때는 보통 야고보가 앞선다. 따라서 야고보가 형이었던 것으로 추측된다.

요한은 예수님의 이종사촌이었던 듯하다. 그러나 이 문제는 십자가 처형 현장에 있었던 그 여인들이 누구였느냐에 따라 달라진다. 요한복음은 예수님의 어머니가 거기에 있었다고 말하며, 또 한 사람의 마리아가 있었다고 기록하고 있는데, 이 점은 마태 및 마가의 기록과 일치한다(마태와 마가는 이 마리아를 야고보와 요셉의 어머니라고 말하고 요한은 글로바의 아내라고 지칭한다). 그 밖에도, 마태는 "세베대의 아들들의 어머니”를 추가로 언급하고 마가는 “살로메”를 언급하며 요한은 예수의 “이모”를 언급한다. 만일 이 사람들이 동일한 한 여인이라면 결국 세베대의 아내는 살로메라는 이름을 가진, 동정녀 마리아의 자매라는 뜻이다. 이러한 견해가 확실하지는 않지만 개연성이 없지도 않다.

요한은 예수님의 첫 제자들 가운데 한 사람이었다(막 1 : 19~20). 그리고 베드로, 야고보와 더불어 예수님과 특별히 가까운 사이였다. 이 세 사람은 변화산상의 사건(막 9 : 2), 야이로의 딸을 살린 사건(눅 8 : 51), 겟세마네 동산의 체험(마 26 : 37)등 큰 사건이 있을 때마다 예수님과 함께 있었다. 복음서와 사도행전을 제외하고 요한을 언급한 한 구절은, 이 두 사람과 요한을 “기둥처럼 간주되는 자들”로 한데 묶어 지칭하고 있다(갈 2 : 9). 이 세 사람은 안드레와 함께 종말이 언제 다가올 것인지를 예수님께 물은 적이 있다(막 13 : 3). 그리고 예수님은 그의 지상 생애 마지막 날 저녁, 요한을 베드로와 함께 보내어 유월절 만찬을 준비시키셨다(눅 22 : 8). 누가는 요한이 기적적으로 고기를 잡은 현장에서 크게 놀랐다고 언급한다(물론 다른 사람들도 놀랐음을 언급하고 있다(눅 5 : 9~10). 요한이 고기잡이 분야에 전문적 지식을 가지고 있었다는 점에서, 이러한 그의 태도는 의의가 깊다고 하겠다.

야고보와 요한

이상과 같은 구절들은 요한이 사도 집단에서 중요한 인물이었음을 시사해 준다. 그러나 처음에 그는 예수님의 메시지를 잘 파악하지 못하고 있었다. 그의 형제 야고보와 함께 그는 “보아너게”라는 별명을 가지고 있었는데 마가는 이를 “우뢰의 아들들”로 해석한다(막 3 : 17). 이 별명은 그가 모종의 강인하고 사납고 거센 성격의 소유자였음을 시사해 주는 것 같다. 요한은 어떤 사람이 예수의 이름으로 귀신을 쫓아내는 것을 보고 자기들의 무리에 소속되지 않았다는 이유로 그의 그런 행동을 제지하였는데, 바로 이러한 요한의 언행이 상기와 같은 성격의 발로가 아니었는가 한다(막 9 : 38). 말이 나온 김에 하는 말이지만, 이것이 복음서 전체에서 유일한 요한의 말이다. 다른 곳에서는 언제나 요한이 다른 제2의 인물과 함께 등장하며 그 제2의 인물이 대변자 노릇을 한다. 야고보와 요한은 어머니를 통해 주의 나라에서 자신들이 최고 요직을 차지하게 해 달라는 요청을 드린 바 있는데, 여기에서도 동일한 기질이 엿보인다(마 20 : 20~23).

이 사건에서 두 형제는 자신들이 예수님의 "잔"을 마실 각오가 되어 있노라고 말하며("잔"은 고난을 은유적으로 표현한 것임이 분명하다) 예수님은 그들이 그렇게 될 것이라고 말씀하신다. 그들의 말 속에는 신앙심이 엿보이지만, 예수를 따르는 자는 겸손한 섬김의 자세를 가져야 한다는 사실을 전혀 이해하지 못한 점도 동시에 엿보인다. 자신들을 영접하기 거부하였던 사마리아인의 마을에 하늘로부터 불을 내리고 싶어 했던 사실에서도 역시 이러한 무지가 엿보인다(눅 9 : 54). 분명 그들은 매우 열정적인 사람들이었다. 예수께서 그들의 요청을 허락하시면 하나님이 불을 내리실 것이라는 그들의 깊은 확신에 대해 우리는 찬탄을 금할 길이 없다. 하지만 이 사건은 동시에, 사랑 없는 기질을 쉽게 내비칠 수도 있었던, 그들의 과격한 모습을 보여주고 있다.

사도행전에서, 그의 이름만을 언급하고 있는 두 구절을 제외하고 요한은 언제나 베드로와 함께 등장한다. 앉은뱅이를 치료한 사건(행 3장) 혹은 기독교의 메시지를 전파하다가 체포된 사건 등이 그 전형적인 예이다(행 4 : 1~3). 그들은, 공회 앞에 섰을 때 배우지 못한 범인들로 간주되지만(행 4 : 13), 예수께서 말씀하시고 행하신 놀라운 것들에 대해 자신들이 전하지 아니할 수 없노라고 역설한다(행 4 : 19~20). 최초로 복음이 전파된 비유대인 집단이었던 사마리아인들에 대한 선교에서도 요한은 베드로와 함께 동역한다(행 8장).

예수께서 사랑하셨던 제자("예수의 사랑하시는 그 제자")

요한복음에는 "예수께서 사랑하신 그 제자"라는 문구가 몇 차례 나온다(요 13 : 23, 19 : 26, 20 : 2, 21 : 7, 20). 그의 이름이 구체적으로 언급되지는 않으나 그 사람이 바로 요한임을 뒷받침하는 증거가 있다. 예수님의 십자가 처형 이후 다시 고기잡이에 나섰던 제자들 가운데는 그 사랑하시는 제자도 끼어 있었다(요 21 : 7). 그리고 요한복음 21 : 2에 언급된 인물들 가운데서, 그를 요한 아닌 다른 사람으로 인정한다는 것은 쉽지 않다. 그가 시몬 베드로이었을 리는 만무하다. 베드로는 그 사랑하시는 제자와 함께 있었던 것으로 언급되기 때문이다. 또 그가 야고보이었을 가능성도 없다. 그는 일찍 죽었었다(행 12 : 2). 그를 도마나 나다나엘 혹은 무명의 두 사람 가운데 하나였다고 볼 만한, 타당한 근거도 없다. 사랑하시는 그 제자가 베드로와 함께 번번이 언급된다는 사실이 요한 쪽을 뒷받침해 준다. 요한이 제4복음서 전체에서 전혀 언급되지 않는다는 사실도 그 증거이다. 그가 직접 제4복음서를 기록하지 않았다면, 그가 언급되지 않는다는 점은 불가해한 문제로 남게 된다. 사실 제4복음서는, 사랑하시는 그 제자가 기록했다고 자체 내에서 증언하고 있다(요 21 : 20, 24). 이러한 호칭은 예수께서 다른 제자들을 사랑하지 않으셨다는 의미가 아니다. 두 말할 나위 없이 주님은 그들 모두를 사랑하셨다. 그러나 이 명칭은 요한이 특별히 주님과 가까운 사이였음을 시사해 준다. 성만찬시에 그가 예수님의 품에 의지하고 있었다는 사실도 그러한 관계를 보여준다(요 13 : 23). 예수님은 십자가에 매달려 계실 때, 이 요한에게 자신의 모친 마리아를 부탁하셨다(요 19 : 26~27). 예수님이 친동생들 이전에 요한을 모친의 봉양자로 택했다는 사실은 그들 사이의 끈끈한 관계를 보여준다.

요한을 그처럼 중요한 인물로 만든 것은 아마 이러한 끈끈한 관계였을 것이다. 앞에서 살펴본대로 복음서의 기사들 가운데 그가 리더였음을 보여주는 대목은 거의 없다. 그러나 그가 예수님과 매우 가까운 사이였다는 것은 분명한 사실이다. 제4복음서는 그러한 사실이 무엇을 의미하는지에 대해 우리에게 무엇인가를 암시해 준다. 제4복음서를 기록한 사람이 위대한 영적 통찰력을 가진 인물이었다는 것은 명백하다. 요한을, 행동가이자 타고난 리더로보다는 사상가이자 영적 거물로 보는 것이 타당할 것이다.

밧보섬에서의 요한

요한계시록에서 우리는 요한이, "하나님의 말씀과 예수의 증거" 때문에 밧모섬에 오게 되었음을 알 수 있다(계 1 : 9). 요한은 아마 선교 활동 때문에 이 곳으로 유배당했을 것이다. 요한계시록은 그가 환상가였음을 보여준다. 이 책은 하나님이 그에게 주신 다수의 환상들을 기록하고 있다. 그와 같이 유배된 상황에서 요한이 하나님의 승리에 대한 희열이 가득한 책을 저술했다는 사실은 흥미롭다. 요한이서와 삼서 서두에서 그는 자신을 "장로"라고 부른다. 이는 그의 노령 혹은 교회 직분을 가리키는 말이라고 생각된다.

성경 외의 자료에서는 우리가 부언할 만한 내용이 거의 없다. 요한이 에베소에서 매우 오래도록 장수하였다는 전승이 있지만, 이 전승에 대해서는 입증도 반증도 할 수 없다. 이러한 전승에서 우리는 그의 영향력이 어떠했는가를 어느 정도 짐작할 수 있을 것이다. 앞서 살펴본대로 요한은 그의 기독교적 삶과 사역 때문에 밧모 섬으로 유배당했었다. 이는 그가 아마 그 곳에서 생을 마감하였으리라는 추측을 가능하게 해 준다. 그러나 유세비우스는 그가 밧모 섬에서 에베소로 돌아와 거기에서 트라얀 황제 시대까지 살았다고 말한다. 요한이 거기에서 죽은 사람을 살렸다는 이야기가 있으며 한 강도를 회개시키는 데 있어 매개체 역할을 했다는 이야기도 있다. 요한은 또한 이단적인 세린두스(Cerinthus)를 반대했다고 한다. 이러한 이야기 등이 흥미가 없는 것은 아니지만 그 속에 어느 정도의 진실이 담겨 있는지는 알 길이 없다.

요한의 저서

그러나 명백한 것은, 기독 교회에 있었서의 요한의 지대한 중요성이 그의 글월에서 비롯된다는 사실이다. 그의 복음서는 모든 세대의 성도들에게 축복의 원천이 되어 왔으며 그의 서신들도 그렇다. 계시록은 신비

의 책이다. 혹자들은, 이를 기록한 요한이 사도 요한은 아니라고 주장한
다. 양 견해 중 어느 쪽도 확실하게 증명될 수는 없지만, 이 책 역시 세베
대의 아들 요한(사도 요한)에게서 나온 것으로 생각할 만한 근거는 충
분하다.

　이 여러 개의 글월은 신약성경 가운데서 꽤 상당한 부분을 형성하고
있다. 그 글들은 우리가 다른 곳에서 발견하지 못하는 가르침을 전해 준
다. 요한은 예수님의 가르침 가운데서 자신이 기록으로 보존한 내용을
통해, 그리고 그리스도인의 길에 대한 자신의 이해를 바탕으로 남긴 이
유산을 통해 훗날의 모든 그리스도인들에게 커다란 부채를 안겨 주었다
고 하겠다. 요한이 노년에 막대한 영향력을 미쳤을 것으로, 그리스도인
들이 늘 생각해 온 것도 당연하다. 오늘날 학자들은 소위 “요한의 동아
리”(요한의 가르침을 좋아하여 그의 주변에 모여 든 사람들)라는 것이
있었음을 시사해 주는 듯한 사실에, 주의를 집중하는 경향이 다분하다.

　요한은, 예수님의 시대와 그에 뒤이은 열성적인 최초의 복음 선포 시
대, 그리고 초기 교회 시대 사이에 위치하는, 과도기적 인물이었다. 초기
교회의 성도들은 예수님 그리고 바울 및 베드로 같은 사도들과 개인적
접촉을 해 본 적이 없는 사람들이었다. 이런 면에서 요한은 초대 교회 성
도들이 자신들을, 십자가에 못박혀 죽으신 그 분의 참 제자들로 여길수
있도록 길을 닦아 주었다고 하겠다.

안디옥의 이그나티우스(Ignatius of Antioch)

이그나티우스는 시리아 안디옥의 제 3대 감독이었다. 그가 트라얀 황제(Trajan, A.D. 98~117) 치세에 로마로의 순교 여정 도중 기록한 7개의 편지는 이른 바 사도 교부들의 문헌 즉 1세기 말엽에서 2세기 초엽까지의 초대교회 문서 가운데서 지극히 중요한 위치를 차지한다. 이 서신들은 "2세기 교회가 전해준 가장 아름다운 보물들 가운데 하나"라고 일컬어져 왔다.

이그나티우스가 바울이 편지를 보낸 두 도시 즉 에베소와 로마, 그리고 요한계시록의 일곱 도시 가운데 세 도시 즉 에베소, 빌라델비아, 서머나에 서신을 보냈다는 것은 의미심장한 일이라 하겠다.

우리가 그의 생애에 대해서는 그의 서신에서 부수적으로 드러난 내용들을 제외하고 상세한 것을 알 길이 없다. 그가 로마인들에게 체포된 이유도 확실히 알 수 없다. 그는 열 명의 로마 군인들에게 붙들려서 압송되어 가는 도중 소아시아를 가로질러 서머나에 이르렀을 때 거기의 폴리갑 감독에게 영접을 받고 에베소, 마그네시아, 트랄레스(Tralles) 등지에서 온 그리스도인들에게 문안을 받는다.

이어서 이그나티우스는 북으로 드로아를 거쳐 선편으로 네압볼리에 이른다. 그리고 빌립보를 지난 다음 에그나티안 로(Egnatian Way)를 이용해 마게도냐를 가로질러 배를 타고 로마로 향한다. 그리스도를 위해 맹수의 이빨에 "밀"처럼 갈아지기 원하였던 이그나티우스의 열렬한 소원은 마침내 여기 로마에서 실현된다.

이그나티우스는 신약성경과 부흥 도상에 있던 "보편 교회"(catholic church—최초의 교회 분열인 동서방 교회 분열 이전의 전 기독 교회 : 역주)를 연결하는 중요한 고리였다. 이그나티우스는 바울의 글에 깊은 감명을 받았으며 그의 글을 인용하기도 하였다. 바울처럼 이그나티우스도 가현론자들의 그리스도관에 맞서 싸웠다. 가현론이란 하나님의 아들이 실제로 성육신하지 않고 외견상 그렇게 보였을 뿐이라는 교리이다(요한1서를 보라). 교회를 하나 되게 하는 데 있어 이그나티우스는 감독의 역할을 몹시 강조하였다. 모든 그리스도인들은 감독에게 순종해야 한다고 그는 말한다.

안디옥의 이그나티우스

에드윈 야마우찌(Edwin M. Yamauchi)

이그나티우스의 체포

시리아의 안디옥은 로마 제국에서 세번째로 큰 도시였다. 베드로와 바울 그리고 여러 성도들이 이곳의 유대인들과 이방인들에게 복음을 전하였다(행 11 : 19~20, 15 : 22~26, 갈 2 : 11 이하). 예수를 메시야로 믿는 신자들이 최초로 **크리스티아노이** 즉 "그리스도인들"이라 불린 것은 이 세계적인 도시 안디옥에서였다(행 11 : 26). 그리고 크리스티아니스모스 즉 "기독교"라는 말을 최초로 사용한 이는 이그나티우스였다(이그나티우스의 로마인서 3 : 3, 마그네시아서 10 : 3).

유세비우스(교회사 3. 36. 2)에 의하면 이그나티우스는 안디옥의 제3대 감독이었다고 한다. 우리가 알다시피 이그나티우스는 트라얀 황제(A.D. 98~117)의 재위 기간에 체포당하였다. 이 황제에게 보낸 소 플리니(Pliny the Younger)의 서한에 의하면 이 때는 기독교가 모든 사회 계급으로 급속하게 확산되던 시기였다. 그러나 이그나티우스가 체포된 이유에 대해서는 알 길이 없다.

이그나티우스는 열 명의 군인들("표범들")에게 체포, 구금 당하였는데, 그들은 남의 친절 앞에서도 모질고 엄격하게 대하는 자들이었다(이그나티우스의 로마서 5 : 1). 이그나티우스를 압송하는 군인 일행은 아마 바울의 출생지인 길리기아의 다소까지 항행하여 바울이 압송당한 루트를 따라 남터키를 통과해 내륙으로 여행한 듯하다. 그들은 해안으로부터 85마일 떨어진 빌라델비아를 지나 8월에 항구 도시 서머나에 이르렀다(오늘날의 이즈미르 Izmir임). 거기에서 이그나티우스는 에베소, 마그네시아, 트랄레스의 교회로부터 온 방문객들을 맞이하였다. 에베소는 해안 북쪽 35마일 지점에 있었으며 마그네시아는 내륙으로 15마일 지점, 트랄레스는 그보다 15마일 더 먼 곳에 있었다.

이그나티우스의 서신들

그는 서머나에서 이 교회들에 서신을 써 보냈으며 로마 교인들에게도 편지를 보냈다(각각 이그나티우스의 에베소서, 마그네시아서, 트랄레스서, 로마서라 불림). 이 편지에서 그는 로마인들에게 자신이 그리스도를 위해 순교자(마르튀스, 문자적 의미는 "증인")가 되기로 결심하였으니 자기를 위해 중재에 나서지 말라고 당부한다.

일행은 북으로 여행하여 드로아에 머물렀다. 거기에서 이그나티우스는 에베소 교회의 집사 부르후스(Burrhus)의 도움을 받아 빌라델비아인들과 서머나인들 및 서머나의 감독 폴리갑에게 편지를 써 보낸다(각각 빌라델비아서, 서머나서, 폴리갑에게 보낸 서신). 바울과 그 일행들처럼 이그나티우스 일행도 아마 네압볼리로 항행한 다음 에그나티안로를 이용하여 빌립보와 데살로니가를 지나서 아드리아 해안으로 갔을 것이다. 후에 폴리갑은 빌립보인들에게 보낸 서신(9 : 1)에서 그들에게 "복된 이그나티우스")의 본을 따르라고 권면하였다.

이그나티우스는 그의 서신에서 구약성경의 인용문을 별로 사용하지 않는다. 잠언 3 : 34(이그나티우스 엡 5 : 3)과 잠언 18 : 17(마그네시아서 12)을 인용하고, 기타 열 개 정도의 구약성경 구절들을 변죽울리고 있을 뿐이다. 어떤 학자들은 순교에 대한 이그나티우스의 사상이 유대 순교자들을 기리는 책 마카베오 4서의 영향을 받은 것으로 보고 있다.

이그나티우스는 마태복음을 알고 있었던 것 같다. 그리고 그의 서신의 일부 문구들은 요한복음과 매우 흡사하다. 그러나 그에게 깊은 영감을 준 것은 무엇보다도 바울 서신이었다. 그는 특별히 고린도전서를 좋아했다. 이그나티우스 에베소서 18 : 1에서 고리도전서 1 : 20을, 이그나티우스 로마서 5 : 1에서 동서 4 : 4을, 이그나티우스 에베소서 16 : 1에서 6 : 9~10을 인용하고 있다. 이그나티우스의 에베소서는 바울의 에베소서와 유사한 구절들이 많다.

이그나티우스와 바울

그는 바울에게 매우 높은 칭찬의 말을 쏟아 붓고 있다 : "바울은 거룩하심을 입고 좋은 평판을 얻었으며 그게 은총을 받은 인물이었다. 내가 하나님께 이를 때에 그의 발자취 가운데서 발견되기를 원하노라"(이그. 엡 12 : 2). 이그나티우스는 결코 자신을 사도들과 같은 반열에 올려 놓지 않았다. "베드로와 바울이 한 것처럼 내가 여러분에게 명하는 것은 아니다. 그들은 사도였으나 나는 한 죄수에 불과하다"(이그. 롬 4 : 3, 또한 그의 서신 엡 3 : 1, 트랄레스서 3 : 3을 보라). 나아가 그는 시리아의 그리스도인들에 대해 이야기하면서 바울이 사용한 바와 똑같은 겸손의 말로써 자신을 다음과 같이 평하였다 : "나는 그들 중 가장 작은 자요 만삭되지 못해 태어난 자이다"(이그. 롬 9 : 2, 또한 이그. 엡 21 : 2, 마그네시아서 14, 트랄레스서 13 : 1을 보라. 참조 : 고전 15 : 8~9). 이그나티우스는 거짓 교사들에 대해 크게 마음을 썼다. 그는 그들을 "들짐승들", "미친 개들", "허울 좋은 이리들"이라 부른다. 그들은 이그나티우스가 편지를 보낸 그 교회들을 상당히 위협하고 있었다. 이그나티우스가 두 개의 이단 즉 유대주의와 가현설을 논박하고 있었는지 아니면 하나의 혼합적 이단인 유대주의적 가현설을 공박하고 있었는지에 대해서는 학자들 간에 의견이 다르다. 이그나티우스가 공격한 것이 완숙 단계에 이른 영지주의이고 이그나티우스 자신도 영지주의의 영향을 받았다는 견해는 설득력이 없다.

이그나티우스의 서신들 가운데 유대주의적 경향을 공격하는 것은 마그네시아서와 빌라델비아서이다. 빌라델비아서 6 : 1에 의하면 이 메시지를 전한 자들은 분명 할례받은 유대인들이 아니었다. 마그네시아인들에게는 다음과 같이 말하고 있다. "우리가 지금까지 유대교에 따라 살고 있다면 은혜를 받지 못한 것이라고 단언하는 바이다."

이그나티우스와 가현설

한편 더욱 위험한 이단은 가현설(Docetism)이었다. 이 낱말은 "처럼 보이다"를 의미하는 헬라어에서 유래하였다. 신약성서 시대에 벌써 예수 그리스도의 성육신을 부인하고 하나님의 아들이 단지 인간"처럼 보였을" 뿐이다, 단지 고난 당하는 것"처럼 보였을 뿐이다"라고 주장하는 자들이 있었다(요일 4 : 1~3, 요이 7). 이러한 견해는 인간의 육체를 포함한 물질계가 본질적으로 악하다는 헬라 철학자들의 사상에서 비롯되었다.

이그나티우스는 트랄레스인들에게 엄숙히 경고하고 있다(9 : 11~12). "그러므로 누구든지 예수 그리스도에 관하여 다음과 같은 사실에 어긋나는 이야기를 하거든 귀머거리가 되라. 예수는 다윗의 가문을 통해 마리아에게서 나셨고 실제 인간으로 탄생하여 먹고 마셨으며 본디오 빌라도 치하에서 실제로 핍박을 당하였고 하늘과 땅과 땅 아래 있는 자들의 목전에서 십자가에 못박혀 죽었으며 죽음으로부터 실제로 부활하였다." 나아가 이그나티우스는 다음과 같이 격렬히 외치고 있다. "그러나 만일… 그의 고난이 단지 겉보기에 불과하였다면, 내가 왜 죄수의 몸이 되었겠으며 내가 왜 맹수들과 싸우기를 열망하고 있겠는가? 사실이 그렇다면 나는 헛되이 죽는 것이다"(10 : 1, 그리고 서머나서 1~3도 보라).

이그나티우스가 빌라도와 분봉왕을 언급한 사실은(서머나서 1 : 2, 마그네시아서 11) 그리스도가 받은 고난의 역사성을 강조한 것이다. 이러한 강조점은 후에 그 유명한 사도신경으로 흡수되었다.

이그나티우스에 따르면 가현론자들은 그리스도의 인성을 사실로 받아들이기 거부함으로써 결과적으로 타인에 대해서도 비인간적인 자들이 되고 말았다. "그들은 사랑에 관심이 없으며 과부에게도 고아에게도 환난당하는 자들에게도 고통받는 자들에게도 감옥에 갇힌 자에게도 감옥에서 풀려난 자에게도 굶주리거나 목마른 자에게도 관심이 없다"(서머나서 6 : 2, 요일 3 : 17을 참조하라).

이그나티우스는 그리스도인들이 그리스도처럼 마땅히 남을 사랑해야(이 단어가 64회 등장한다) 될 것을 강조한다. 또 폴리갑에게는 과부들을 돌보고 종들에 대해 오만한 자세를 보이지 말라고 충고하였다(폴리갑에게 보낸 서신 4). 그러나 종들 편에서는 교회를 빌미삼아 무례하거나 해방을 추구해서는 안된다고 타이르고 있다.

감독들

신약 성경 시대에 **에피스코포스**(문자적 의미는 "감독하는 자") 즉 감독은 **프레스뷔테로스**(장로)를 지칭하는 또 하나의 이름에 불과하였다. 후에 제롬도 이를 인정한 바 있다. 1세기 말까지도 애굽과 로마, 헬라 등지의 교회들은 여전히 여러 명으로 구성된 일단의 감독 즉 장로 그룹이 다스리고 있었다. 이런 상황에서 "monepiscopacy" 즉 군주제적 감독정치를 처음 주창한 이가 이그나티우스였다. 이것은 어느 일정한 도시에서 단 한 사람의 감독이 삼중적 사역을 총 관장한다는 이론이었다. 삼중 사역이란 (1) 감독직 (2) 장로직 (3) 집사직을 말한다.

이그나티우스는 자신을 "하나됨 위에 자리잡은" 자로 묘사하고 있다(빌라델비아서 8 : 1). 그리고 빌라델비아인들에게 "하나됨을 사랑하고 분열을 피하라"고 촉구한다(7 : 2). 또 폴리갑에게는 "하나됨에 마음을 쓰라. 그보다 더 좋은 것이 없다"고 말하고 있다. 이그나티우스는 **카톨리코스**("보편적인")라는 단어를 교회에 최초로 적용시킨 인물이다(서머나서 8 : 2).

성만찬

교회의 하나됨은 성만찬에 있다고 그는 보았다. 성만찬을 유카리스트라고 최초로 부른 이도 이그나티우스이다. 그의 말에 의하면 성만찬은, 이를 금하는 가현론자들에 맞서 그리스도의 성육신을 강조하는 의식이다(서머나서 7 : 1). 성만찬이 효력을 발휘하기 위해서는 감독이나 그의 권위를 부여받은 대리자가 참석해야 한다고 최초로 주장한 이도 이그나티우스였다(서머나서 8 : 1). 그는 그리스도인들의 성만찬 회합을 **파르마콘 아다나시아스**, "불멸의 약"이라 불렀다(이그. 엡 20 : 2). 성만찬을 희생 제단, **두시아스테리온**의 개념과 결부시키기 시작한 사람도 이 이그나티우스였다(마그네시아서 17 : 2, 빌라델비아서 4 : 1).

이그나티우스는 순교를 통해 하나님과 그리스도께 "이르기를"(에피투케인, 20회 사용됨) 열렬히 갈망하였다. 바울과 달리(빌 1 : 23) 이그나티우스는 자신이 살아있는 게 더 나은가 아니면 죽는 게 더 나은가라는 문제에 대해 전혀 망설임이 없었다. 그는 로마인들에게 자신의 순교를 막지 말라고 간청하였다(롬 1 : 2, 2 : 1). 이어서 그는 선언한다. "나로 하여금 맹수들의 밥이 되도록 상관 말고 놓아 두라. 맹수들을 통해 내가 하나님께 나아갈 수 있으리라. 나는 하나님의 밀이다. 내가 야수들의 이빨에 갈려 그리스도의 순결한 떡으로 나타나리라"(롬 4 : 1).

이그나티우스가 A.D. 108년 경 트라얀 황제의 치세에 로마에서 순교했다는 사실은 폴리갑, 이레니우스, 유세비우스 그리고 제롬이 증언하고 있다. 4세기와 5세기에 유래된 후대 전설집의 기사(Martyrium Colbertinum, 그리고 Antiochenum)에 의하면 그의 뼈가 수거되어 안디옥으로 이송되었다고 한다. 이 유골은 나중 6, 7세기 경에 로마로 이관되었다.

져스틴 마터(Justin Martyr)
100~165년경

져스틴 마터는 2, 3세기에 기독교의 대변자들로서 **아폴로기아**를 내어 놓은 변증가들 가운데 최초의 한 사람, 아마 가장 중요한 인물일 것이다 (참조 : 행 22 : 1, 벧전 3 : 15). **아폴로기아란** 기독교에 대한 이성적, 합리적 변호를 말한다. 사마리아, 네압볼리의 이방인 양친으로부터 태어난 져스틴은 그리스도 안에서 참 진리를 발견하기까지 진리를 찾아 여러 철학 사상을 편력하였다.

져스틴의 무수한 작품들 가운데 남아 있는 것으로는 두 권의 변증서와 트리포(Trypho)라는 유대인과의 대화록이 있다. 장문의 「제1변증」(First Apology)에서 져스틴은 최초로 이교도의 여러가지 비난과 몰이해에 대해 기독교를 변증하였다. 여기에서 그는 기독교가 어떤 새로운 창작 품이 아니라 헬라 철학들보다 시대적으로 앞서는 구약서경의, 구체적 실현이라고 주장한다. 져스틴의 로고스 교리에 따르면 완전한 로고스이신 그리스도의 강림 이전에도 소크라테스 같은 사상가들에게서 부분적인 진리의 계시가 있었다고 한다. 그러나 기독교와 유사한 이교도 신화 및 신비 종교들은 귀신의 위조품에 불과하였다.

트리포는 팔레스틴의 바 코흐바 전쟁(Bar Kochba War, A.D. 132 ~135)에서 갓 도피해 나온 유대인이었다. 그는 에베소에서, 당시까지도 여전히 철학자의 외투를 걸치고 있던 져스틴을 우연히 만나 기독교에 대해 문의하게 된다. 져스틴은 구약성경의 예언들을 설명함은 물론 자연물들을 통해 수많은 십자가의 그림자들을 제시하는 가운데 트리포를 회심시키려고 애썼다. 트리포는 진지하게 경청하였으나 한편으로는 많은 반론을 제기하였다. 토론은 격렬하였으나 동시에 놀랍도록 우호적인 분위기에서 진행된다.

보다 짧은 「제2변증」(Second Apology)에서는 로마의 그리스도인들에 대한 한 건의 부당한 소송 사건에, 항의의 뜻을 전달하고 있다. 150년부터 그는 로마의 그리스도인들을 가르쳐 왔었다. 165년 경 져스틴은 마침내 다른 6명의 성도들과 함께 담대히 죽음의 길로 나아가게 되고 드디어 "순교자"라는 칭호를 얻게 된다. 그의 열렬한 기독교 진리 변호와 오류에 대한 탄핵은 많은 교부들에게 지대한 영향을 미쳤다.

져스틴 마터의 생애

100년경	탄생
103년경	한 나이 지긋한 그리스도인과의 중요한 만남
150~155년경	「제1변증」 저술
160년경	「제2변증」, 「트리포와의 대화」 저술
165년경	순교

져스틴 마터, 신앙의 변호자

에드윈 야마우찌(Edwin M. Yamauchi)

져스틴의 회심

져스틴은 사마리아의 네압볼리(현대의 Nablus)에서 100년경에 탄생하였다. 그의 조부의 이름 박키우스(Bacchius)는 헬라어 이름이다. 반면 부친의 이름 프리스쿠스(Priscus)와 져스틴 자신의 이름은 로마식이다. 져스틴은 사마리아인이 아니라 할례를 받지 못한 이방인이었다.

그는 진리를 찾아 여러 헬라 철학자들에게서 사사하였으나(트리포와의 대화 2) 아무에게서도 만족을 얻지 못하였다. 스토아 철학자들은 하나님이 인간들을 돌보시느냐의 문제에 무관심하였다. 한 소요학파의(Peripatetic) 철학자는(아리스토텔레스의 제자였음) 진리보다 돈에 더 관심이 많아 보였다. 또 한 피타고라스 학파의 스승은 져스틴에게 먼저 음악과 수학, 기하학을 배우라고 요구하였다. 드디어는 소크라테스의 모범과 플라톤의 가르침이 져스틴으로 하여금 불가시적인 실체들을 명상하도록 만들었다.

그 후 133년경에 져스틴은 한 나이 지긋한 그리스도인을 만나게 되었는데, 그는 져스틴의 일부 플라톤 사상들을 논박한 다음 그에게 그리스도를 가르쳐 주었다. 져스틴이 기독교의 진리를 확신하게 된 또 하나의 요인은 순교자들이 보여 준 용기였다. "나 자신이 또한 플라톤의 이론에

희열을 느끼는 가운데서도 그리스도인들이 비방당하는 소리를 듣고 죽음에 대해 두려워하지 않는 것을 보았을 때… 그네들이 악과 쾌락 속에서 산다는 것은 불가능하다는 사실을 깨닫게 되었다"(제2변증 12).

교사로서의 져스틴

져스틴은, 기독교를 변호하는 데 있어(황제 앞에서도 기독교를 변호하였다) 자신의 지식을 사용한, 고등 교육을 받은 최초의 그리스도인이었다. 그의 저술은 기독교에 대한 변호를 강화시킬 목적으로 유리피데스, 크세노폰, 그리고 특히나 플라톤의 글을 인용하고 있다. 플라톤의 「변증」(Apologia), 「국가론」(Republic), 「티마유스」(Timaeus)의 내용을 암시하는 구절은 무수하다. 져스틴은 이른 바 중기 플라톤 주의(Middle Platonism) 사상과 매우 흡사한 일면을 보여주고 있다고 사료된다.

져스틴은 에베소에서 얼마 동안 지내면서 트리포를 만났으며 그 후 로마로 와 마르티누스의 집(아마 Via Tiburtina에 위치하고 있었을 것이다)에서 제자들을 가르쳤다. 그의 유명한 생도 가운데 한 사람이 앗시리아 출신의 타티안(Tatian)이었는데, 이 사람은 뒤에 「디아테사론」(Diatessaron) 즉 4복음서의 조화를 저술한 인물로서, 결국은 이단자가 되고 말았다. 로마에서 져스틴과 라이벌 관계였던 교사가 말시온이었다. 말시온은 신약성경이 구약과 모순된다고 가르친 반면 져스틴은 신약이 구약의 성취라고 주장하였다.

져스틴은 공관복음서의 내용을 인용하고 있는데 , 아마도 공관복음서 단일 조화판에서 인용한 듯하다. 그는 「트리포와의 대화」에서 구약성경의 예언 성취에 대한 마태복음의 강조점들을 매우 유용하게 활용하고 있다. 세례를 논한 문맥에서는(제1변증) 요한복음 3 : 3, 5을 암시하는 구절이 등장한다. 목회 서신을 제외하고 신약 성경으로부터의 확실한 인용구는 없으나 신약 대부분의 인유 구절이 무수하다.

져스틴은 두 개의 아그라파 즉 정경 밖의 예수님 말씀을 인용한다.

"내가 너희를 그 어떤 상태 속에서 발견하든 이것으로 너희를 또한 판단하리라." 그리고 "분파들과 이단들이 있을 것이다." 져스틴의 글에는 예수님이 베들레헴의 한 동굴에서 탄생하였고 동방 박사들이 아라비아에서 왔다는 전승도 기록되어 있다.

져스틴의 변증서

져스틴의 「제1변증」은 A.D. 150~155년 사이에 황제 안토니우스 피우스(138~161)와 그의 양자인 마르쿠스 아우렐리우스, 루시우스 베루스(Lucius verius)에게 헌정된 책이다. 기독교에 관용을 베풀어 달라는 자신의 탄원을 뒷받침하기 위해 져스틴은 선제 하드리안으로부터 받은 한 통의 편지도 첨부하였다.

「제1변증」은 68장으로 구성된 다소 긴 작문이다. 머릿말이 있은 다음 4~13장은 기독교에 대한 일부 비난을 논박하고 있다. 그 뒤에서는 그리스도의 가르침이 지닌 도덕적 힘(14~22장)과 이교의 비이성적인 우화들을(21~22장) 대조시킨다.

그의 논설은 계속 이어진다. 그리스도는 하나님의 독생자요 신적 로고스의 충만인 바, 이는 구약성경 예언의 성취를 통해 입증되었다(30~53장). 그리스도의 강림 이전에도 로고스는 소크라테스, 헤라클리투스 같은 헬라 철학자들의 사상과 아브라함, 아나니아스, 아자리아스, 미사엘(다니엘의 세 친구), 그리고 엘리야 같은 히브리인들에게서 국부적으로 나타났다. 그리스도의 생애의 몇몇 측면을 예시한 신화들은 귀신들의 영감에서 나온 것이다(54~58장). 플라톤의 진리는 모세에 기반을 두고 있다(59~60장).

61~67장은 세례와 성만찬을 비롯해 기독교의 의식들에 대한 매우 값진 내용을 담고 있다. 이러한 글월들은 2세기로부터 지금까지 전해 내려온, 실로 지극히 완벽한 내용들이다. 져스틴이 감독이나 장로들을 언급하지 않았다는 것은 주목할 만하다.

「제2변증」은 15장으로 이루어진 보다 짧은 작품이다. 일부 학자들은 이를 「제1변증」의 부록으로 간주하였으나 이것은 160년경에 기록된 독립 작품으로 보아야 마땅하다. 이 글은 로마의 장관(prefect) 우르비쿠스(Urbicus)에 의한 프톨레미의 부당한 처형에 대해 격렬히 항변한 글월이다. 이 사건은 한 기독교인 여자의 이교도 남편이 아내의 스승 프톨레미를 당국에 고발한 데서 비롯된 비극이었다.

져스틴은, 그리스도인들이 순교를 믿는다면 왜 자결하지 않는가라는 이교도들의 비웃음에 대해서도 답변하였다(제4장).

트리포와의 대화

160년경에 기록된 「트리포와의 대화」는 마르투스 폼페이우스라는 어떤 인물에게 헌사된 책이다. 일부 학자들은 이글이 기독교의 우월성을 보여 줄 목적으로 유대교에 동정적인 이방인들을 위해 기록되었다고 생각한다. 이 글의 서론에 의하면 트리포는 고린도에서 철학을 공부한 유대인으로서, 어느 날 친구들과 함께 에베소의 건물 주랑에서 철학자의 외투를 걸친 져스틴을 만난다. 트리포가 팔레스타인의 바 코흐바 전쟁(132~135)을 도피해 온지 얼마 안돼서였다. 트리포가 사실상 반기독교적 랍비 타르폰이었다는 가설은 오늘날 받아들여지지 않고 있다.

트리포는 유대 지도자들로부터 그리스도인들과 접촉하지 말라는 경고를 받은 바 있었으나 복음에 대해 익히 알고 있었다(대화 38). 사실 유대인들은 회당의 예배에서 그리스도인들을 저주하고 있었다(16. 4; 47. 4). 져스틴은 그러한 지도자들이 그리스도인들에 대해 거짓 정보를 퍼뜨려 왔다며 불평을 토로한다. 예건대 탈무드에서 발견되는, 예수가 마술사였다는 비난 등이 그 실례였다(69. 7). 그러한 적대 행위에도 불구하고 그리스도인들은 유대인들을 미워하지 않고 오히려 그들을 위해 기도한다고 져스틴은 말한다(108. 3).

져스틴은, 율법(11~12), 금식(15), 할례(16), 음식물 금지 규정(20), 안식일(21), 제사 의식(22) 등이 유대인들의 반역적 성질 때문에 주어진 것이라고 주장하였다.

져스틴은 구약성경의 헬라어역인 70인역본으로부터 수많은 예언들을 인용하여 예수가 약속된 메시야 그리스도라는 것과 기독교가 이제 유대교를 대신하게 되었다는 사실을 증명한다(70인 역본이 기독교의 전유물이 되자 유대인들은 이에 자극을 받아 구약성경의 헬라어역에 있어, 보다 문자적인 번역에 권위를 부여하였다. 70인역은 의역을 많이 택하였다.).

져스틴과 구약성경

져스틴은 시 22편을 26회 인용하여 예수님의 십자가 처형이 어떻게 예언되었는가를 보여주고 있으며 시 45편을 5회 인용해 그리스도가 인간들보다 공평한 왕이심을 설명하였고, 72편을 9회 인용하여 예수는 자기 백성을 의로 심판하시는 메시야임을 입증해 보인다. 그는 유대인들이 시 96편 10절을 번역하면서 "나무로부터"라는 문구를 삭제하였다며 그들을 비난하기도 하였다. 그러나 오늘날 이 문구는 기독교의 삽입구였음이 판명되었다. 져스틴이 특히 좋아했던 대목은 이사야 52 : 13~53 : 12 이었다. 그는 예수가 "고난 받는 종"임을 증명하기 위해 이 부분을 약 29회 인용한다. 또 53 : 2에 입각하여 예수의 외모가 아름답지 못했다고까지 주장하기도 하였다.

져스틴은 모형론의 개념을 이용하여 기타 다수의 구약성경 구절들에서, 미리 예시된 그리스도를 발견하고 있다. 그에 의하면 노아 방주의 나무는 십자가의 나무를 예표한다. 레아는 회당을, 라헬은 교회를 상징한다. 여호수아는 예수의 모형이다. 그의 이름이 예수님의 그것과 동일하기 때문이다. 십자가는 위로 쳐든 모세의 두 손뿐만 아니라 선박의 돛대, 군대의 깃발, 심지어 외뿔 들소의 뿔에서도 예시되고 있다. 져스틴이 구약성경으로부터 자유롭게, 때로는 잘못 인용한 구절들은 쿰란에서 발견되는 바와 같은, 테스티모니아(testimonia)라 불리는, 구약성경 명문선에서 나온 것인지도 모른다.

트리포는 엘리야가 아직 오지 않았다는 이유로 예수가 메시야 즉 그리스도라는 것을 믿지 않는다(49). 그리고 그리스도의 선재성(38 : 1, 87 : 1), 그의 성육신(68 : 1), 동정녀 탄생(43 : 7, 63 : 1) 등에 대해서도 회의를 표명한다. 트리포는 그리스도의 동정녀 탄생을 증명하기 위한 70인 역본의 이사야 7 : 14 인용에 대해 이의를 제기한다(67 : 1~2). 그에 의하면 메시야는 인간이어야 한다(49 : 1). "제2의 하나님"이라는 져스틴의 개념은 신성 모독이다(55 : 1, 65 : 1). "고난 받는 메시야"라는 개념은 트리포도 받아들일 수 있었다. 그러나 신명기 21 : 23에 의거해 볼 때 "십자가에 못박히는" 메시야는 도저히 생각할 수 없다는 것이 그의 지론이었다.

트리포는 유대인들이 아브라함의 씨에서 나왔다고 주장하면서(44 : 1) 져스틴에게 할례를 받고 토라를 지켜 하나님의 자비를 얻으라고 촉구한다. 트리포가 단순한 "풋나기"가 아니라 박식한 유대인으로서 져스틴의 논증을 끝까지 반박하였다는 사실은 주목할 만하다.

져스틴의 신학

져스틴의 사상은 전반적으로 성경에 근간을 두었으나 그의 철학적 배경에서 영향을 받은 면도 없지 않았다. 져스틴은 하나님의 로고스의 씨앗(logos spermatikos)이 모든 인간의 마음 속에 뿌려짐으로써 인간은 진리에 대한 반응력을 소유하게 되었다고 주장하였다. 이에 근거해 져스틴은 "모든 인간들이 바르게 한 말은 무엇이나 우리 그리스도인들의 자산이라"(2변증 13. 4)고 선포하였으며 나아가 소크라테스와 헤라클리투스 같은 이들은 그리스도 이전의 기독교인들이었다고 주장하였다(1변증 46. 3). 이러한 그의 사상에 대해 L. W. 버나드는 다음과 같이 논평하였다. "우리가 오늘날의 시각에서 볼 때 져스틴이 자신의 철학적 전제들을 지나치게 허용한 나머지 자기 기독교 신앙의 성경적 토대를 수정한 것은 사실이지만 그의 로고스 개념의 대담성과 범주 및 활달함은 감탄을 자아내게 한다."

성부 하나님의 초월성에 대한 그의 중기 플라톤주의적 개념은 그로 하여금 구약 성경의 모든 신현현을 성자 하나님의 출현으로 보도록 만들었다. "불가형언적 만유의 주, 아버지는 어느 장소에도 오시지 않고 . 자신의 자리에 머물러 계신다"(대화 127. 2). 져스틴은 아담의 죄 안에서 인류가 연대성을 지닌다는 바울의 강조점을 발전시키지 못하였으며 그리스도 안에서의 신자들의 생명에 대해서도 논하지 못하였다. 그러나 기독교인들이 무신론자들이며 부도덕하고 인육을 먹는다는 비난만큼은 성공적으로 논박하였으며 이교에 대한 기독교의 우월성도 훌륭하게 보여주었다. 말시온 및 영지주의자들과는 대조적으로 져스틴은 구약과 신약의 연속성을 강조하였다. 그의 견해에 의하면 헬라인들은 부분적인 진리를 가지고 있고 유대인들은 한시적으로 유효한 계시를 가지고 있었지만 완전한 진리는 오직 성육신한 로고스 예수 그리스도를 통해서 왔다.

순교

3세기에 편집된 한 정확한 기사에 의하면 져스틴은 165년경 다른 6명의 성도들과 함께 재판을 받았다고 한다. 져스틴은 심문자에게 간단히 답변하고 담대히 죽음을 향해 나아갔다. 하지만 그가 일찍이 황제에게 선언했던대로, "그리고 당신, 당신이 우리를 죽일 수는 있어도 해칠 수는 없었다(1변증 2. 4)."

유실된 **쉰타그마**(Syntagma, 이단들에 대한 논박임)를 비롯해 져스틴의 문헌들은 특히 이에니우스와 터툴리안에게 깊은 영향을 주었다. 현대의 학자들도 져스틴의 겸손, 정직, 용기에 감명을 받아 왔다. 버나드에 의하면 그는 "기독교 안의 보편주의적 요소를 파악하고 전 문명사를 그리스도 안에서 종합, 완성한, 사도 바울 이후의 최초 사상가였다."

이레니우스(Irenaeus)
130~200년경

　　이레니우스는 2세기의 영지주의자들과 논쟁에서의 중요성 때문에 기독교사에서 의미심장한 위치를 차지하고 있다. 영지주의는 다른 가르침을 따르는 이들이 유대주의, 헬라철학, 이교, 그리고 기독교로부터 온 요소들을 가지고 다른 사상체계를 형성한 혼합주의 종교 운동이다. 이들 영지주의 체계는 2세기 교회의 중요한 신학적 위협이 될만한 충분한 요소들을 가지고 있었다. 이레니우스는 일생동안 영지주의를 심도있게 연구하고, 그에 대한 가장 포괄적인 대응책을 저술하여 영지주의의 위협에 대처하였다.

　　이레니우스는 영지주의 논박함으로써 2세기의 기독교의 교리를 총체적으로 종합시켰다. 그는 기독교의 근본적인 교리인 신론, 인간론, 그리고 구속의 교리를 해설하였다. 그는 이 해설을 하나님의 구원 역사 계획을 진지하게 다루는 역사신학 내에서 설정하였다. 이레니우스는 신약을 구약과 같은 권위로 보면서 성경을 총체적으로 사용한 최초의 그리스도인이었다. 이레니우스는 일차적으로 성경신학자였다. 그는 성경의 내용을 잘 알고 있었으며 성경의 기본적인 교리와 관점을 잘 이해하고 있었다. 그러나 그의 작품은 2세기 초 속사도 교회로부터 영지주의 논쟁이 발흥한 구 카톨릭교회로의 변화를 나타낸다. 사도들에게로 돌아가려는 면과 로마카톨릭으로 전진하려는 양면을 반영하는 작품의 소유자 이레니우스는 변천적인 인물이다. 때문에 그는 주의 깊은 관심을 끌고 있다.

이레니우스의 생애

130~140년경	출생
177	리용과 비엔나에서 기독교인의 박해
177~178	리용의 감독으로 임명
180~190	저술활동에 전념
200년경	사망

이레니우스, 영지주의자와의 논쟁

에버릿 퍼거슨(Everett Fergusson)

리용에서의 이레니우스

이레니우스는 주후 약 130년에서 140년 사이 로마의 영이던 아시아 지방에서 태어났다. 젊은 시절 그는 서머나의 감독 폴리갑(약 155년에 사망)의 가르침을 들었다. 또한 폴리갑은 요한의 가르침을 들었다. 이레니우스는 고울로 가서 거기서 리용에 있는 교회의 장로가 되었다. 마르쿠스 아우렐리우스 치하의 박해로 177년에 포티누스 감독과 다른 약 50명의 기독교인이 리용과 비엔나에서 순교를 한 후에 이레니우스는 포티누스를 계승하여 감독이 되었다. 교회의 사람인 이레니우스는 고울에서 복음을 전파하며 이단으로부터 양들을 변호하는 데 상당한 관심을 쏟았던 신실한 영혼의 목회자였다. 로마교회와 밀접한 관계를 유지하였던 이레니우스는 소아시아의 전통과 로마의 전통을 연합시켰다. 후기 자료에 의하면 그는 202년에 순교하였다.

이레니우스의 남아 있는 문헌은 그가 논증적인(polemical) 관심과 목회적 관심이 있음을 보여준다. 「이단에 대항하여」(Against Heresies)로 알려진 그의 중요작품은 영지주의에 대항하여 싸우는 데 바쳐진 작품이다. 그는 그 책의 내용이 "가칭 지식(영지)의 폭로와 타도"라고 기술하였다. 비록 헬라어로 기록되었고 부분적으로는 몇 개의 언어로 저술되었지만 단지 초장기의 라틴역본만이 남아 있다. 다섯권의 책은 다음과 같이 요약할 수 있다. 1－영지주의의 해설, 2－이성에 의하여 논함, 3～5－선지서, 주님의 말씀과 사도들에 기초한 성경으로부터의 논박.

단편작품으로는 「사도 설교의 증명」이 있다. 이 작품 역시 헬라어로 기록되었기 때문에 단지 알미니안 역본이 남아 있다. 이것은 새신자들의 신앙지도를 담당하는 이들의 안내서를 위한 작품이다. 이 작품은 성경의 메시지를 따라 성경의 메시지의 중심노선을 제공하며 구약성경의 예언으로부터 그리스도의 본질을 증명한다. 유세비우스는 그의 「교회사」에서 이레니우스의 두개의 서신에서 발췌하여 인용하였다 : 영지주의에 관하여 프로리누스에게 보내는 서신과 부활절 날자에 관한 로마교회와 에베소 교회 사이의 논쟁 속에서 평화를 간구하는 로마교회의 빅토에게 보내는 편지. 부활절 논쟁에서의 중재 노력과 몬타니스트 논쟁에서의 선구자라는 사실 때문에 유세비우스는 이레니우스가 평화주의자의 삶을 살았다고 인정하였다.

영지주의자들의 적

이레니우스의 신학은 영지주의 이단들 반박을 통하여 전통적인 기독교 가르침을 형성하였다. 영지주의의 이원론에 반대하여 이레니우스는 하나님, 그리스도 그리고 구원 계획의 통일성(oneness)을 강조하였다. 창조주와 예수 그리스도의 아버지는 "한 분, 같은 하나님"이시다. 그는 세계를 무에서 창조하였다. 율법과 복음, 두 가지 모두의 하나님이신 그는 구원의 역사를 섭리하시면서 아담, 노아, 모세, 그리고 그리스도와의 점진적인 언약 속에서 자신을 계시하셨다.

하나님의 아들과 인간의 아들이 연합된 한 그리스도가 존재한다. 그는 선재하셨으며 구약에 예언되신 분이며 인류의 구원을 위하여 성육신하셨다. 그의 인간 육체의 실체는 동정녀 마리아에게서 나시었다. 육체적인 부활의 실체는 육체적인 것을 평가절하시키는 영지주의 가르침의 오류를 강조한 것이다.

하나님의 구원 계획은 창조와 구속, 구약과 신약을 연합시켰다. 그리스도인은 이제 더이상 모세의 율법하에 있지 않다. 그리고 그리스도의 복음은 율법과 연속성이 있으며 율법과 모순되지 않는다. 하나님께서는 그리스도의 오심을 위하여 인류를 준비하여 오셨다. 거룩한 계획의 통일성은 그리스도가 아담의 불순종과 그결과를 뒤엎으심으로써 아담의 이야기를 총괄갱신하시는 방식으로 보여주셨다. 죄가 자유의지를 통하여 왔으나 하나님께서는 인간이 그리스도의 사역을 통하여 제시된 은혜를 자유롭게 받아들이도록 점진적으로 교육시킴으로써 인간을 영아에서 성숙한 인간으로 인도하신다. 하나님의 은혜에 반응하는 인간의 자유의지는 이레니우스가 영지주의의 결정론을 반대하는 데 있어서 중요하다.

이레니우스가 초점을 맞추고 있는 특별한 관심은 인간과 구속, 교회와 성경에 대한 견해이다.

육체와 성령

육체의 구원은 이레니우스에서 중요한 주제이다. 영지주의자들에게 인간의 참된 본질은 영적이며 구원받은 인간 안에 있는 본질적인 원리는 그 안에 심겨진 본성 또는 영적인 씨이다. 이레니우스에게 참으로 인간은 육과 영의 혼합체로서 하나님이 만드신 존재이다. 아담은 하나님의 형상과 모양으로 만들었다. 이 형상은 아담의 타락 이후에도 남아 있지만 하나님의 모양은 상실되었다. 이레니우스에게 상황은 영혼이 육체의 도움으로 죄를 짓는 것이 아니라 육체가 영혼의 도움으로 죄를 짓는 것이다. 구속받은 사람은 제삼의 요소인 성령을 받으며 성령은 육체가 하나님과의 교제할 수 있도록 적응시키며 준비시킴으로써 육체의 구원에 영향을 미치는 역할을 한다.

이레니우스에게 성육신은 또다른 중심 개념이다. 그리스도는 구원을 이룩하시기 위하여 육신으로 존재하시는 것을 포함하여 스스로 완전한 인간이 되셨다. 피조된 육신은 구원의 대상이며 그리스도의 육신은 구원을 동반하는 수단이다. 부활하신 그리스도는 신자들 속에 하나님의 모양을 회복하신다. 인간의 이상과 목표는 그리스도의 영광스러운 육체이다.

아담 안에서 상실된 것이 그리스도 안에서 회복된다. 이레니우스는 구원 자체를 하나님과의 교통으로, 우리 안에 있는 구원 즉 하나님의 비전을 성령의 소유로, 구원의 효과를 불멸, 양자, 하나님의 형상과 모양의 실현으로 기술하였다.

육체는 부활 때에 살아 일어난다. 불순종한 자는 영원한 형벌을 의인은 영생을 소유한다. 계시록은 이레니우스에게 중요하다. 이레니우스는 계시록으로부터 천년왕국 종말론을 채택하였다. 천년왕국은 하늘의 본향을 위하여 육신을 준비시킨다. 이레니우스에게 문자적인 부활은 영혼의 구원만을 중요하게 다루는 영지주의의 영육의 이원론적 구분에 반대하여 논박하는 데 있어서 중요하다.

교회는 하나며 보편적이다. 그리고 교회는 전세계를 통하여 하나의 보편적인 신앙을 고백한다. 사도적 기초 위에 설립된 교회에서 보존되어 온 전통은 이 한 신앙을 증거하고 있다. 공통적인 신앙은 세례시에 고백한다. 그때 신자가 죄의 용서를 받고 성령을 받는다.

사도직 계승

교회와 영지주의와의 논쟁은 누가 사도적인가 하는 문제로 옮겨갔다. 그들 모두는 자신들의 가르침이 사도들을 통하여 주께로부터 전수되어 왔다고 주장하였다. 누구의 해석이 옳은가? 이레니우스는 사도들의 성서가 그들의 가르침을 보존한다는 입장을 취하였다. 성경은 영감되었고 권위가 있다. 사도적인 전통(가르침)은 성경에서 발견되며 교회에 보존되어왔다. 영지주의자들은 개인적인 사도들의 총애를 받는 제자들에 의하여 비밀 전통이 개인적으로 보존되어 왔다고 주장하였다.

이레니우스는 만일 사도들이 전달하여 줄 어떤 비밀을 갖고 있었다면 사도들은 교회의 지도력을 맡겨도 된다고 신뢰하는 똑같은 사람들에게도 그 비밀들을 전하여 주었을 것이라고 주장하였다. 사도들의 가르침은 교회의 한 스승으로부터 다음 스승에게 전수되었다. 이 가르침의 신뢰성은 일반적으로 확신되었던 바이다. 만일 이 가르침에서 이탈된다면 쉽게 발견될 수 있었을 것이다. 가르침의 정확성은 가르침의 통일성에 의하여 확신되었다. 한곳에서 가르쳐진 것이 다른 곳들에서 가르쳐진 것과 대립된다면 쉽게 발견되었을 것이다. 이런 주장은 사도직 계승이라는 말과 연관이 있다. 이레니우스에게, 사도적 계승은 신앙의 조항이 아니라 교회의 지도력의 계승 밖에 있으면서도 그들 자신들 사이에서도 서로 견해를 달리하는 영지주의 교사들에 대항하는 효과적인 논쟁이었음을 주목해야 한다. 더 나가서 사도적 계승은 안수주는 자로부터 안수받는 자에게로의 계승이 아니라 한 스승으로부터 다음 스승으로의 전수를 의미한다. 이레니우스의 용어를 빌리면 사도적 계승은 장로들과 감독들을 포함한다.

신약정경

이레니우스의 성경으로부터의 논증과 그의 성경 사용은 당대에 이미 신약 정경이 존재하였음을 전제한다. 정경의 명확한 윤곽은 정확히 결정할 수 없지만 이레니우스가 성경 귀절들을 결합하거나 한 권의 성경을 다른 부분의 성경을 해석하는 데 사용하는 방식은 이레니우스가 이미 형성되어 있거나 인정된 성경의 묶음을 다루고 있었다는 사실을 보여준다. 그는 완전히 성경의 어휘를 인식하고 있지만 구약에 대한 그의 지식은 신약에 대한 지식만큼 익숙하지 않다. 그에게 구약은 그리스도에 대한 증거이기 때문에 기독교 책이다. 그는 구약에 대하여 기독론적, 비문자적 해석을 제시하지만 그리스도 이전과 그리스도 이후를 구분한다. 이레니우스의 주장은 단지 4복음서에 국한되는데 이것은 어느 정도 당시에 전형적인 것이었다. 이들 4복음서들은 교회에서 받아들여졌다. 이레니우스가 4복음서를 인식하였다는 실례는 새로운 논쟁이 아니다.

이레니우스가 교회의 전통에 호소하는 것은 사도들의 가르침의 정확한 이해를 결정하기 위하여이다. "진리의 정경"이라는 귀절은 다른 사람들이 "신앙율"이라 부르는 것을 언급하는 것이다. 이것은 사도들의 가르침의 내용을 요약한 것을 의미하며 성경을 해석하고 사도들의 신앙을 결정하는 데 표준으로 사용되었다.

후에 카톨릭에서 발전된 것들은 그가 말한 것 이상으로 이레니우스의 사상을 잘 전하고 있다. 이레니우스는 자신의 사도적 계승으로부터의 논쟁에서 로마교회를 대표교회로 삼았다. 사도적 신앙이 로마교회에서 전수되어 왔으며 결국 이 교회와의 동의가 필요하다는 확신은 많은 다른 해석을 낳았다. 성만찬에서의 그리스도의 육체적 임재의 실체는 물질적인 요소를 평가절하시키는 영지주의에 대항하여 이레니우스가 확신하던 것이다. 이브의 불순종을 역전시킨 마리아는 이레니우스의 총괄갱신 교리에서 한 위치를 차지하고 있음을 발견한다.

이레니우스의 주장에서 성서적인 강조와 창조, 구속, 그리고 부활 중심의 성서적 교리의 변호는 기독교의 모든 분야에서 이레니우스를 중요하게 만들어 주었다.

터툴리안(Tertullian)
150년경∼212년경

  터툴리안은 약 15년 동안(A.D. 196∼212)에 권당 1,500페이지가 넘는 약 30권이라는 방대한 양의 책을 저술하였다. 그의 관심의 범위는 고대 어떤 다른 기독교 저자보다도 광범위하다. 그 때문에 그의 작품은 교회생활 뿐만 아니라 교리적 및 신학 논쟁적 문제에 관한 귀중한 정보이다. 그의 스타일은 생동적이고 인습에 매이지 않아 터툴리안의 라틴어는 번역하는 데 어려움이 있다. 그의 작품은 라틴 교회에 너무 중요하다. 비록 그가 분열하기는 하였지만 그의 저술들은 모든 위대한 서방교부들에 의하여 전수되고 연구되었다. 사실, 그 저술들은 496년까지 정죄되지 않았으며 심지어 그후에도 그 중의 얼마는 손상을 입지 않고 보존되었다.

터툴리안의 생애

150년경   출생
196∼212년경   광범위한 저술활동
212년경   사망

터툴리안과 서방신학

제럴드 브레이(Gerald L. Bray)

터툴리안의 몬타니즘

퀸투스 셉티미우스 플로렌스 터툴리안누스는 약 150년경에, 오늘날의 북아프리카의 튜니스 근방, 칼타고에서 태어났다. 그는 아마도 중류층의 가정 출신인 듯하며, 훌륭한 헬라어 지식을 포함하여 건전한 문학, 법 그리고 철학 교육을 받았다. 그가 결혼하였었다는 사실 외에는 그의 개인적인 생활과 직업에 관하여 알려진 바가 전혀 없다. 몇몇 학자들은 그의 아내가 젊어서 죽었다고 믿는다. 그 이유는 터툴리안의 후기 작품에는 전혀 그녀에 관한 언급이 없기 때문이다. 아마도 결혼에 대한 그의 태도가 시간이 흐르면서 점점 더 부정적으로 바뀐 듯하다. 그것은 가능성이 있다. 그러나 분명히 언급하지 않는 것에서 논증을 도출해내는 것은 바람직하지 않다.

그의 작품에는 현재 우리의 지식으로는 해결할 수 없는 많은 난제들이 있다. 예를 들면 우리는, 교회가 박해를 받던 그 시기에 어떻게 그가 그렇게 자유스럽게 저술을 할 수 있었는지 모른다. 또한 터툴리안이 칼타에 있는 그의 교회와 어떤 관계가 있었는지 전혀 알지 못한다. 그의 많은 작품들은 그가 논박하려는 다양한 이단들을 대상으로 하고 있다. 그러나 우리는 그들 가운데 어떤 이단이 실제적으로 얼마나 심한 위협이 되었는

지 알지 못한다. 제롬이 기록한 고대의 전통은 터툴리안이 활동하다 중
도에서 칼타고 교회를 정식으로 탈퇴하였다고 말한다. 이와 관련하여 제
롬은 터툴리안을 시기하였다고 생각되는 교회의 장로들에게 비판의 화
살을 돌리고 있지만 대부분의 현대 학자들은 그가 몬타니즘에 매력을 느
꼈기 때문이라고 믿는다.

몬타니즘

몬타니즘은 예언자 몬타누스의 지도력 아래 소아시아에서 발흥한 천
년왕국적인 분파였다. 그는 신약의 예루살렘의 도래와 세계의 종말을 예
언하였다. 그 사건이 일어나리라고 예언한 177년에 그것이 일어나지 않
자 그 분파에 대한 비난이 일어나다 점차 사라지기 시작하였다. 당황스
러운 것은 터툴리안이 소위 새 예언의 거짓성이 모든 사람들에게 명백하
여진 이후 약 30년 동안에 몬타니즘의 가르침에 빠져 있었다는 점이다.
그는 또한 그들의 작품들의 사용에 있어서 상당히 선별적이었으며, 세계
의 종말에 관하여 전혀 언급하고 있지 않으며, 그들의 성결의 가르침에
상당히 집중하고 있다(이 면에서 볼 때 그가 몬타니즘의 가르침에 매력
을 느낀 근본적인 이유는 그들의 금욕주의적인 가르침 때문이라고 사료
된다). 그러므로 아마도 터툴리안은 몬타니즘을 자신의 가르침의 얼마를
옹호하는 운동으로 보았던 것 같다. 비록 그가 엄격한 의미에서 몬타니
즘 추종자는 아니었지만 그 가르침을 상당히 옹호하는 경향으로 기울었
다.

아마도 그가 212년 경에 칼타고에서 죽은 것으로 보이지만 그의 죽음
에 관하여 알려진 바는 전혀 없다.

이그나티우스와 가현설

터툴리안의 작품들은 몬타니스트가 되기 이전의 작품과 몬타니스트가
된 이후의 작품으로 구분하려는 대단한 노력이 있어 왔다. 후자를 판별
하는 중요한 기준은 몬타누스와 그의 협력자들로부터의 인용, **파라클레**

투스(성령)와 **사이키쿠스**(psychicus : 육체적인 그리스도인)과 같은 독특한 몬타니스트 용어들의 사용, 그리고 주류교회의 지도자들을 공격하려는 점이다. 그러나 몬타니스트 영향의 증거들을 반영하는 터툴리안의 후기책들이 그 이전의 다른 책들보다 교리적인 면에서 뚜렷이 다르거나 혹은 엄격히 구별된다는 사실을 증명하려는 시도는 전혀 성공을 거두지 못하였다. 다루고 있는 주제에 따라 그의 작품을 나누는 것은 특별히 도움이 되지 않는다.

첫번째의 중요한 작품의 범주는 **변증학**이다. 터툴리안은 신앙을 변호하는 작품을 저술하여 이교도들 또는 유대인들에게 보냈던 2세기의 헬라 기독교인들의 전통을 계승하였다. 그의 가장 중요한 작품은 단순히 변증서라고 부른다. 이것은 이방종교의 비합리성을 지적하기 위하여 이방종교를 해부한 논문이다. 여기서 그는 기독교인들에 대하여 자신들 사이에 부정적인 태도를 갖고 있는 로마인들을 신랄하게 비판한다. 다른 작품 「영혼의 간증」에서 터툴리안은 순교자 져스틴이 처음으로 해설한 주제를 택한다. 그 주제란 인간의 영혼이 자연히 기독교를 향하고 있으며 죄가 그것을 비키게 만든다는 것이다. 비록 터툴리안은 전통적으로 상당히 강한 반철학적 작가로 묘사되었지만 이것과 다른 논문들이 보여주는 증거들은, 사실, 그가 깊이 이교 철학의 전통 가운데 많은 요소들에 동정적이었음을 보여준다.

논증학

두번째 중요한 작품의 범주는 **논증학**이다. 여기서 자연히 말시온에 대항한 다섯권의 작품을 들 수 있다. 우리는 그다섯권에서 그의 가르침에 관한 중요한 정보로 얻을 수 있다. 말시온의 이단적인 반 히브리사상(anti-Semitism)이 대부분의 성경의 이교적 부분에 조차 근거할 수 없음을 입증하기 위하여, 터툴리안은 참된 계시라고 생각하였던 신약의 여러 부분들을 사용하였다. 또한 터툴리안은 영지주의 이단들인 헤르모게네스(Hermogenes)와 발렌티누스(Valentinus)에 반대하여 글을 썼다. 터툴리안은 이들 이단들에 대한 논박으로부터 그들의 가르침의 본질을 재구성할 수 있을 만큼 너무도 상세하게 기록하였다. 그는 또한 이단들에 대항하여 총괄적인 작품을 기술하였다. 터툴리안은 거기서 성경이 단지 성경의 메시지에 영적으로 조율을 맞출 수 있는 이들에 의하여만 적절히 사용될 수 있다고 주장하였다. 이단들은 그렇지 못하기 때문에 자신들의 사상을 가지고 하나님의 말씀을 곡해하였다. 언급하여야 할 또하나의 논증적인 작품은 프락시아스에 대항하는 유명한 논문이다. 그 책에서 터툴리안은 삼위일체의 가르침의 본질을 개관하고 있다. 이것은 어거스틴 시대까지 교리적인 논쟁의 중요한 자료로 사용되었다.

교리

세번째로 중요한 작품의 범주는 **교리**이다. 터툴리안은 세례에 관한 중요한 작품을 썼다. 이 책에서 그는 세례의 죄사함과 중생에 대하여 극단적인 견해를 피력하고 있다. 세례의 능력에 대한 그의 강조는 너무 강하다. 그는 순교(불의 세례) 외에는 세례 후의 죄를 사함 받을 수 없다고 주장하였다. 또한 터툴리안은 유아 세례를 반대하였는데 그 이유는 어린 이가 세례 후에 무심결에 죄를 지어 무지 때문에 그의 구원을 상실할까봐 염려되었기 때문이다. 이 범주에 속하는 다른 중요한 작품은 영혼에 관한 긴 고찰과 육체에 관한 두 개의 논문이 있다. 하나는 그리스도의 성육신과 그리고 다른 하나는 죽은 자의 부활과 관련된 작품이다. 영혼에 관한 저술에서 그는 일반적인 철학적 개관에 있어서 스스로 친스토아주의자이고 반플라톤주의자임을 보여준다. 두 개의 작품은 그들의 신학적 성숙으로 유명하다 : 터툴리안은 동방교회가 451년 칼케톤회의에 가서야 얻을 수 있었던 신학적인 발전을 그의 당대에 이룩하였다.

목회적 작품

네 개의 중요한 범주는 목회적 작품이다. 이것들은 주제에 따라 적어도 네 개의 다른 작은 범주들로 나눌 수 있다. 첫째는 순교에 대한 권고

인데 순교에 직면하여 확고하게 설 것을 권고한다. 그것은 터툴리안의 작품 속에 지속적으로 나타는 주제이다. 그리고 그가 얼마나 자주 성서로부터의 인물에 호소하기보다는 독자들에게 덜 알려진 고대 로마인들이 설정한 표본적인 영웅들에 호소하고 있는가는 놀라운 일이다. 다음은 인간의 영성 문제를 다룬 논문들이다. 비록 그의 금욕적인 경향이 금식에 관한 그의 작품에 명백히 나타나지만 터툴리안은 대단히 민감하게 고난, 기도, 그리고 회개에 관하여 썼다.

이들 작품들보다 더 잘 알려진 것은 여인과 교회에서의 그들의 위치를 다룬 일련의 단편의 작품들이다. 터툴리안은 자신의 아내에게 두 권의 책을 헌정하였다. 거기서 둘은 여자의 옷차림을 다루고 셋은 여인의 순결문제를 다루고 있다. 당대의 많은 동양인들이 말하는 것들의 몇 가지와 비교할 때 일반적으로 터툴리안은 확실히 여인에 대해 긍정적인 견해를 갖고 있었다. 성을 상업화하는 어떤 형태의 것에도 강력하게 반대하였다. 오늘날 기독교 여인들에게 "순결"이라고 부르는 행동도 규정하고 있다. 그는 결혼을 반대하지 않았으며 오히려 결혼을 하나님의 선물이라고 인식하였다. 그러나 결혼한 부부는 섹스를 삼가고 금식과 기도에 전념하여야 한다고 믿었다. 그 이유는 세상의 종말이 가까워왔고 순교의 가능성이 크기 때문에 자녀들을 갖는 것은 바람직하지 않다고 보았기 때문이다.

마지막으로 기독교인들이 종종 관여했던 이교적인 관습을 공격하는 많은 작품들이 있다. 이들은 고대에 종교적인 중요성을 갖고 있던 공공 스포츠, 군대봉사, 여러 종류의 우상숭배, 이교 철학과 관련되는 일종의 망또인 Pallium을 입는 것을 포함한다. 후자의 작품은 보통 풍자적 작품인데 반해 전자는 그리스도인에 의하여 기록된 것으로 분류되며 극소수중에 한 작품만이 고대로부터 보존되어 왔다.

터툴리안의 신학

터툴리안의 신학은 대체로 당대에 전형적이었으며 몬타니즘의 영향으로 심하게 변질되었다고 말할 수 없다. 그의 작품은 상당히 균형이 잡혀 있으며 그의 작품의 상당수가 서방 사상에 근본적으로 중요하게 남아있던 교리적인 체계를 재구성할 수 있도록 도와 준다.

터틀리안은 당대의 철학 학파, 특별히 당대에 서서히 부활하고 있던 플라톤주의를 거부한다. 그는 플라톤주의는 반기독교적이라고 간주하였는데 그것은 플라톤주의가 육체는 구원받을 수 없고 단지 영혼만 구원받을 수 있다고 믿었던 반물질주의자이기 때문이다. 터틀리안은 그 점에서 스토아주의에 더 가까웠다. 비록 터틀리안이 오늘날 너무도 널리 만연되고 있는 일종의 부정적인 의미에서의 물질주의는 조심스럽게 피하고 있지만 스토아주의는 영혼과 육체 모두 물질적인 본질이라고 보았다. 그가 스토아주의자로 기울었던 주된 목적은 기독교가 영혼과 육체의 모두의 부활을 전파하며 후자가 플라톤이 가르치는 것처럼 악하다는 사실을 부정한다는 사실을 주장하기 위하여이다. 터틀리안에게 하나님의 아들의 성육신의 진위성은 물질은 선하다는 신앙에 의존하며, 때문에 그는 기회 있을 때마다 그 신앙을 강조하였다.

헬라어를 사용하는 세계에 살던 당대인들과는 달리 터틀리안은 자신의 신학을 표현하는데 특별히 철학적인 용어에 빠져들지 않았다. 그가 자신의 어휘의 대부분을 헬라어 자료에서 빌려온 것은 사실이지만 터틀리안은 그것을 로마의 법의 골격 속에 개조하였다. 터틀리안은 변호사였던 것 같지만 그의 작품에서는 그것을 입증할 수는 없다. 오히려 터틀리안은 구약 그 자체가 하나님의 율법이라고 칭한다는 것을 망각하지 않으면서 대부분의 지식인들에 익숙한 로마 법률의 일반적인 개념을 뛰어나게 사용하여 그것들을 성경에 적용시키고 있다. 터틀리안의 율법주의는 특별히 도덕적인 문제에 있어서는 엄격하며 이상적이지만 폭넓은 그의 사상은 오늘날까지 카톨릭과 개신교 모두의 지성에 골격을 형성하고 있다. 법적인 용어에 대한 의존은 그에게 대부분의 철학자들이 결여된 철학의 정밀성과 실천적인 응용 모두를 제공하여 주었다. 특별히 중요한 것은 성부 성자 그리고 성령을 묘사하기 위하여 **위격**(persona)라는 말을 빌려 왔다는 사실이다.

터툴리안은 신적인 위격을 후에 정통신학에서 간주하듯이 그런 의미에서 절대적인 것으로 간주하지는 않았다. 그것은 의지의 실패라기보다는 상상의 실패이다. 사실 그는 위격의 구별은 **신분**(status)의 하나가 아니라 당대의 일반적인 신앙을 끊어버리는 중요한 진보인 **서열**(gradus)의 하나이다고 말하였다. 터툴리안은 성부는 다른 위격들이 아니라는 어떤 의미라는 방식에서 하나님이시다고 말한다. 터툴리안은 서열상 성부는 첫번째에 위치시켰으나 성자 성령이 공유할 수 없는 그런 류의 신성을 성부에게 부여하지는 않았다.

기독론

터툴리안의 근본적인 정통주의는 심지어 그의 기독론에서 더욱 분명하다. 기독론에서 그는 성육신이 하나님의 말씀 성자의 인격에 의하여 인간의 본질을 전제한다고 강조하였다. 그 당시에 예수가 성부보다 열등하고 널리 믿고 있었다. 어떤 사람은 심지어 성자가 하나님께서 자신의 아들로 양자를 삼은, 단지 하나의 인간에 지나지 않는다고 말하였다. 터툴리안은 완전한 신성을 옹호하고 동시에 완전한 그리스도 즉 두 개의 본질이 한 인격 안에 연합되었음을 옹호할 분명한 비전을 갖고 있었다. 후에 그 교리는 소위 리오 톰(Tome of Leo, 449)의 가르침의 본질을 구성하였다. 리오의 가르침은 2년 후에 칼케톤에서 정통주의 기독론을 형성시켰다.

터툴리안은 고등성경관으로 유명하다. 그는 두 권을 제외한 신약의 거의 모든 성경으로부터 인용하여 그것들을 구약과 같은 권위로 두고 있다. 그는 또한 **신앙의 규범**("regula fidei") 또는 신앙율이라 부르는 것을 많이 언급한 것으로 유명하다. 그가 말하는 신앙율이란 어떤 종류의 교리적인 진술을 의미한다. 그의 작품에서 인용된것은 오늘날 사도신경이라 부르는 것과 상당히 유사하다. 기대하듯이 **규범**(regula)이라는 말은 로마법에서 나왔다. 로마법에서 "레규라"는 실제적으로 당사자가 말한 것의 권위있는 개요로 법정에서 인용될 수 있는 성문법의 요약을 언급하는 데 사용된다. 터툴리안의 경우에 성문법은 성경이며 "레규라"는 단지 신앙의 활동적인 문제에 대한 가르침을 언급하는 손쉬운 방법이다.

종말론 문제에서 터툴리안은 삼위일체의 위격에 따라 역사가 세 시대로 구분될 수 있다고 믿었던 확고한 세대주의자였다. 따라서 구약은 성부의 시대, 성육신은 성자의 시대, 그리고 오순절 이후는 성령의 마지막 시대이다. 이 마지막 시대에 이전 시대들의 약속들이 적어도 성취될 수 있다. 그러한 관점이 그로 하여금 금욕주의를 선호하도록 만들었다. 그는 금욕주의가 세상의 종말 바로 전에 풀려날 사단의 세력과 금생 모두에서 영적인 전투를 위해 해야 할 준비라고 보았다. 물론 그리스도인은 이 땅에 여행하는 나그네이다. 그리고 그의 참된 거처가 하늘나라라는 기독교 신앙을 증거하여 주는 것은 또한 육체의 고행이다. 이런 사상의 많은 것은 결과적으로 변형되었지만 그들 중에 여러 개는 후에 중세교회의 수도원 전통을 형성하였으며 얼마는 아직도 오늘날까지 강력한 영향을 미치고 있다.

오리겐(Origen)
185년경~254

3세기 전반기의 기독교계에서 가장 훌륭했던 학자가 있었으니, 그는 주후 185년경에 탄생하여 254년에 서거하였다. 60평생에 걸쳐 그는 이단들과 로마 당국에 맞서 신앙을 변호하였으며 기독교 교육가로 활약하였고 유대인 사회에 대해 기독교를 증언하였으며 교회 내에서는 영적 지도자로 일하였다. 그는 존경을 받았으나 논란의 대상이 되기도 하였다. 혹자들은 그를 싫어하였으며 어떤 이들은 그가 비정통 신조를 소유한 것은 아닌가 하고 의심의 눈초리를 보내기도 하였다. 그러나 이런 와중에서도 그는 지적으로 정력적이고 창조적이며 끈기 있고 인내심 있는 면모를 보여 주었다. 그는 마침내 순교의 문턱에 다다르게 되었다. 그의 교회사적 위치는 성경 원어 이용과 해석 방법론을 비롯한 성경 신학적 공헌, 신학적인 핵심 개념들을 정립하여 이들을 최초의 조직신학으로 체계화한 일, 그리고 수도원 운동의 모판이 되었던 그의 금욕주의 등에서 찾아볼 수 있다. 그의 저술들은 오늘날도 그리스도인들에게 많은 영감을 주고 있다.

학자이자 금욕주의자였던 이 인물은 누구인가? 오리겐으로 더 잘 알려진, 오리게네스 아다만티우스(Origenes Adamantius)였다.

오리겐의 생애

185년경	애굽의 알렉산드리아에서 탄생
202년경	부친 레오니데스가 순교하다

오리겐, 학자이자 금욕주의자

로버트 슈너커(Robert V. Schnucker)

알렉산드리아의 오리겐

오리겐은 애굽 알렉산드리아에서 주후 185년경에 탄생하여 254년에 두로에서 죽었다. 유년 시절부터 하나님이 그를 교회의 지도자로 선택한 듯한 징후가 나타났다. 그의 부친 레오니데스(Leonides)는 진리를 파악하는 데 있어 조숙한 아들의 면모를 엿보고 그에게 자세한 성경 지식 습득 기회를 비롯해 훌륭한 성경 교육의 장을 마련해 주었다. 알렉산드리아의 클레멘트가 그의 스승 가운데 하나였을 가능성이 있다. 202년의 세르비안(Servian) 박해 때에 그의 부친 레오니데스는 참수형을 받고 순교를 당하였다. 부친이 옥중에 있는 동안 소년 오리겐은 그에게 서신을 보내 신앙에 충성할 것을 격려하였으며 아버지와 함께 순교의 면류관 쓰기를 사양하지 않겠다는 다짐을 비치기도 하였다. 전통에 의하면 오리겐은 모친이 그의 의복을 감추는 바람에 바깥 출입을 할 수 없어서 순교를 면하였다고 한다.

놀라운 지성적 역량과 비범한 경건에 힘입어 오리겐은 이윽고 데메트리우스 감독의 지명을 받아 알렉산드리아의 세례 지원자(catechumens) 학교를 관장하게 된다. 그는 새신자들에게 신앙을 교육하면서, 기독교 신앙의 외부로부터 즉 유대와 이방인 사회로부터 오는 공격은 물론 내부로부터 오는 이단들의 주장에도 맞서지 않으면 안된다는 것을 깨닫게 되었다. 따라서 그는 신플라톤주의의 원조 암모니우스 사카스(Ammonius Saccas)를 연구하기에 이르며 히브리어 마스터 작업을 시작한다. 215년과 220년 사이에 오리겐은 회심한지 얼마 안된 암브로스의 재정적 도움으로 집필과 출판을 시작하였다.

명성이 확산되면서 오리겐은 초빙을 받아 유럽과 근동의 여러 곳을 여행하는 가운데, 기독교인들 간의 논쟁에 있어서는 탁월한 전문가로, 불신 세계에 대해서는 변증가로 활약한다. 230년 어느 여행에서 오리겐은 두 사람의 감독 가이사랴의 데오크티스투스와 예루살렘의 알렉산더에게 성직 수임을 받는다. 이 일로 오리겐과 그의 교회 감독 데메트리우스 사이에 불화가 발생하였다. 이런 일들이 자극제가 되어 결국 오리겐은 알렉산드리아에서 추방되고 그의 인생 여정은 가이사랴로 자리를 옮기게 되었다. 거기에서 그는 보기 드물게 엄격한 금욕주의적 삶을 영위하는 가운데 저술 활동과 가르침, 설교에 여생을 보내었다. 250년의 데시우스 황제 박해시에 오리겐은 투옥을 당해 잔인한 고문을 받는다. 호된 시련으로 육체는 쇠약해졌으나 오리겐은 신앙을 저버리지 않았다. 옥에서 풀려난 이후에는 약 3년간 생존하다가 254년에 두로에서 죽음을 맞았다.

금욕주의자 오리겐

오리겐의 금욕주의는 당시의 초기 교회에서 유명하였으며 오늘날까지도 사람들의 뇌리에서 떠나지 않고 있다. 그가 일상 생활에서의 신앙 훈련에 얼마나 엄격하고 철저했는가를 보여 주는 한 사건이 있다. 그가 마태복음 19 : 12절을 문자적으로 받아들여 자신의 고환을 거세하였다는 일화가 그것이다. 오리겐은 자신이 관할하는 학교에서 젊은 여인들을 가르치면서 이방 세계에 하등의 추문거리도 제공하고 싶지 않았던 것이다. 유세비우스의 기록에 의하면, 오리겐은 젊음의 정욕을 끊어버린 자였으며, 낮에는 엄숙한 모습을 보이고 대부분의 밤은 성경 연구와 기도로 지새웠다고 한다. 그가 잠을 잔 곳은 마루 바닥이었다. 오리겐은 자주 금식하였으며 음식을 빈약하게 먹었고 맨발로 걸어다니며 건강을 거의 파괴하다시피 하였다. 알렉산드리아에서, 그리고 후에는 가이사랴에서 교사로 있는 동안 받은 임금도 지극히 적은 것이었다 한다.

「기도론」에서(아마 이 책은 순교의 위기에 처한, 그의 알렉산드리아인 후원자 암브로스를 기리기 위해 집필되었을 것이다) 오리겐은 지상의 재물을, "건강한 마음, 강건한 영혼, 온전한 이성"과 비교할 수 없다고 말하고 있다(XVII /1). 그는 이어서 박해시의 육체적 고통이 기독교 신앙의 진리에 비추어 볼 때 몸을 한 번 할퀴는 것보다도 못한, 지극히 사소한 것이라고 주장하였다.

열성적인 금욕 생활과 더불어 신비주의 역시 그의 종교 생활의 한 근본 요소였다. 이러한 면은 그의 일부 저술에서 엿볼 수 있다. 아가서 주석에서 오리겐은 그리스도인의 영혼을 그리스도의 배우자로 묘사하였다. 이와 밀접하게 연결된 것이, 성육신이 한 인간에게 적극적 영향을 주기 위해서는 예수가 세례를 통해 그 인간 속에서 탄생되어야 한다는 오리겐의 사상이다. 그런 연후에 예수가 그 인간 속에서 성장하여 그 그리스도인을 미덕의 삶으로 인도할 것이라고 그는 말한다.

오리겐은 또한 신앙에 관한 완벽한 이성적 설명이 불가능하다고 생각하였다. 따라서 그는 그리스도인들에게 성경을 명상함으로써 영적 생명에 진보를 이룩하라고 촉구하였다. 그러한 영적 명상이, 신자로 하여금 기독교적 삶을 살게 할 수 있는 어떤 시각을 영혼에 부여한다는 것이다. 또 반대로 기독교적 삶은 영혼을 순결하게 만드는 경향이 있고 이것이 한편으로 하나님에 관한 명상에 도움을 준다는 것이 그의 지론이었다.

기독교 활동주의자

한 마디로 오리겐의 금욕주의적, 신비적 자세와, 그리스도를 증언하는 그의 활동적 삶 사이에는 역동적인 변증법적 논리와 긴장이 존재하였다. 그의 작품 「페리 아르콘」(Peri Archon, 제2권 2장 15번)에서 오리겐은 육체가 인간 존재의 타락된 상태를 보여 주는 하나의 표식이라고 주장하였다. 그의 이론에 의하면, 사람이 육체를 통제할 수 있다는 것은 곧 죄에 대한 거부와 고상한 삶에 대한 욕구를 보여주는 증거이다. 따라서 그리스도인의 삶에는 금욕적, 신비적 요소가 있어야만 이것이 삶의 활동에 직접 영향을 주고 또 그 반대의 현상이 일어날 수 있다는 것이다.

오리겐에게 있어 그러한 기독교적인 활동적 삶은 그의 교육 활동, 설교, 논박, 특히 저술 사업에서 찾아 볼 수 있다. 일부의 견해에 의하면 그의 저작물은 6천종이 넘는다고 한다. 이러한 활약에 힘입어 오리겐은 교계에서 최초의, 가장 많은 작품을 낸, 그리고 씨앗의 역할을 한 학자들 가운데 한 사람으로 확고한 명예를 얻게 되었다. 오리겐은 조직신학의 개척자였으며 위대한 성경 주석가들 가운데 한 사람이었다. 그리고 그의 저서 「콘트라 켈수스」(Contra Celsus)는 미래의 변증가들에게 하나의 모델이 되었다. 이방인 비평가였던 켈수스는 신앙에 대해 비난의 화살을 마구 퍼부었다. 오리겐은 어이없을 정도로 유치한 비난이라고 생각되지 않는 이상 수고를 아끼지 아니하고 모든 비난에 일일이 답변하였다.

알렉산드리아에서 신앙을 교육하는 동안 오리겐은 「페리 아르콘」(제1 원리들)을 저술하였는데 이 책은 보통 최초의 조직신학으로 간주되고 있다. 이 작품 속에는 신론, 창조, 타락, 인간론, 윤리학, 성경의 역할과 성경 해석 원리, 자유 의지, 부활 등을 다룬 제반 단락이 들어 있었다. 그러나 이 모든 단락들이 지금까지 다 잔존하고 있는 것은 아니다.

오리겐과 성경

오리겐의 해석 방법론이 기술된 곳은 「페리 아르콘」의 제4권이다. 그의 해석 방법론은 교회에 대한 중요한 공헌 가운데 하나이다. 올바른 성경 해석은 그의 인생 추진력이었으며 그의 작품 「헥사플라」를 만들어 낸 간접적인 원동력이었다. 이러한 관점에서 볼 때 그의 작품 대부분 — 주석, 설교, 「스콜리아」(scholia) — 이 사실상 해석학적인 이유를 우리는 쉽게 이해할 수 있다. 오리겐은 바른 성경 본문을 확정하는 데 있어 당대의 모든 기술적 도구를 사용하였으며, 호머와 헤시오드의 글을 해석할 때 사용되는 우화적 방법은 물론 유대 랍비들이 사용하는 해석 기술에도 정통하고 있었다.

오리겐은 하나님이 그리스도의 육체 속에 거하듯 성경 속에도 거하신다고 믿었다. 그의 견해에 의하면 성경 속에 무가치한 말은 한 단어도 있을 수가 없었다. 개개의 모든 단어에는 모종의 의미가 있었다. 그 의미를 찾기 위하여 오리겐은 원어, 숫자 의미론(numerology), 우화 등을 활용하면서 단어 연구에 힘썼다. 성경 속에서 불일치 점들이나 난해한 문제들이 발견될 경우 오리겐은 문자적, 문법적 의미를 떠나서 그리스도 중심적인, 보다 깊은 영적 의미를(종종 우화적 의미) 추구하였다.

오리겐에게 있어 그리스도는 역사의 중심이자 구약 성경 이해의 열쇠였다. 그리스도는 구약의 율법과 의식을 대신하는 존재였다. 그러므로 구약의 의미에 대한 문자적 접근은 변경되지 않으면 안되었다. 구약성경의 사건들, 인물들, 규범들은 사실상 그리스드의, 혹은 그리스도의 몸의 영상 내지 반영이었다. 그러므로 진리를 밝히기 위해서는 우화적 방법이 필요하였다. 또 성경의 이러한 영적 의미는 그리스도의 초림과 재림 사이에서 신자를 지배해야 할 원리와 규범이었다. 나중에 오리겐은 우화적 접근법을 사용했다는 이유로 메도디우스 등에 의해 비판을 받게 된다. 또 주목할 만한 중요한 점은, 「기도론」, 「순교에의 권면」 같은 오리겐의 실천 신학적 작품들에서도 그의 성경 연구와 해석법이 기독교 공동체에 대한 충고와 권면의 근간을 이룬다는 사실이다.

오리겐은 알렉산드리아의 유대 공동체와 접촉하면서, 그리고 나중에는 근동지방과 두루 접촉하면서, 초대 교회 학문의 위대한 기념비적 작품, 「헥사플라」(Hexapla)을 창출해 내는 힘을 얻는다. 이 작품은 28년의 노력으로 결실을 본 책이다. 「헥사플라」는 그리스도인들이 유대인 및 이단들과 상대할 때 유용하게 사용할 수 있는, 근거가 확실한 구약 성경의 본문을 제공해 줄 수 있었다. 이 책은 6단으로 구성되어 있었는데, 거기에는 히브리어 본문, 히브리어 본문의 헬라어역, 70인역, 그리고 아킬라역, 심마쿠스역, 데오도션역 등의 세 헬라어 역본들, 나아가 때로는 그 밖의 세 번역들이 서로 대조되어 있었다. 오늘날에는 「헥사플라」의 일부분 밖에 남아 있지 않다.

오리겐은 신빙성 있는 본문을 찾아내기 위한 작업 외에도 많은 일을 하였다. 그는 요한복음, 마태복음, 아가, 로마서, 창세기, 시편, 대소 선지서, 바울 서신 등에 대한 주석을 집필하였다. 그 외에도 수백 편의 설교를 썼는데, 이 중 일부는 오리겐이 전달한 내용 그대로를 속기사들이 적은 것이다. 성경 구절들에 대한 그의 전문적 연구작인 「스콜리아」는 나중 제롬의 성경 번역 작업에서 유용하게 사용된다.

변증가 오리겐

일생동안 여러 시기에 걸쳐 오리겐은 말시온주의자들, 발렌티누스주의자들, 양태론자들, 양자론자들, 가현론자들, 여러 종류의 천년 왕국론자들, 영지주의자들에 맞서 신앙을 변호할 기회를 가졌다. 이러한 논쟁에서 그는 자유 의지, 하나님의 선하심, 구약성경의 가치 및 구약과 신약의 일치를 확고히 주장하였다. 또 로고스의 인격성과, 로고스의 영원 전 발생, 구속의 필수 조건인 그리스도의 참된 인성, 하나님의 영성을 옹호하였다. 그러나 오리겐은, 성자를 성부에게 종속시키고 영혼의 선재성 및 마귀와 이단들을 포함한 모든 영혼의 궁극적 구속을 주장한다는 등 몇 가지 이유로 비판을 받았다.

아마 오리겐의 작품 가운데 다수가 남아 있지를 못했다는 사실에 비추어 볼 때, 이러한 점은 한결 쉽게 이해할 수 있을 것이다. 그리고 현존 자료 부족으로 인해 오리겐이 가르친 내용을 완전하고 선명하게 묘사하기는 어렵다. 나아가 오리겐은 헬라-로마 세계 사상과 기독교 신앙 사이의 간극에, 다리를 놓으려고 시도한 최초의 인물 가운데 한 사람이었다. 그러므로 오리겐의 사상 속에는 지성적, 개인적 측면에서 헬라 로마 사상이 깃들어 있을 수도 있다. 중요한 것은 오리겐이 마치 무인지경을 헤쳐 나아가듯, 영적, 학적으로 이정표를 세운 선구자였다는 사실이다. 그 뒤를 따른 자들은 보다 나은 이정표를 세울 수 있었다 하더라도 역시 그에게 빚을 진 것이 사실이다.

오리겐의 활기찬 금욕적, 지성적 삶은 이단들을 제지하고 이방 세계로부터 개종자들을 획득하며 장차 일어날 위대한 범교회적 대연합 회의의 토대를 제공하고 아울러 수도원 운동이 태동할 수 있는 기반을 닦았다. 이런 점들에서 그의 생애는 중요하다. 그의 생도 가운데 하나였던 나지안주스의 그레고리가 오리겐에 대하여 한 말이 참으로 적절하다 하겠다. 오리겐은 "우리 모두를 날카롭게 만드는 돌"이다.

칼타고의 키프리안(Cyprian of Carthage)
200년경~258

키프리안은 터툴리안 이후, 라틴어를 구사한 교회의 지도자로서, 두번째로 중요한 위치를 점유하고 있다. 그의 사상은 어거스틴에게 강력한 영향을 미쳤으며 또 어거스틴을 통해 서방 기독교에도 그와 같은 영향을 미쳤다.

키프리안은 거의 실제적인 문제들에 대해서만 글을 썼으며 그의 신학은 성경, 로마의 법, 실용적인 목회 방침 등의 혼합물에서 나왔다. 그는 어디까지나 신앙의 보존을 목표로 하였으나 여러 개의 혁신적 교리의 씨앗을 뿌리기도 하였다. 키프리안은 교회의 질서와 징계를 강력히 주창하였으며 세례와 성만찬의 객관적 능력에 대해 고등 관념(high view)을 가지고 있었다. 그는 또한 감독의 지위를 크게 존중하고 베드로와 바울의 역사적 위치를 숭앙하였으나 감독도 오류가 있다고 믿는 가운데 로마의 감독으로부터 전적으로 독립된 위치를 견지할 각오가 되어 있었다. 키프리안은 북아프리카 교회의 감독으로서는 최초의 순교자였으므로 그의 견해는 가일층 무게를 지니게 되었다.

키프리안의 생애

200년경	탄생
246년경	그리스도인으로 회심
248	칼타고 교회의 감독으로 선출됨
250	데시우스황제의 박해

칼타고의 키프리안과 북아프리카의 교회

미카엘 스미쓰(Michael A. Smith)

칼타고의 감독

타스키우스 캐실리우스 키프리아누스(Thascius Caecilius Cyprianus)는 A.D. 200년경 북아프리카 칼타고의 한 유복한 이교도 가문에서 태어나, 수사학과 법률에 대해 상당한 교육을 받았던 것 같다. 그러나 그의 회심 이전의 생애에 대해서는 별로 알려진 것이 없다. 그는 246년 경 장로 캐실리아누스(Caecilianus)의 영향을 받아 회심하였다.

회심한 지 얼마 안되어 248년에 키프리안은 칼타고 교회의 감독으로 선출되었다. 이는 주로 대중의 강력한 요구 때문에 이루어진 일이었다. 노바투스가 주도하는 5명의 장로 집단은 키프리안을 반대하였던 것이다. 키프리안 자신은 이 직위 수락을 주저했던 것 같다. 그러나 일단 선출된 후에는, 오랜 동안의 평화로 다소 침체의 기미를 보였던 이 교회에서 목회의 직무에 열정적으로 헌신하였다.

데시우스 황제의 박해

250년 황제 데시우스는 로마의 옛 문화를 재생시키려는 의도로 기독교에 대한 범제국적, 조직적 박해를 가하기 시작하였다. 모든 시민들에게는 로마의 신들에게 제사를 드리라는 명령이 하달되었으며 또 이를 준

행하였음을 입증하는 증명서를 소지하라는 요구가 주어졌다.

많은 지역의 교회가 혼란 속에 빠졌다. 칼타고에서도 많은 그리스도인들은 위협을 당하기도 전에 즉각 뜻을 굽히고 이방 신들에게 제사를 드렸다. 키프리안 자신은 환난 기간 중에 지하로 숨어 편지로 목회하는 방식을 택하였다. 이 때문에 혹자들은 그를 비난하면서, 이 당시 순교 당한 로마의 감독 파비안(Fabian)과 그를 비교하기도 하였다.

이 박해는 251년, 데시우스 황제가 고트족과 싸우다 전사함으로써 끝이 났다. 키프리안은 도피 생활을 청산하고 칼타고 교회를 재건하고자 하였다. 박해 기간 중에 그리스도를 부인했던 자들 가운데 많은 사람들이 나타나 교회에 재입교시켜 달라고 요청하엿다. 그들은 노바투스의 주도 하에 일반 사면을 요구하였다. 신앙을 공식적으로 고백함으로써 투옥되었었던 이들 가운데 일부는 무수한 교인들에게 용서의 편지를 발송하기 시작했다. 양심을 지키지 않았던 사람들도 죽은 순교자들의 이름으로 용서를 비는 서한을 발송하였다. 키프리안이 질서를 회복하는 데는 굉장한 진통이 따랐다. 드디어 이방 신들에게 실제로 제사를 지낸 자들은 죽을 때에 공교회에 재입교시킨다는 데로 의견이 모아졌다. 그리고 실제로 제사는 지내지 않았으나 제사를 지냈다는 증명서("libellus")를 획득한 이들은 회개 후 재입교가 허용되었다. 배교에 대한 회개의 표시를 보이지 않는 자들에 대해서는 관용이 베풀어지지 않았다.

노바티안의 추종자들

이 무렵 키프리안은 로마의 신임 감독 코르넬리우스(Cornelius, 251년 사망)와 친분을 맺게 되었다. 그는 노바티안(Novatian)과, 누가 로마의 감독이 되어야 하는가 라는 문제로 논쟁을 벌일 때 코르넬리우스를 지지하였다. 코르넬리우스도 키프리안처럼 박해 기간 중 절개를 지키지 못한 자들의 처리 문제와 관련하여 중도적 입장을 취하였다. 키프리안의 옛 적 노바투스는 로마로 가서, 절개를 지키지 못한 자들의 재입교를 거부하며 엄격주의적 입장을 견지한 노바티안과 세를 규합하였다. 일시 이 노바티안 추종자들과 그에 대립적인 지나친 관용파가 상호 경쟁적으로 칼타고에 감독을 세웠으나 그들의 영향력은 미미하였다.

키프리안은 252년에 교회를 동원해 칼타고의 역병 희생자들을 도움으로써 상당한 박수 갈채를 받았다. 그 후 몇년 간 키프리안은 유능한 행정가와 성실한 목회자의 모습을 보여 주었다.

데시우스 황제의 박해로 일어난 문제들은 여전히 다른 교회들도 괴롭히고 있었다. 키프리안은 로마의 신임 감독 스테펜에게 서한을 보내, 노바티안을 편들었던 아를레스의 말시안(Marcian of Arles)을 해임하는 일에 도움을 달라고 요청하였다. 동시에 키프리안은, 박해 기간 중에 그리스도를 부인했다는 이유로 자기 교회의 감독을 해임한, 스페인의 레온(Leon) 교회와 메리다(Merida) 교회 성도들의 입장을 지지하였다. 해임 당한 이 두 감독은 스테펜에게 자신들의 복직을 도와 달라고 호소하였다. 그러자 키프리안은 스테펜에게 서신을 보내 스테펜이 그들에게 속았음을 일깨워 주었다.

키프리안과 로마의 스테펜

그 직후 키프리안은 로마의 스테펜과 충돌을 일으켰다. 논쟁점은, 이단적 종파를 떠나 공교회의 교인이 되기를 원하는 사람들을 어떻게 처리할 것인가 라는 문제였다. 로마에서는 감독이 그러한 사람에게 안수하는 절차를 밟은 후 그들을 교회로 입교시켰다. 반면 북 아프리카와 꽤 많은 동방 교회들에는, 그러한 사람들이 반드시 세례를 받아야 한다고 주장하는 이들도 있었다. 하지만 분명한 것은 사례가 다양하다는 사실이었다. 이상한 세례 의식을 실시하는 영지주의에서 나오는 사람들이 있었는가 하면 노바티안의 추종자들처럼 신학적으로는 정통이고 징계의 문제에 대해서만 주류 교회와 입장이 다른 자들도 있었다.

로마의 스테펜은 키프리안과 북아프리카 교회들을 향해, 정통 교회에 가입하기 원하는 이단자들에게 세례주는 관습을 철폐하라고 요구하면서, 이에 응하지 않을 경우 그들과의 교제를 단절하겠다고 위협하였다.

이에 응수해 키프리안은 북아프리카 감독들의 회의를 소집하여 만장일치로 이 북아프리카의 관례를 재천명하였다. 키프리안의 이러한 입장은 타 지역들로부터도 지지를 얻었다. 갑바도기아 지방, 가이사랴의 피르밀리안(Firmillian)은 한 통의 편지를 보내어 스테펜을 크게 비판하고 불필요하게 교회 지도자들의 단합을 해친다며 그를 나무랐는데, 이 서신은 아직도 보존되어 있다.

이 논쟁은 미해결 상태로 남아 있다가 스테펜의 죽음(257)과 더불어 사라지고 말았다. 키프리안은 스테펜의 후계자와 우호적 관계를 재개한 것 같다. 여러 해 후, 하나의 절충안이 타결되어, 삼위일체의 이름으로 받은 세례는 용납하고 달리 이단 종파에서 나온 자들은 다시 세례를 받도록 하였다.

키프리안의 신학

키프리안의 신학은 성경에 대한 법률주의적 해석에 기초를 두고 있었다. 그는 또한 터툴리안에게서도 많은 영향을 받았다. 그는 계시와 꿈에 상당한 비중을 두었다는 점에서 어느 정도 카리스마적이었다고도 할 수 있다. 카리스마적 세력은 북아프리카에 상당히 널리 퍼져 있었다.

키프리안은 교회에 대해 고등 관념을 지니고 있었다. 이는 물론 그의 구약성경 해석 및 교회와 이스라엘을 동일시하는 그의 사상에 기초를 두고 있었을 것이다. 키프리안은 교회 밖에 구원이 없다고 가르쳤다 : "교회를 자기 어머니로 삼지 않는 자는 하나님을 자기 아버지로 모실 수 없다." 감독은 대제사장의 위치를 점유하며 새 이스라엘의 제사는 성만찬이라고 그는 생각했다. 여기에서 키프리안의 율법적 성향이 뚜렷이 드러난다. 그는 또, 성만찬시 포도주 대신 물을 사용하는 습관에 반대하는 글을 발표하면서 "모든 것은 그리스도께서 하신대로 시행되어야 한다"고 주장하였다.

교회에 대한 고등 관념에서 키프리안은, 공교회 밖에는 성례가 있을 수 없다고 주장하였다. 또한 여러 개의 분열된 정통 교회가 존재할 수 있다는 관념은 그에게 허용되지 않았다. 베드로에 대한 그리스도의 명령이 교회의 단일성을 보장한 것이라고 믿는 한편, 그는 이 단일성이 교회 지도자들 사이의 상호적 사랑과 용납을 통해 실현된다고 보았다.

"교회의 단일성에 관하여"라는 그의 논문 중의, 그 중요한 구절은, 두 개의 별형을 가지고 있다. 그 중 널리 유포된 구절에서는 베드로를 사도들의 지도자로 언급하였으나 동시에 그의 위치를 깎아 내리고 있다. 다른 구절은, 그가 베드로의 지상권을 크게 존중한 것으로 되어 있다. 일부 학자들은 이 두번째 형이 위조품이라고 주장하였다. 반면 혹자들은 이것이 본래의 형이며 키프리안 자신이 스테펜과의 논쟁이 있은 후로 이를 첫번째 형으로 변형시켰다고 말하고 있다.

유아 세례

키프리안은 서방 교회의 저술가 중 유아 세례를 최초로 주장한 사람일 것이다. 그러나 세례가 할례에 상응한 것으로서 출생 후 8일 만에 실시되어야 한다는 견해는 그가 단호히 배격하였다. 그 대신 키프리안은 터툴리안의 입장을 따라 유아들도 부모로부터 실제적 죄성을 상속받으며 따라서 출생 후 가능한한 빨리 세례를 받을 필요가 있다고 생각했다.

키프리안은 순교자들과 핍박 중의 공개적 신앙 고백자들 그리고 자원하여 독신 생활을 받아들인 자들을 크게 존경하였다. 그러나 한편으로 그들은 지교회의 감독에게 복종해야 하며 그들의 미덕이 자신들에게 교회의 공적 지도자들보다 더 높은 특별 권능을 부여하지는 않는다고 주장하기도 하였다.

키프리안의 시대에 예배는 매우 느린 속도로 고정된 틀을 갖추기 시작하고 있었다. 그의 말에 의하면 "너희 마음을 높이 들라"라는 부름과 이에 대한 응창이 이 시대의 예배에 사용되었다고 한다. 그 시대의 사람들은 또한 성만찬시에 그리스도께서 의사 마술적인 방법으로 잔과 떡에 실제 임재하신다고 믿었다. 그러나 키프리안의 관심은 언제나 법률가적인 것이었다 : "제사"는 법적 교회의 궤도 내에서 정식 목회자에 의해 바른 방법으로 시행되어야 한다는 것이다.

키프리안의 견해들은 순교자 감독으로서의 그의 위광에 힘입어 훗 세대에 큰 영향을 미쳤다. 힙포의 어거스틴과 그의 도나투스파(Donatist) 대적들이 서로 키프리안을 자신들의 영적 아버지로 간주했을 정도이다.

그의 저술 대부분은 실제적인 문제를 다루고 있다(F. L. Cross의 「Early Christian Fathers」에 목록이 실려 있다). 그는 유대인들을 논박하고 기독교 교리와 실천 문제를 가르칠 목적으로 성경 본문을 수집하였다(이것은 북아프리카 성경 본문에 대한 중요한 증거 자료이다). 그의 서신들은 그의 사망 직후에 수집되었다. 그의 서기 가운데 한 사람(집사 Pontius)이 쓴 "전기"와 그의 순교에 관한 당대의 기록도 있다.

아다나시우스(Athanasius)
296년경~373

아다나시우스는(296년경~373) 생전에 하나의 전설적인 인물이 되었다. 그의 이름은 니케아 정통 신앙의 동의어가 되었다. 이 신앙이 그가 죽은 지 8년 후 제1차 콘스탄티노플 공의회에서(381년) 승리하게 된 것이다. 후 세대들은 그를 알렉산드리아 신학파의 원형적 대표자로 간주하였으나 그 자신은 어떤 독특한 신학적 견해를 창출하기 위해 별노력을 기울이지 않았다.

아다나시우스의 반아리우스론 및 관련 작품들은 그의 저술의 대부분을 차지한다. 성육신에 관한 그의 논문은 몇 군데 흠이 있기는 하지만 오늘날까지 이 문제에 관한 고전적 작품으로 위치를 굳혀 오고 있다. 게다가 그가 쓴 「성 안토니의 생애」는 현재 보편적으로 고립 생활의 고전으로서 간주되고 있다. 한 마디로 아다나시우스는 기독교회의 삶과 사상에 불후의 각인을 남겼다고 할 것이다.

아다나시우스의 생애

296년경	탄생
319	집사로 안수받음
325	니케아 공의회 개최
328	알렉산드리아의 감독으로 선출됨
335	공직에서 해임됨
337	알렉산드리아로 귀환함

아다나시우스, 정통의 기둥

제럴드 브레이(Gerald L. Bray)

알렉산드리아의 감독

아다나시우스는 A.D. 296년 경 알렉산드리아에서 탄생하였다. 젊은 시절 그는 애굽 광야의 은자들에게 강력한 매력을 느꼈다. 그리고 훗날 그들의 신앙과 생활 방식을 일반에 널리 퍼뜨리는데 많은 노력을 기울였다. 한편 은자들(나중 수도승이라 불리게 됨) 편에서는, 그의 생애를 지배하다시피 한 제반 논쟁의, 견고한 지지 기반을 그에게 제공하였다. 그는 기독교인 양친에게서 양육받았지만 상류층의 정상적인 고전 교육을 받았다. 아다나시우스는 319년 집사안수를 받고 325년에 감독의 서기로서 그를 수행해 니케아 공의회에 참석하였다.

328년에 그는 알렉산드리아의 감독에 피선되어 그로부터 46년간 사망시까지 이 직위를 점유하게 된다. 그의 임기의 대부분은, 아리우스에 맞서 그리고 특별히 아리우스와 모종의 절충을 하고자 하였던 자들에 맞서, 니케아 공의회의 가결을 수호하려는 투쟁으로 흘러갔다. 아다나시우스는 아리우스파를 공교회로 받아들이라는 황제의 명령을 받고 이를 거절함으로써 감독직에서 해임된다. 그 직후 그는 트리엘로 추방당하였다. 그러나 콘스탄틴 황제가 죽자(337) 아다나시우스는 그의 직위로 복귀할 수 있었다.

아리안주의의 대항자

하지만 그는 거기에 오래 있지 못하였다. 교회 내의 수많은 적들이 그로 하여금 다시 해임, 추방당하도록 만들었기 때문이다. 339부터 346년까지 아다나시우스는 대부분의 시간을 로마에서 보냈다. 서방에서 체류한 그의 유형 기간은 정치적으로 커다란 중요성을 가지고 있었다. 그 기간을 이용해 그는 로마와 라틴 교회들을 자신의 대의로 모을 수 있었던 것이다. 애굽에서는, 그의 고난이 그를 대중적 영웅으로 만들어 놓았으며, 그로 인해 아리안 주의는 알렉산드리아에 결코 견고한 발판을 세우지 못하게 되었다.

마침내 아다나시우스는 자신의 교구로 되돌아 오도록 허용을 받았으나 355년에 다시 추방당하였는데, 이번에는 황제 콘스탄티누스 2세의 선동에 의한 추방이었다. 이 황제 역시 자신의 부친처럼 아리우스주의자들과 그들의 동조자들을 수용하려고 꾀하고 있었던 것이다. 이에 아다나시우스는 젊은 시절 많은 세월을 보냈던 광야의 수도승들에게로 가서 집필에 전념하였다. 362년, 그는 알렉산드리아로 귀환하였으나 그 직후 또 다시 추방당하였다. 그러나 그 다음 해에 아다나시우스는 영구 귀환하여 죽을 때까지 그 자리를 지키게 된다.

저술가 아다나시우스

아다나시우스는 무척 많은 수의 작품을 집필하였다. 이 작품들은 그가 당한 여러 차례의 유형 기간 중에 기록되었다. 그는 특히 최후의 유형 기간에 많은 작품을 썼다. 광야의 적막함과 팽팽한 영적, 정치적 상황이 그에게 비상한 영감을 제공하였던 것이다. 그의 문체는 동시대인들의 보다 문학적인 작문과는 전혀 다르게 투명하고 매력적이지만 그들과 같은 학문적 깊이와 넓이는 결여하고 있다. 그가 기록한 대부분의 내용은 아리우스주의에 대한 투쟁과 직·간접적으로 연결되어있다. 그들과의 싸움에서 논쟁자로서의 그의 솜씨는 최대한도로 발휘되었다.

소수의 단편들을 제외하고 그의 성경 주석들은 단 하나가 현재까지 남아 있다. 이것은 길다란 시편 강해로서 신자의 영적 필요에 부응하고 있다. 아다나시우스의 해석학적 역량은 아리우스에 대한 논박의 글에서 유감없이 발휘되었지만, 이상하게도 그가 신약 성경의 어느 부분에 대한 주석을 썼다는 증거는 없다.

아리우스에 맞서

반아리우스론 및 관련 작품들은, 아다나시우스가 아리우스주의자들이 애호하는 증거 본문 특히 히브리서 3 : 2과 잠언 8 : 22을 택해 그 구절들이 아리안주의자들의 주장과는 의미가 다름을 증명한 점에서 유명하다. 아다나시우스의 논박은, 그가 우화적 해석 방법을 반대하였다는 점에서 더 한층 놀랍다. 특별히 그는 성경 전체를 근본적으로 기독론적인 것으로서 간주하는 경향이 있었다. 이로 인해 그는, 현대의 주석가라면 그리스도와의 직접적 관련성을 전혀 찾지 못했을, 다수의 구약성경 본문들을 다루면서 불리한 입장에 처하게 되었다. 그러나 그러한 난점이 그를 크게 난처하게 만들지는 못하였다. 그는 그러한 본문들을 특별한 도전으로 받아들여, 탁월한 솜씨를 발휘해 아리안의 해석(역시 기독론적 해석)이 근본적으로 잘못되었음을 입증하였다.

또 하나의 중요한 작품은 「이교도 논박」과 「성육신론」이라는 두 가지 주제를 다룬 논문이다. 이 작품의 둘째 부분은 종종 낱권으로 출간되기도 하며 알렉산드리아 학파 기독론의 고전적 논술로 잘 알려져 있다. 이 후반부 글월은 반아리우스적 주장을 별로 담고 있지 않다는 점에서 놀라운 일면을 보여 준다. 이러한 사실에 용기를 얻어 많은 학자들은 이 글이 매우 일찍 씌어진 것으로 추정하고 있다. 이 작품의 전반부는 비교적 덜 알려져 있으나 전통적 형태의 이교 신앙에 대한 중요한 논박을 담고 있다. 특별히 이 글에서 아다나시우스는 하나님과 인간이 별개의 실체인 이상 우상 숭배와 범신론은 확실히 잘못된 것이라고 주장하였다. 한편, 인간의 영혼은 로고스 즉 하나님의 말씀의 거울 영상이기 때문에 창조와 관련, 진정한 신 지식을 가질 수 있다는 통상적인 헬라 철학의 견해를, 아다나시우스는 수용하였다.

아다나시우스와 안토니(Antony)

이러한 주요 작품들 외에도 여러 설교문과 서신들이 잔존하고 있으며 동정성에 관한 여러 개의 논문인 듯한 어떤 작품의 파편도 남아 있다. 특히 이런 측면에의 관심은 익히 알려진 아다나시우스의 금욕주의적 성향을 입증해 준다. 이런 경향은 그의 유명한 작품「성 안토니의 생애」에서 뚜렷이 엿보인다. 안토니(251~356)는 105세의 장수를 누린 은자였다. 안토니는 애굽 광야에서 고독을 추구한 첫 은자들 가운데 한 사람이었다. 거기에서 그는 영적인 유혹의 세력과 맞서 싸웠는데, 그의 이러한 싸움은 예수님을 비롯한 여러 성경 인물들의 체험을 연상시킨다. 아다나시우스는 그러한 형태의 영성 개발이 참된 그리스도인을 위해 지극히 바람직한 것이라고 믿었으며, 그가 이 글을 쓴 것도 보다 많은 그리스도인 들에게 수도 생활을 장려하기 위해서였다. 그의 이러한 노력은 괄목할만한 성공을 거두었다.

정통 교리의 상징으로서 아다나시우스가 가진 혁혁한 성예 때문에 그의 이름을 붙인 무수한 의사 작품들이 나오게 되었다. 이 중 대부분이 오늘날 단편으로 밖에 남아 있지 않으나 예외적으로 유명한 것이 하나 있다. 그것이 이른바 **아다나시우스 신조**(Quincunque Vult)라는 것이다. 이 글은 실제로 칼케돈 이후의 정통 교리 천명서이지만 후 세대들이 잘못 오인하여 이 알렉산드리아의 대 감독 이름을 갖다 붙인 신경이다. 이 신조는 500년 경의 라틴어 문헌으로서 수많은 세대를 이어가며 교회의 신앙을 규명해 주었다. 신학적 성명으로서 이 글은 성령이 아버지와 아들, 양자로부터 발출한다(Filioque)고 주장했다는 점에서 특별히 주목할 만하다. 이와 같은 주장은 그 글이 몹시 오래된 초창기의 작품이라는 증거가 된다. 이 때문에 동방 교회에서는 줄곧 이를 의사품으로 간주해 왔다. 그리고 오늘날은 서방에서도 이 신조를 사용하지 않는다. 주된 이유는, 정통 신앙을 가지지 않은 자들이 영원한 정죄의 운명을 맞게 된다는, 이 신조의 강경한 입장 때문이다. 이러한 감상적 견해는 현 시대의 자유 정신에 별 호소력이 없는 것이다. 하지만 이 신경이 아다나시우스의 신앙과, 고대 대다수 그리스도인들의 신앙을 잘 표현해 주고 있다는 것은 의심할 여지 없는 사실이다.

아다나시우스의 신학

아다나시우스는 원래 신학자가 아니지만 그의 글들은 당대의 주요한 기독론 논쟁에 있어 알렉산드리아 학파의 입장을 대변하는 것으로 간주되어 왔다. 이러한 사실은 아다나시우스와 그의 논적 아리우스파가 모두, 고대 헬라 교회의 가장 위대하고 가장 독창적인 신학자 오리겐(185년 경~254)에게 영향을 받았다는 점에 비추어 볼 때 쉽게 이해할 수 있다. 양 진영은 논쟁 시에 성경을 해석하면서 동일한 우화적 기교를 사용하였으며 양자 모두 오리겐을 이 방법의 특출난 대가로 간주하였다. 그렇다면 그들의 차이점은 어디에 있었는가? 아리우스가 강조한 오리겐의 특정 가르침이 아다나시우스와 지도적인 알렉산드리아 학자들의 눈에는 성경과 모순되는 것처럼 보이고 오리겐 본래의 참 뜻을 왜곡하는 것처럼 보였다는 사실이다.

아리우스는 성부가 유일무이한 신성을 가지고 있고 성자는 성부에게 영원히 종속한다는 오리겐의 이론을 강조하였다. 그러나 아들의 영원한 존속은 시간적 미래만을 향해 뻗어 있는 순전히 상대적인 것이라고 아리우스는 보았다. 아리우스의 주장에 의하면 과거에 아들이 존재하지 않았던 때도 있었다는 것이다. 이러한 주장은 아들이 아버지로부터 영원 전부터 나셨다는 오리겐의 가르침에 어긋나는 것이었다. 물론 오리겐도 성자가 어떤 점에서는 두 신격 중 보다 열등한 존재라고 시인할 각오가 되어 있었지만 말이다. 오리겐이 다소 이상한 이 교리를 주장할 수 있었던 것은 근본적으로 그가 플라톤주의자였기 때문이다. 오리겐은 성부와 성자 간의 명칭의 차이가 필연적으로 본질(substance)의 차이를 함축한다고 보았다. 이는, 성부는 하나님이라고 볼 수 있지만 아들은 다른 이름을 가졌기 때문에 하나님이 아닐 수도 있다는 의미였다.

사실상 아리우스는 성자가 피조물로서 "모든 피조물의 장자"라고 믿었다. 하나의 존재로서, 아들은 천사들보다 높지만 성부 하나님보다는 낮다는 것이 그의 지론이었다. 나아가 아리우스는 아들이 인간이 되어 고난과 죽음 등의 인간적 슬픔을 맛보기 위해서는 하나님보다의 열등성이 필연적이었다고 주장하였다. 고대인들은 모두 하나님이 무감각한 존재라고 믿었다. 이에서 아리우스는 고난받으신 구주가 하나님일 수 없다고 추단하였다. 그는 또한 하나님의 존재와 인간의 생존 사이에는 공통적 부분 혹은 접촉점이 없기 때문에 피조물이라야만 인간과 일체가 될 수 있다고 믿었다.

아다나시우스는 아리우스가 오리겐을 오해했다며(이는 사실이었다) 아리안이즘을 공박하였다. 기실 오리겐은 아들이 아버지와 똑같이 영원한 존재임을 항상 역설하였던 것이다. 아다나시우스에게 있어서는 영원성이 곧 동등성을 의미하였다. 그러므로 그는 오리겐 전통 속의 종속주의적 경향을 거부하였다. 이는, 아들이 아버지와 동질이라(homoousios)고 선언한 니케아 공의회의 신조와 정확히 일치하는 것이었다. 이 용어의 엄밀한 의미는 열띤 논란거리가 되었다. 교회 사가 가이사랴의 유세비우스 같은 반 아리우스(semi-Arian) 동조자들이, 니케아 회의의 이 표현은 아들이 아버지와 유사한 본질(homoousios)을 가졌다는 의미라고 주장하면서, 아들은 숫적으로 아버지와 별개의 존재이며 하나님은 한 분이시기 때문에 아들이 아버지와 동일한 존재가 될 수는 없다고 말했던 것이다.

삼위일체

이러한 도전에 맞서 아다나시우스는 삼위의 각 신격이 하나님의 단일성(oneness)을 공유하며 세 신격이 본질상 별개의 존재로 간주될 수 없다고 응수하였다. 그리고 3위격의 차이점은 그들의 이름에 나타나며 이 이름들은 상호 교호적으로 사용될 수 없다고 말했다. 아다나시우스는, 훗날 이 개념에 비중을 두게 되는 발전된 신격(Person) 교리를 결여하고 있었으나 각 위격 명칭의 성경적 개념에 대한 그의 직감은 건전하였으며 이것은 후대의 조직적 사색에로 흡수되었다.

기독론 전개에 있어 아다나시우스는, 오리겐과 아리우스가 주장한 내용의 많은 부분을 떠받치고 있던 철학적 토대를 거부하고 그 대신 성경적 구속의 개념을 진정한 기독론의 토대로 삼았다. 아다나시우스는 주장하기를, 오직 하나님만이 자신의 공의의 요구를 충족시키기에 충분한 의를 가지고 있기 때문에 구속은 하나님으로부터만 올 수 있는 일이라고 하였다. 바로 이 때문에 하나님이 친히 인간이 되셔서 불가능한 일을(우리를 위해 고난받고 죽음으로써) 행해야만 비로소 우리의 구원은 보장될 수 있으며 따라서 우리 인간도 역시 불가능한 것을 행할 수 있다(하나님처럼 될 수 있다)는 것이 그의 논리였다.

이러한 목적을 위해 아다나시우스는, 요한복음 1 : 14 "말씀이 육신이 되었다"는 구절의 확대 주석이라 할 수 있는 일종의 기독론을 발전시켰다. 그의 말씀−육(헬라어로 Logos-sarx) 기독론은 전형적인 알렉산드리아 신학이다. 이 교리의 커다란 강점은 로고스(말씀)를 성육신의 주체로 본다는 데 있다 : 예수 그리스도는 영화로운 혹은 영화롭게 된 피조물이 아니라 육체를 입은 하나님이며 따라서 그리스도는 신성의 모든 특권을 본유적 권리로서 발휘할 수 있다는 것이었다. 그러나 육에 대한 이해가 불충분하다는 것이 그의 기독론의 약점이다.

영혼과 육

철학적으로 고도의 교육을 받은 당대의 헬라인들처럼 아다나시우스에게 있어서도 육체는 인간의 물질적 부분에 불과하였다. 육체가 하나님의 형상대로 창조된 영혼을 담고 있는 것은 아니라고 보았던 것이다. 그러나 이것은 커다란 문제를 야기하였다. 예수가 로고스 외 따로 인간 영혼을 가지고 있었는가? 아니면 로고스가 예수 안의 영혼에 해당하는 것이었던가? 영혼은 죄의 좌소이기 때문에 이 문제는 결코 사소한 것이 아니었다. 만일 죄 없는 로고스가 영혼을 대신하고 있었다면 예수는 죄를 지을 수도 없었고(이 경우 그가 받은 모든 시험은 무의미해지고 만다) 우리를 위해 죄가 될 수도 없었다는 결론이 도출된다.

아다나시우스는 예수가 인간 영혼을 가졌는지의 여부에 대한 자신의 입장을 밝히지 않았다. 그러나 그가 영혼을 고려에 넣었을 개연성은 매우 높다. 물론 영혼이 로고스에 부속되어 있었으므로 자체의 독립적 생명은 가질 수 없었겠지만 말이다. 그러나 이러한 절충안은 불만족스러운 것이었으며 그의 죽음 직후 이것이 알렉산드리아 학파의 기독론에서 위기의 요인으로 등장한다. 아다나시우스의 제자인 아폴리나리우스(Apollinarius)가 스승의 가르침에서 어떤 논리적 결론을 유도해 내어 예수 안의 인간 영혼 존재를 부인하였던 것이다. 그는 337년과 338년 사이의 여러 종교 회의에서 정죄를 받았으며 알렉산드리아의 기독론은 그때 이후 가현설이라는 낙인이 찍히게 되었다. 그리스도의 완전한 인성을 부인하는 것으로 생각되었기 때문이다.

여타의 문제들에 있어서 아다나시우스는 그 시대의 아들이었다고 할 수 있다. 그는 이단 종파에서 세례받은 자들은, 잘못된 의도와 잘못된 영으로 세례를 받았다는 근거 하에, 다시 세례를 받아야 한다고 주장하였다. 그는 또한 성만찬에 대해 고등 관념을 가지고 있었으며 기원(하나님을 부름)을 올리는 순간 성령이 떡과 잔에 임재하신다고 믿었다. 이 가르침은 서방 교회 특히 종교 개혁자들에게 거부를 당하였으나 현대에 다시 재생되어, 초대 교회의 정신을 회복하고자 하는 현대 예배 의식적 개혁의 두드러진 특징이 되고 있다.

대 바실(Basil the Great)
330년경~379

우리가 현재 통상적인 수도승 생활로 생각하는 내용 중 다수가 사실상 대 바실에 의해 시작되었다. 그는 그리스도의 명령들 가운데 다수가 남과 함께 살 때 비로소 실현될 수 있다는 점을 지적하며 고립된 금욕생활보다는 공동체 생활을 강력히 지지하였다. 그는 또한 수도승들이 "거룩함"을 경쟁하기보다 서로 도와야 한다고 가르쳤다. 그리고 처음부터 바실은 자신의 공동체들이 지교회 감독의 통제를 받아야 한다고 역설하였다. 그는 숫자를 관리하기 쉬운 범위로 제한하였으며(약 30명) 내핍 생활 이외의 무절제를 엄격히 억제하였다. 하루에 7회 기도하는 수도원의 규칙은 바실의 발명품이었다.

그러나 바실의 가장 중요한 공헌은 아마, 수도승들로 하여금 가난한 자와 병자를 돌보도록 한 일일 것이다. 바실은 그러한 사람들을 소홀히 하는 것이 그리스도께 욕을 돌리는 행위라고 생각했다. 많은 조정 관리들의 적대에도 불구하고 바실은 이 일을 위해 자기 교회 주변에 커다란 건물들을 지었다. 그 중에는 나그네들의 숙박소, 병원, 나병 환자들을 위한 특별 치료소, 학교, 그리고 사회적 구제 기관 등이 있었다. 흥미롭게도 그는 베네딕트의 그것과 같은 일정한 규칙을 만들지 않았다. 바실의 본과 아울러 그의 저술들은 수도원 운동에 지대한 영향을 미치게 되었다.

대 바실의 생애

대 바실과 동방 수도원 제도

미카엘 스미쓰(Michael A. Smith)

갑바도기아의 바실

바실은 A.D. 330년 경 동부 소아시아에 위치한 갑바도기아의 가이사랴(성경에 나오는 팔레스틴의 가이사랴와 혼동하지 말 것)에서 탄생하였다. 그는 오랜 기독교적 혈통을 가진 자로서는 최초의 위인이다. 그의 가문은 3세기 중엽 기적을 많이 일으킨 전도자 그레고리가 그 지역에 복음을 전한 이래 저명한 기독교 집안으로 맥을 이어왔다. 문중의 여러 사람이(그의 조모, 모친, 누이, 두 형제) 각기 성인으로 숭앙을 받고 있다.

역시 같은 이름을 가졌던 아버지의 발자취를 따라 바실은 콘스탄티노플과 아테네에서 수학하며 수사학과 문학을 배웠다. 아덴에 있는 동안 그는 미래의 황제 율리안을 만났으며 또한 나지안주스의 그레고리(330~389)를 만나 그와 일생 동안 친구로 사귀게 된다. 바실, 나지안주스의 그레고리, 바실의 동생 닛사의 그레고리는 종종 갑바도기아의 교부들로 일괄 지칭되기도 하는데 이들은 아리우스주의와의 제2기 논쟁에서 대단한 영향력을 발휘하게 된다.

뛰어난 재능과 높은 자부심을 가지고 젊은 바실은 공직 생활에 뜻을 둔 채 고향으로 되돌아 왔으나, 그의 누이 마크리나(Macrina)는 세상적 성공보다 하나님과 바른 관계를 맺는 것이 훨씬 더 중요하다는 것을 그에게 일깨워 주었다. 이를 계기로 바실 자신은 살아있는 신앙에 이르게 되었다. 세례를 받고서는 금욕적 생활을 위해 고위 공직에 대한 미련을 버리기로 결심한다. 그 후 널리 여행하면서 애굽, 시리아, 메소포타미아 등지의 광야에서 여러 은자들과 성인들을 만나게 된다. 바실은 여기에서 큰 감명을 받고 그들의 본을 따라 그리스도께 헌신하기로 서원한다. 형제 닛사의 그레고리 및 친구 나지안주스의 그레고리와 함께 그는 대부분의 재산을 팔고 멀리 떨어진 본도(북동부 소아시아 지역)에 은거하여 주의를 흩뜨리지 않고 기도와 명상에 전념할 수 있는 작은 수도 공동체를 창설하였다(358년경). 바로 여기에서 그들은, 훗날 모든 동방 수도원 운동의 규범이 된 기본적인 수도원 규칙을 만든다.

가이사랴의 감독

주변 상황은 바실로 하여금 공공 생활을 영구히 떠나 은거하도록 허용하지 않았다. 가이사랴의 감독에게 설득을 당해 그는 이 도시로 돌아와 목회 사역에 종사하게 된다. 바실은 364년에 안수를 받고 드디어 370년 갑바도기아 가이사랴의 감독에 취임하였다.

당시 수많은 동방 교회들이 황제 발렌스(Valens)와 정부가 지원하는 아리우스주의의 지배를 받고 있었다. 바실은 강력한 정통주의적 신앙을 가지고 있었으며 이윽고 로마 제국의 그 지역에서 정통주의적 반아리우스 지도자로 부상하였다. 그는 노 아다나시우스와 친밀하게 지내면서 동방의 많은 감독들이 니케아신조에 대한 회의감을 떨쳐 버리도록 하기 위해 상당한 노력을 기울였다. 이때 같이 동참한 이들 중에 전술한 두 명의 그레고리와 또한 아폴리나리우스가 있었는데, 이 사람은 나중 그리스도의 인성에 관한 잘못된 견해로 인해 악명을 얻게 된다.

황제 발렌스는 바실로 하여금 감독직에서 물러나게 하고자 여러 차례 시도하였다. 발렌스는 바실에게 뇌물을 주면서 이단적인 아리우스파 감독들을 묵인해 달라고 요청하였으나 이것이 실패로 돌아가자 관리들을 보내 공공연히 위협을 가하였다. 바실은 황제의 명에 굴복하지 않을 만한 자신감이 충분히 있었다. 황제 발렌스도 감히 그를 해임하지 못할 정도로 그의 세력과 명성은 대단하였다. 바실의 인망은 부분적으로 그가 낸 다수의 훌륭한 작품들에 기인하였다. 또 그는 실제적 사회 사업을 위해 가이사랴에 수도원 공동체를 만들고 빈민 구제기관은 물론 병원과 학교 등을 세웠던 것이다. 이러한 일은 수도승들에게 있어 급진적인 행보였다. 공동체는 조직을 잘 갖추고 여러 건물들을 주의 깊게 설계하였다. 바실은 영성이 매우 뛰어난 사람이자 수완이 고도로 탁월한 행정가였던 것이다.

비실은 안디옥 교회의 분열을 치유하기 위해 많은 노력을 기울였다. 아리우스주의 논쟁 초기에 이 지역의 정통파 그리스도인들은 장로 파울리누스의 주도하에 독립된 교회를 세운 바 있었다. 나중 감독 멜레티우스도 아리우스주의를 배격하고 황제 발렌스에 의해 해임되었었다. 그러나 그는 남아 있는 교인들 중 상당수를 데리고 나갔던 것이다. 이런 상황에서 서방 교회들은 파울리누스를 감독으로 인정하고 동방 교회들은 멜레티우스를 감독으로 인정하였다. 바실은 로마의 감독과 기타 서방 교회들의 감독들로 하여금 멜레티우스의 주장을 받아들이고 그와 파울리누스 사이에 모종의 융화책을 마련하도록 오랫 동안 노력을 기울였다. 그러나 바실의 최선을 다한 노력에도 불구하고 이 분열은 그의 사망시까지도 해결되지 않았다. 하지만 바실의 그러한 노력은 아리우스주의와의 투쟁에서 동서방 교회 지도자들을 단합시키는 데 일익을 담당하였다. 그리고 마침내 아리우스주의는 378년 황제 발렌스가 사망하면서 붕괴되기 시작했다.

바실 자신은 정통주의가 이 승리를 맞기 직전인 379년에 죽었다. 381년 그의 친구인 나지안주스의 그레고리 사회 하에 콘스탄티노플 공의회가 개최되어 결국 정통 신앙이 승리를 거두게 되고 현재 형태의 니케아 신조가 받아들여졌던 것이다.

은자들과 수도승들

바실 이전에는 금욕적, 은둔적 삶이 지극히 개인주의적인 형태로 나타나고 있었다. 은자들은(때로는 여자들도 있었음) 멀리 떨어진 광야에 은거하면서 기도와 금식을 하는 가운데 보통 고립된 삶을 살고 있었다. 애굽의 니트리아, 스키티스 같은 곳에서는 여러 집단으로 형성된 은자들이 있었으나, 그들의 결속 형태는 (아마) 일 주일에 단 한 번 만나는 정도의 느슨한 것이었다. 많은 은둔자들 특히 시리아의 은자들은 순전한 자기 학대에 가까울 정도로 온갖 종류의 내핍 생활을 실천하는 예가 비일비재하였다.

이에 대한 반동으로 파코미우스(287년경~346)는 애굽에 수도원장이 다스리는 수도자 공동체들을 설립하였다. 이 공동체들은 종종 인원이 수백 수천에 이르는 매우 거대한 집단들이 되기도 하였다. 은자들과 수도승들, 양편 모두 외부 세계와는 접촉이 극히 적었다. 파코미우스의 수도승들은 종려 돗자리를 만들어 파는 등의 일을 하여 스스로를 부양하였으나 그들의 최고의 목표는 역시 하나님을 추구하는 데 있었다. 수도승들과 은자들, 양편이 모두 정상적인 교회 생활과는 전적으로 분리되어 있었으며 종종 교회 생활에 적대적인 태도를 보이기도 하였다. 이와 반대로 바실은 고립적인 고행 생활보다 공동체 생활을 강력히 선호하였다.

초기 수도 생활 선구자들의 다수가 그러하였듯이 바실도 인간의 노력을 통해 그리스도인이 그리스도의 법을 완전하게 따르는 것은 가능하다고 믿었다. 또한 바실은 육체를 낮추어 보면서 이를 단순한 영혼의 감옥으로 생각하는 경향이 있었다. 이 두 가지 사조가 그 시대 동방 교회들에 널리 퍼져 있었다. 바실이 이 양자를 수용하고 있었다는 점에서 그 역시 그 시대의 아들에 지나지 않았다고 할 수 있다.

일부 동시대인들과는 달리 바실은 당대의 이교도 문학이 상당히 유용하다고 보았다. 그는, 그러한 문학이 제공해 주는 표현상의 기교와 아름다운 미점을 배우기 위해 그것들을 공부하라고 권하였다. 한편 바실이 (성경) 사본 필사 작업을 자기 수도승들의 일과로 실시하였다는 증거는 없다. 그러나 그 역시 후대 카시오도루스(Cassiodorus)의 조처에 전적으로 동의하였을 것이다. 카시오도루스는 6세기 초 남부 이탈리아의 비바리움에서 자기 수도승들의 일과에 이 일을 도입한 인물이다.

바실의 저술

바실이 낸 작품들 중에 상당한 수의 글이 현존하고 있다. 바실은 아리우스주의에 대한 논박의 글을 쓰고 성령론도 저술하였다(니케아신조에 나타난 성령의 신성에 관해 모종의 논쟁이 있었다). 그가 저술한 작품 중에는 젊은이들이 이교도 문학을 유익하게 활용할 수 있는 방법에 관한 글월도 있다. 그리고 상당한 수에 달하는 그의 설교들이 지금까지 남아 있다(일부에 있어서는 과연 그의 설교인지 논란도 인다). 그의 수도 생활 문헌은 두개의 "규범"으로 구성되어 있는데, 이것은 수도승의 의무와 덕목에 관한 일련의 질의 응답 형식을 띠고 있다. 바실은 또한 여러 가지 예배 의식을 개혁한 것으로 전해 내려오고 있다. 동방 정통 교회에서는 아직도 "성 바실의 예배 의식"이 간혹 사용된다. 그러나 이 예식문의 현재 형태는 바실의 시대보다 훨씬 후대에 나온 것이다. 수집된 그의 서신들은 350여 통에 달한다.

온갖 빼어난 학식과 능력이 있었음에도 바실은 하나님 앞에 겸손한 사람이었다. 바실은 하나님을 완전히 아는 것은 전혀 불가능하며 하나님이 우리와 함께 하심으로써 그에 대한 현실적 지식만을 가지게 될 뿐이라고 가르쳤다. 하나님의 본질적 존재는 우리의 이해를 크게 초월한다는 것이다.

당대의 많은 사람들과는 달리 바실은 사변적 신학보다 실천적인 기독교적 삶에 주된 관심이 있었다. 이 점에서 그는 나지안주스의 그레고리 및 닛사의 그레고리와도 크게 달랐다. 그들은 바실보다 유능한 신학자들이었으나 교회 경영의 실제적 문제에서는 매우 서툴었다. "갑바도기아 교부들의 수장"으로서 바실은 동방 아리우스주의의 최후 붕괴에 크나큰 공헌을 하였으며 동방 수도원 운동이 전성기로 가는 길을 닦아 놓았다.

최초의 수도승들

3세기 말 혹은 4세기 초에 이르러 비로소 최초의 기독교 수도승들이 출현하기 시작했다. 로마 제국이 기독교를 공인하면서 박해는 물러가고 교인들의 수는 증가한다. 이런 상황에서 일부 그리스도인들은 교회가 너무 해이해졌음을 느끼고, 세속을 탈피하여 고립된 가운데 보다 순결한 형태의 기독교 신앙을 추구해야 된다는 생각을 가지게 되었다.

최초의 수도승들은 애굽과 시리아의 광야에 출현하게 되는데, 그 중 가장 유명한 이는 애굽 출신의 콥트 사람인 안토니(256년 경부터 356) 였다. 그의 뒤를 이어 수많은 은자들이 나타나 광야 지역 변두리에 홀로 혹은 그룹을 이루어 생활하였다. 그들은 주로 기도와 명상에 시간을 보냈으며 종종 여러 날을 계속하여 금식하기도 하였다. 이들 초기 수도자들은 독신 생활을 하였으며 개중에는 기둥들의 꼭대기나 벽에 갇혀 사는 등 극단적인 삶의 양태를 보이는 이들도 있었다.

파코미우스

최초의 수도승 공동체는, 파코미우스(Pachomius)가 나일강변의 타벤니시에 수도원을 설립한 A.D. 320년 경에 태어난 듯하다. 파코미우스는 극단적인 금욕주의에 반대하였다. 그의 공동체는 규칙적인 식사와 예배를 가졌으며 일을 하여 생계를 유지하였다. 그가 세운 "규칙" 아래 즉 수도원 조직 귀감에 따라 수도승들은 자신들의 돈을 공공 자금에 기부하여야 했다. 그가 세운 최초의 공동체는 남자들의 수도원이었으나 나중에 그는 여자들의 공동체도 설립하였다.

이러한 수도원 운동을 서방에 최초로 알린 이들은 제롬과 아다나시우스 같은 여행객들이었다. 아다나시우스는 애굽의 은자들 사이에 숨어 유형 기간의 일부를 보내면서 「안토니의 생애」를 저술하기도 하였는데, 이 책은 암브로스나 힙포의 어거스틴 같은 서방 교회의 지도자들에게 수도 생활의 이상을 소개하는 데 일익을 담당하였다.

대 바실

대 바실은(앞 장을 보라) 동방 수도원 운동에서 가장 중요한 인물이다. 여러 수도 공동체를 두루 돌아본 후 그는 나지안주스의 그레고리에게 도움을 받아 직접 수도원을 설립하였다. 바실은 수도승들을 교회와 보다 가깝게 묶어 놓았으며 지교회 감독이 그들에 대한 감독권을 가져야 한다고 강조하였다. 그는 또한 의료적 돌봄, 빈민 구제, 교육을 강조하는 등 주변의 대중들을 위한 외향적 사업을 장려하였다. 바실은 지나치게 개인주의적인 경건을 반대하였으며 1일 7회 기도라는 틀을 만들어 놓았다. 바실의 수도 생활 이상들은 제반 규범으로 규정되어 오늘날까지 명맥을 유지하면서 동방 수도원 운동의 토대가 되고 있다.

수도 생활은 투어스의 마르틴(Martin of Tours)과 나중의 요한 카신(John Cassian)에 의해 서방에서도 발흥하기 시작했다. 마르틴의 고립된 은둔생활에 이끌린 사람들이 그와 합류함에 따라 드디어 그는 말무타이엘(Marmoutier)에 수도원을 창설하여 이를 프랑스 복음화의 센터로 삼게 된다. 마르틴의 생애는 그 외에도 수많은 사람들을 수도 생활로 이끄는 견인차 역할을 하였다.

어거스틴

힙포의 어거스틴은 388년 북아프리카로 돌아왔을 때 수도생활 조직에 있어 또 하나의 혁신을 이룩하였다. 그는 일단의 친구들로 수도 공동체를 만들었는데, 이 공동체는 395년 그가 힙포의 감독이 된 후에도 계속되었으며 중세 대성당 "참사회"(chapter, 성직자들과 성직자 후보생으로 구성된 감독의 "가족")의 본이 되었다.

당시 수도 생활에 대해 글을 쓴 서방의 위대한 인물은 요한 카시안이었다. 수도 생활에 대한 그의 상세한 가르침은 이 운동을 널리 보급시키는데 한 몫을 담당하였다.

한때 대 데오도릭(Theodoric the Great)의 정신(courtier)이었던 카시오도루스(490~583)는 나중 남부 이탈리아, 비바리움의 수도원에 은거하며 사본 필사와 고대 문헌 연구에 열을 쏟았다. 그의 이러한 노력은 헬라-로마 문화가 중세 시대로 전달되는 데 일익을 담당하였다.

베네딕트 규범

5세기와 6세기에 수도원 규칙들이 크게 팽창하였으나 모두가 베네딕트 규범(Rule of Benedict)에 가려 빛을 잃고 만다. 이 규범은 540년 경에 출현하였다. 베네딕트는 480년 경에 북 이탈리아의 누르시아에서 태어나 여러 개의 수도원을 설립하고 마침내 몬테 카시노로 이주하여 거기에서 547년 경에 죽었다. 그가 쓴 수도 생활 규범은 그의 수도 생활 초년기에 만들어진 것으로서 후에 대 그레고리에 의해 널리 보급되었다. 베네딕트의 규범은 두 개의 활동 즉 기도와 노동을 강조하며, 수도승이 수도원에 거주하면서 수도원장에게 복종할 것을 가르치고 있다.

켈트의 수도원 운동(Celtic monasticism)

켈트의 수도원 운동은 5세기 말엽에 시작되지 않았는가 한다. 이 운동은 형태에 있어 애굽의 틀과 유사했던 것 같으며, 아마 니니안(Ninian)에 의해 아일랜드에 이식되었을 것이다(약 397년). 니니안은 스코틀랜드의 위돈에 하나의 수도원을 세웠다. 아일랜드의 수도승들은 극단적인 금욕주의와 학문을 강조하였다. 그들의 수도원들은 아일랜드 민족의 교회 생활에 지대한 공헌을 하였다. 그들 사회에서 수도원장은 감독보다 더 우월한 지위를 누렸다. 아일랜드의 방랑 수도사들, 특히 콜럼바와 콜럼바너스는 나중 유럽에, 러슈일(Luxeuil), 세인트 골(St. Gall), 보비오(Bobbio) 등을 포함해 수많은 대 수도원들을 설립하는 데 기여하였다.

제롬(Jerome)
331~420

제롬은 4세기 말엽의 라틴어권 교회에서 가장 박학한 사람이었다. 그가 서방 기독교의 종교사에 끼친 주요한 공헌은 두 가지이다 : 성경을 라틴어로 번역하여 이른바 벌게이트역이라 불리는 번역본을 만든 것과 수도원 운동을 촉진시킨 것이 그것이다. 라틴역 성경들은 2세기부터 존재해 왔으나 이들은 문체가 훌륭하지 못하고 언어가 회화체였다. 그리고 구약성경은 히브리어 원문이 아닌 헬라어 번역판을 기초로 삼고 있었다. 제롬의 넓은 식견과 빼어난 언어적 은사는 그로 하여금 동서고금을 통해 가장 빼어난 성경 번역가 중 하나가 되기에 충분한 자질을 갖추도록 만들어 주었다.

독창적 신학 사상의 창출에 관심이 없었던 제롬은 그 시대에 발전하고 있던 대중적인 카톨릭주의(Catholicism)의 확산에 일익을 담당하였다. 수도원 운동은 4세기 초에 애굽에서 시작되었으나 그 때까지도 아직 서방의 대부분 지역에서는 별 호응을 얻지 못하고 있었는데 당시 제롬은 이미 수도 생활의 열렬한 옹호자가 되어 있었던 것이다. 그의 저술들 및 경건한 부인들에게 끼친 그의 영향력은 수도원적 이상을 서방 세계와 여인들 사이에 심는 데 지대한 공헌을 하였다.

제롬은 열렬한 우정과 동시 격렬한 적의를 품고 있던 사람이었다. 그의 뛰어난 기억력은 책의 내용을 넘어(실제적이고 가상적인) 과거의 모욕적인 일까지 회상해낼 정도였다. 그는 예민한 성격으로 인해 쉽사리 감정이 상하곤 했다. 이러한 개성은 정통을 견지하고자 한 그의 욕구와 더불어 그로 하여금 일련의 논쟁 속에 빨려들어가게 하는 데 한 몫을 담당하였다. 이러한 논쟁들에서 그는 신랄한 풍자와 논박의 솜씨를 유감없이 발휘한다. 제롬은 동정녀 탄생, 수도원 운동 , 성인 숭배 등을 옹호하고 오리겐의 사상과 펠라기우스주의를 공격하였다. 로마 카톨릭 교회는 어거스틴, 암브로스, 대 그레고리 등과 더불어 제롬을, 라틴어 저술을 낸 네명의 위대한 카톨릭 학자들 가운데 한 사람으로 인정해 오고 있다.

제롬의 생애

331년경	출생
342년경	로마에서 공부를 시작함
372	안디옥으로 떠남
374~377	칼키스의 광야에서 은자로 지냄
381	콘스탄티노플 제2차 에큐메니칼 공의회
382~385	로마에서 다마스커스 감독의 비서로 지냄
386	베들레헴에 정착하여 수도원을 설립함
393~410	오리겐주의를 반박함
406	벌게이트역을 완성함
410	고트족에 의해 로마가 약탈당함
420	사망

제롬, 성경학자

에버릿 퍼거슨(Everett Ferguson)

안디옥의 제롬

제롬은 북 이탈리아의 성읍 스트리돈(Stridon)에서 A.D. 331년에 태어났다. 유복했던 그의 부모는 그를 로마로 보내 수사학과 문법을 공부하게 하였다. 로마에서 고등 학문을 배우는 동안 제롬은 세례를 받는다. 제롬은 라틴어 고전들을 널리 섭렵하면서 우수한 작품들은 수집하기 시작했다. 독일의 트리엘에서 머무를 때는 기독교 신학서적을 읽게 되는데 그후 제롬은 당시 기독교 생활의 최고 형태로 간주되던 수도 생활에 대해 소명을 느낀다. 마침내 이탈리아 아퀼레이아의 한 수도 단체에 가입하였으나 자신의 날카로운 언변, 재치 결여, 정열적 기질 등으로 인해 그는 장기간 동안 남과 어울려 지내기가 어려웠다. 그리고 이 집단은 곧 해체되었다.

372년 늦으막에 제롬은 팔레스틴을 향해 출발하였으나 안디옥에서 더 나아가지 못하고 머물게 되었다. 거기에서 헬라어 지식을 더욱 발전시켰으나 지적 관심과 수도 생활에 대한 열망 사이에서 크게 고민하기 시작했다. 그런 와중에 꿈 속에서 주님이 나타나 그에게 말씀하셨다. "너는 그리스도인이 아니라 키케로의 추종자이다"(서신 22 : 30). 그는 이교도 학문을 공부하지 않기로 결심하고(이 약속은 10년간 지켜졌다) 칼키스 근처의 시리아 광야로 가서 은자가 되었다. 그러나 육욕은 그의 마음에서 떠날 줄을 몰랐다. 혹독한 연단에도 불구하고 로마의 무희 소녀들에 대한 꿈을 꾸기까지 하였다(서신 22 : 7). 한 유대인 회심자의 도움으로 제롬은 히브리어를 공부하기 시작하여 나중에는 드디어 당대의 그리스도인들 가운데서 타의 추종을 불허하는 와숙한 경지에 도달한다. 제롬은 그 지역의 다른 은자들에게 크게 좋은 대접을 받지 못하였다. 그러므로 안디옥으로 돌아가 장로로 안수를 받았다.

콘스탄티노플에서 체류한 이후 제롬은 382년부터 385년까지 로마에 머물렀다. 로마의 감독 다마수스는 그에게 복음서와 시편의 새 라틴어 번역을 준비하도록 하였다. 여기에서 제롬은 필생의 사업을 찾았던 것이다. 이 일이 결국 서방 문명에 대한 그의 최고 공헌이 된다. 그후 22년간에 걸쳐 단속적으로 성경 번역에 힘을 써 마침내 구약전서도 완역하게 되었다.

로마에 있는 동안 제롬은 마르셀라, 파울라 그리고 그의 딸 유스토키움이 이끄는 부유한 귀족 미망인 집단들에서 영적 지도자와 성경 교사로 활동하였다. 그러나 제롬은 수도 생활을 옹호하고 유력한 부인들과 의기투합하였으며 세속적인 교회를 날카롭게 비판하였으므로 이런 일이 빌미가 되어 로마 감독의 요청에 따라 거기에서 떠나게 된다.

팔레스타인의 성지를 방문한 후 제롬과 파울라는 386년에 베들레헴에 정착하여 남자 수도원과 여자 수도원을 설립하였다. 이때부터 제롬의 생애에는 연구와 저술에 있어 많은 열매를 맺는 시기가 시작된다. 그 사이에 잦은 질병과 개인적, 학적 논쟁 등 장애 요소도 있었지만 말이다. 마침내 제롬은 은둔 생활의 이상과 교제 생활 및 지적 활동을 결합한 일종의 수도 생활을 만들어 냈다.

벌게이트역

베들레헴에 머무는 동안 제롬은 구약 성경의 번역이 반드시 헬라어 아닌 히브리어에 기초를 두어야 한다는 굳은 신념을 가지게 되었다. 405

혹은 406년 이후에야 완성된 그의 라틴어 번역 성경은 일생 일대의 최고 업적이었다. 6세기 말까지 그의 번역본은 구 라틴역과 함께 사용되다가 8세기와 9세기에는 제롬의 것이 진가를 크게 발휘하게 되었다. 13세기로부터 그의 번역본은 벌게이트 즉 공동역으로 불리게 되었다. 14세기 존 위클립의 영역과 16세기 두아이(Douay)역은 벌게이트역에서 나온 것이다.

히브리어를 표준 본문으로 받아들인다는 것은 또한 구약성경의 히브리어 정경을 인정한다는 의미였다. 결과적으로 제롬은 헬라어와 라틴어 번역본들의 사본들에서 널리 반포되고 있었던 외경 문서들을 거부하게 되었다. 일반적으로 제롬은 외경을 낮게 평가하였다. 그도 결국 토빗서와 유딧서, 다니엘 부기와 에스더 부기를 번역하기는 하였으나 이는 심혈을 기울이지 않은 급작 번역이었다. 히브리어 본문에 대한 관심 및 유대학자들과의 접촉을 통해 제롬은 유대의 성경 해석 전통에도 관심을 가지게 되었으며 유대의 자료에서 얻은 일부 지식은 그의 성경 주석에 흡수되었다.

제롬은 그 밖에도 여러 헬라어 작품들을 라틴어로 번역하였다. 그의 번역 원칙은 단어 대 단어의 직역이 아닌 의미 대 의미의 의역이었다(서신 57 : 5, 10). 성경 번역에 있어서는 보다 문자적 번역에 치중하였다고 그는 공언하였으나 성경에서도 실제적으로는 특출나게 문자적인 번역이 아니었다. 그와 같은 의역의 근거로 제롬은 사도들의 구약성경 인용법과 구약성경 헬라어 번역자들의 관습을 예로 들었다.

저술가 제롬

오늘날 사람들은 제롬을 학자로 기억하고 있다. 제롬 자신은 한 사람의 기독교적인 키케로, 즉 포괄적 기독교 문화의 교사와 모델이기를 소원하였으며 동시에 거룩한 수도자이기를 희망하였다. 이 두 가지 이상 사이에서 느끼는 갈등은 그의 존재 깊은 곳까지 미쳐 그를 혹독한 사역으로 마구 내몰았다. 그리고 아마 그의 인격에서 표출되었던 상호 모순된 일부 요소들도 이러한 긴장에서 비롯되었을 것이다.

제롬의 150개 서신집은 그의 생애에 관한 유용한 정보를 많이 제공해 주며 아울러 그 시대의 사회 역사에 대한 풍부한 자료를 제공해 준다. 이 편지들은 내용상 개인적인 일로부터 교리적인 문제에 이르기까지 다양하며 때로는 논문에 상당하기도 한다. 제롬의 저술 「명사들의 생애」는 최초의 기독교 문학사였다. 이 책은 그리스도인들이 탁월한 문학을 낳았다는 것을 이방인들에게 보여주기 위해 저술되었다. 그리고 베드로로부터 자신에 이르기까지 135명의 저술가들을 논하고 있다. 제롬의 가장 세련된 작품들은 수도 생활의 이상을 진작시키기 위해 저술된 수도승들의 생애였다. 「은자 바울의 생애」(이 책의 역사적 정수는 그 위인의 이름뿐이라고 할 수도 있을 것이다), 「말쿠스의 생애」(이야기를 전개해 가는 제롬의 날카로운 안식을 잘 보여 준다), 「힐라리온의 생애」가 그것이다.

주석과 논박서

제롬의 주석들은 그의 작품들 가운데서 독창성이 가장 빈약한 축에 든다. 그는 전반적인 내용들을 선대의 헬라 주석가들 특히 오리겐으로부터 차용해 왔다. 이 경우 출처를 밝히지 않은 부분도 많다. 그의 초기 주석들은 우화적 해석이 주류를 이룬다. 그러나 후기의 주석들은 보다 역사적이고 철학적인 해석을 담고 있다. 작업을 너무 급히 진행시킨 것과 자신의 기억력을 지나치게 의존한 것은 그의 결점이라 하겠다.

제롬은 수 차에 걸친 일련의 논쟁에 휩쓸리기도 하였다. 현존하는 그의 작품들 중 다수가 논박적인 것들이다. 초기 헬비디우스(Helvidius)와의 논쟁은 마리아의 동정성이 결혼 후에도 계속되었느냐에 관한 것이었다. 헬비디우스의 논증이 해석학적으로 유력하였으나 제롬은 예수님의 탄생 이후 마리아가 계속 동정을 지켰다고 주장하였다. 그의 주장은 르네상스 시대까지 라틴 교회와 서방 기독교 성 윤리학에 있어 마리아 숭배 사상의 근간을 형성해 왔다. 제롬은 결혼으로 세상에 처녀들이 탄생되는 것, 바로 여기에 결혼의 유익이 있다고 생각할 정도로 동정성을 높이 평가하였다(서신 22 : 20).

「요비니안 논박」이라는 논문에서도 유사한 주제들이 다시 등장한다. 요비니안(Jovinian)은 수도승이면서도 극단적 수행을 포기하고 수도 생활을 비판한 인물이었다. 이 책은 과장이 가장 심하면서도 솜씨가 가장 돋보이는 제롬의 논박서이다. 제롬의 특유한 주장은 이것이었다. "고기를 먹고 포도주를 마시고 배를 포만하게 해 보라─거기에 정욕의 모판이 있다"(요비니안 논박 2 : 7). 제롬이 결혼 생활을 반대한다는 혹자들의 비난에 대해 제롬 자신은 다음과 같은 풍자적인 답변을 내놓았다. "나는 모든 사람이 밤의 공포 때문에 홀로 자기를 무서워하는, 그러한 아내를 취하기 원한다"(서신 50 : 5). 비질란티우스(Vigilantius)가 순교자 숭배를 공격하였을 때 제롬은 「비질란티우스 논박」에서 어느 때보다 더 강한 어조로 비평가들을 통렬히 공박하였다.

제롬과 오리겐

가장 오랜 기간에 걸쳐 가장 격렬하게 펼쳐졌던 그의 개인적 논쟁은 오리겐의 정통성에 대해 젊은 시절의 친구 루피누스(Rupinus)와 가진 논쟁이었다. 제롬도 다른 사람들처럼 주석 및 여타의 작품에서 오리겐의 글을 상당히 많이 인용한 것은 사실이다. 4세기 말 교회에서는 오랫 동안 연기를 피우며 축적되어 오던 오리겐을 향한 적대 감정이, 마침내 구브로 살라미스의 감독 에피파니우스의 점화로 비판의 불꽃을 터뜨리게 된다. 알렉산드리아의 감독 데오필루스는 이 불꽃에 더욱 부채질을 가하였다.

제롬이 오리겐에게 경탄한 것은 사실이나 그 대상은 어디까지나 그의 주석에 국한된 것이었고 오리겐의 신학적 사변은 아니었다. 오리겐의 정통주의적 성예를 언제나 선망하면서도 그의 신학 사변에 대해서 학자적 염증을 가지고 있었던 제롬은 오리겐에 대한 정죄에 재빨리 가담하였다. 반면 루피누스는 자신이 그토록 많은 빚을 진 이 오리겐에 대해 탄핵하기를 거부하였다. 그리고 제롬의 번역 원리에 의거하여, 오리겐의 「제1 원리를 논함」에 대한 자신의 자유로운 번역을 정당화시켰는데, 이 번역은 오리겐의 신학을 4세기의 표준과 보다 조화를 잘 이루도록 만드는 데 목표가 있었다. 제롬은 이에 격렬하게 반발하였다(「반루피누스 변증」). 제롬은 루피누스가 행하였던, 그와 같은 일을 행하는 자들에 대해서는 언제나 단호한 입장을 취하였다. 표절, 과장, 이야기를 자기 입장에 맞도록 개작하는 일 따위가 그것이었다.

펠라기우스가 팔레스틴에 도착하자 415년에 제롬은 「펠라기우스주의자들에 대한 반론」(Dialogue Against the Pelagians)을 집필하였다. 이것이 그의 붓을 거친 마지막 논쟁이었다. 제롬이 특별히 반대했던 것은 그리스도인들이 죄 없이도 살 수 있다는 펠라기우스의 주장과 은혜의 개념에 대한 그의 한정된 정의였다. 제롬은 어거스틴의 영향을 받아 원죄 교리 쪽으로 방향을 선회했었던 것이다.

제롬의 재치 있는 풍자와 격렬한 논박은 결국 인격적인 약점들을 남겨 놓았다. 편파성, 편협한 마음, 불공정, 허영심, 그리고 그의 박학다식에 흠을 낸 부주의성 등이 그것이다. 제롬의 학적 감식력이 존경을 받다 보니 결국 그의 통렬했던 개성은 간과되어 왔다. 그러나 상당한 인격적 결함에도 불구하고 그가 성경 번역, 주석, 기타 학적 저술을 통해 서방 기독교계에 헤아릴 수 없는 공헌을 한 것은 사실이다.

요한 크리소스톰(John Chrysostom)
350년경~407

4세기와 5세기의 교부 황금 시대는 훌륭한 설교가들을 많이 배출하였지만 안디옥의 사제(priest)이자 콘스탄티노플의 감독이었던 요한 크리소스톰만큼 탁월한 은사를 소유한 사람은 없었다. 뛰어난 웅변으로 인해 후대에 그는 "크리소스토모스(Chrisostomos)", "황금 입"이라는 별명을 얻게 되었다. 오늘날 그를 세계 교회 역사상 가장 위대한 설교가들 가운데 한 사람으로 치고 있다. 20년 동안(386~397) 크리소스톰은 안디옥의 지도적 교회 강단을 맡았다. 그의 설교는 직설적이고 강렬하며 단순한 것이 특징이었다. 요한은 교리 강론보다 도덕적이고 영적인 가르침에 탁월하였다. 그리고 안디옥의 전통을 따라, 우화적으로보다는 자연적 의미로 성경을 해석하였다. 요한은 성경의 여러 책에서 골고루 설교하였다.

콘스탄티노플에서 감독의 직무를 수행하는 동안 그리스도인 황제들과 황후들이 통치하던 당시 후기 로마 제국의 교회 정치가들은 천한 모습을 보여주고 있었다. 도처에서 부패 현상이 우후죽순처럼 나타났다. 요한의 개혁적 열성과 비타협적 언어는 성직자들 및 왕실과 충돌하게 되었으며 마침내 그는 핍박을 받아 현대 터어키의 북동쪽에서 유배 생활을 하는 것으로 인생을 마감하였다.

크리소스톰의 생애

350년경   안디옥에서 탄생

365년경	리바니우스(Libanius) 아래서 수사학을 공부하다.
367년경	세례 받다.
368~370년경	레티우스(Meletius) 감독에게 소속되다. 디오도레(Diodore)가 운영하는 금욕주의적 학교에서 공부하다.
370년대	산속에서 수도승과 은자로 살다.
381	멜레티우스에 의해 집사로 안수받다.
386	플라비안(Flavian) 감독에 의해 사제로 안수받다.
386~397	안디옥의 중추적인 교회에서 설교하다.
387	"조각상" 사건
398	콘스탄티노플의 수인 감독(주교)
403	오크 종교회의(Sinod of the Oak)에 의해 해직 당하다. 추방되었다가 곧 재소환되다.
404	아루메니아로 추방되다.
407	멀리 흑해로 유형당하다. 그러나 도중에 콘투스(Pontus)의 코마나에서 죽다(9월 14일)
438	콘스탄티노플에서의 장례식을 위해 유해가 송환되다.

요한 크리소스톰, 설교의 대가
데이빗 라이트(David F. Wright)

안디옥의 요한

시리아의 안디옥은 기독교의 최초 중심지 가운데 하나였다. 바로 여기에서 요한 크리소스톰이 주후 344년과 354년 사이 어느 땐가 태어났다(그의 생애에서 381년까지의 모든 연대는 불확실하다). 그의 부친은 그가 유아기 시절에 죽었다. 그러나 그의 모친 안두사(Anthusa)는 경건하고 마음이 강한 여성이었으며 그의 영적 성장과 일반 교육에 심혈을 쏟았다.(한 저명한 이교도는 이에 대해 다음과 같이 논평하였다 : "이거 보통 일이 아니다! 이 그리스도인들이 얼마나 훌륭한 여성들을 가지고 있는가!") 크리소스톰은 안드라가디우스(Andragathius) 아래서 철학을 공부하였다. 그러나 훨씬 더 중요한 것은 세계적으로 유명한 선생 리바니우스(Libanius)로부터 받은 수사학에 대한 가르침이었다. 리바니우스는 단호한 이교도였다. 요한을 법률가로 만드는 것이 어머니의 계획이었으나 요한은 유능한 공중 연설가로 급속히 명성을 얻게 되었다.

18세쯤 되었을 때에 요한은 안디옥의 감독(361~381) 멜레티우스에게서 세례를 받았다. 요한은 금욕적 삶에 마음이 끌렸으며 그때 이후로 그리스도와 교회를 섬기는 데 마음을 쏟았다. 멜레티우스는 이윽고 그를 낭독자(lector)로 삼았으며 요한은 당시 영향력 있는 선생이자 후에 다소의 감독이 되었던(378~약 390) 디오도레(Diodore) 아래, 일종의 수도승 학교에서 몇년간 공부하였다. 동료 학우 가운데는 데오도레(Theodore)가 있었는데 이 사람은 나중에 유명한 주석가와 몹수에스티아(Mopsuestia)의 감독이 되었다(392~428). 디오도레로부터 두 사람은 안디옥 학파의 독특한 문자적 성경 해석법을 배웠다. 이는 알렉산드리아 학파의 주석가들이 선호한 미묘한 우화적 영적 의미 대신 성경 기자들이 본래 의도했던 문법적 역사적 의미를 캐는 해석법이었다.

그 이전에 어머니가 이미 돌아가심으로써 요한은 동양의 많은 그리스도인들처럼 외로운 수도 생활의 길을 자유로이 추구할 수 있었던 것 같다. 370년대의 많은 부분을 그는 안디옥 교외의 산지에서 은자로 살았는데, 처음에는 선배 아바(abba, 스승 혹은 아버지)의 도제로, 후에는 홀로 수도하였다. 요한은 수도 생활에 대해 논문들을 쓰고 계속 성경을 연구하였으며 이를 통해 건강에 결정적 손상을 입게 되었다.

안디옥의 감독

타의에 의해 요한이 안디옥으로 돌아온 후 멜레티우스는 그를 집사로 안수하였다(381). 5년 후 멜레티우스 감독의 후계자 플라비안(Flavian, 381~404까지 재위)은 그를 사제로 만들었다. 어린이들의 기독교적 양육에 대한 그의 작은 책자와 그의 저서 「사제직」은 아마 386년 직후에 씌어졌을 것이다. 후자는 그의 가장 잘 알려진 저서라고 할 수 있다. 둘 다 심오한 지혜를 담고 있다. 특히 후자는 그가 최근 시작했던 목회 사역에 대해 지극히 높은 표준을 제시한 책이다.

요한은 최고의 설교가였다. 12년 동안 안디옥 제1의 교회에서 성경을 가르치고 삶에 적용시켰다. 그 기간 동안에 그는 성경의 여러 책에 대한 일련의 긴 강론을 실시하였다―창세기(67개 설교), 마태복음(90), 요한복음(88), 로마서(32), 고린도전후서(74), 그리고 기타 책들에 대한 보다 짧은 시리즈 설교와 시사적인 문제들에 대한 설교 등이 있다.

안디옥의 경박한 사람들을 사로잡았던 이 설교가의 능력은 387년의 사순절 기간에 극적으로 입증되었다. 그 전에 어떤 새로운 국세로 인해 폭동과 유혈 사태가 일어나고 황제 데오도시우스 1세와 그의 가족의 조각상들이 모독을 당한 일이 있었다. 이윽고 질서가 회복되고 처형이 시작되자 시민들은 공포에 싸여 황제의 복수를 기다리고 있었다. 중재를 위해 플라비안 감독이 파견되고 그 동안 요한은 「조각상에 대하여」라는 약 20개의 설교를 전한다. 요한은 당혹감과 절망과 두려움에 싸여 떨고 있는 시민들을 위로하고 격려하지 않으면 안되었다. "그토록 많은 군중이 함께 모였지만 마치 단 한 사람도 없었던 것처럼 장내는 쥐죽은 듯이 고요하였다."

설교가 요한 크리소스톰

하지만 그들은 마땅히 책망을 받아야 했으며 건전한 교정이 필요하였다. 크리소스톰의 설교는 그 격한 상황에서 중개의 역할까지 수행하면서 성중의 두려운 재판석과 "또 다른 공포스런 심판석" 사이를 누비고 다녔다. 부활절이 지나기 전 플라비안의 설득력과 산지로부터 온 일단의 은자들의 불가항력적인 고결성을 통해 마침내 황제로부터 사면이 내려졌을 때 요한은 사람들에게 경축의 햇불을 밝히고 나아가서는 "그대들의 영혼의 장식으로써 선행의 참 빛"을 밝히라고 촉구하였다. 이것은 예언적 설교의 놀라운 마력이었다.

콘스탄티노플의 감독

크리소스톰에 대한 안디옥인들의 존경은 대단하였다. 그가 콘스탄티노플의 감독으로 선임되었을 때 그 도시로부터 사실상 납치되어 왔을 정도이다. 이 수도는 매우 다른 세계였다. 요한은 아르카디우스 황제의 대리자 유트로피우스에게 선택되었다. 전임 감독은 비효율적인 인물이었다. 요한은 성직자와 수도승, 수녀, 유력한 평신도들 사이에서 공히 개혁이 절실히 필요하다는 것을 발견하였다. 요한은 왕실 감독의 생활 스타일을 거부함으로써 기독교의 일반 민중으로부터 인기를 얻었으나 그의 열성적 치리 활동과 높은 지위에 있는 자들의 사치 및 악덕에 대한 그의 탄핵이 유독시아 황후를 포함하여 수많은 적을 만들었다. 어떤 면에서는 자신이 그의 최악의 적이었다. 요한은 회유적 수법이 부족하고 완강하였던 것이다.

성 내에 고트 사람들이 점차 늘어나면서, 요한은 그들의 아리안주의를 용납하지 않고 선봉에 서서 그들을 향해 강력한 선교 정책을 펴 나갔다. 그가 401년 초(새 감독이 부임해 온 에베소 교회의 질서를 회복시키기 위해) 에베소에 가 있는 동안을 틈타 그의 적들은 입지를 얻게 되었다. 그들의 선두가 세속적인 3인 감독 가발라의 세베리안(Severian of Gabala), 프톨레마이스 안티오쿠스(Antiochus of Ptolemais), 베레아의 아카키우스(Acacius of Berea)였다. 그리고 알렉산드리아의 데오필루스 감독(385~412)이 여기에 합세하였다. 두 감독은 오랜 라이벌이었다. 398년 요한이 콘스탄티노플의 감독에 취임하자 그는 어느 정도 당혹감을 느꼈다. 그런데 알렉산드리아에서 그의 엄한 사법권 행사를 피해 달아났던 일부 수도승들이, 그의 생각으로는, 이 대도시에서 요한으로부터 터무니 없는 대우를 받았다. 그러므로 403년 데오필루스는 그들의 죄과에 대해 해명하기 위해 콘스탄티노플로 소환되었을 때 자기를 지지하는 애굽의 감독들을 데리고 왔다. 그들은 그 도시의 기타 불평 분자들과 협력하여 보스포루스 건너편 칼케돈 근처의 오우크(Oak)에서 자기들끼리 종교 회의를 열고 크리소스톰을 해임하였다(황제의 명에도 불구하고 크리소스톰은 참석을 거부하였다). 그의 혐의점들의 대부분은 그의 내핍적 생활 방식과 엄격한 치리에 대한 적대감을 반영하고 있었다. 민중의 항의에도 불구하고 아르카디우스는 그를 보스포루스의 건너편 프래내툼으로 추방하였다.

그러나 얼마 못되어 수레바퀴는 완전히 일주하여 제자리로 돌아왔다. 민중 폭동에 대한 두려움과 지진에 의해 야기된 놀람 때문에 유독시아까지도 크리소스톰의 재소환을 청원하기 이르렀던 것이다. 요한은 개선가를 부르며 돌아왔고 데오필루스는 두 다리 사이에 꼬리를 감추고 달아났으며 오우크의 회의는 무효화되었다.

두번째 추방

크리소스톰에 대한 반발이 이윽고 다시 재개된다. 그가 유독시아를, 세례 요한의 머리를 요구했던 헤로디아에 비유했다고 사람들이 생각했던 것이다. 처음에 그는 황제의 퇴임 명령에 불복하였다. 404년 부활절의 세례 의식 중에 황제의 군대들이 들이닥쳐 물을 피로 오염시켰다. "요한파"(그의 지지자들이 이렇게 불렸다)는 희생을 당하기 시작했으며 요한 자신까지도 아르메니아 타우르스 산에 있는 쿠크수스라는 정착촌으로 쫓겨갔다.

230통 이상되는 현존하는 그의 모든 서신들은 이 마지막 유형 기간에 씌어진 것들이다. 허약한 몸으로 괴로움을 당하고 적들에게 쫓기며 약탈하는 강도들에게 위협을 받으면서도 그는 어느 정도 위로를 받고 있었다. "그의 유형지가 진정한 순례지가 되었던 것이다." 특히 안디옥의 그리스도인들에게 있어서 그러하였다. 그러므로 크리소스톰은 흑해 먼 북동쪽 연안에 있는 피티우스로 가라는 명령을 받게 되었다. 그러나 도중 407년 여름의 퇴약볕 아래 여전히 잔혹한 대우를 받던 그는 폰투스의 코마나에서 죽었다. 그 날은 9월 14일이었다. 그의 죽음은 사실상 순교였다.

사후에 오래지 않아 그에 대한 변호가 시작되었다. 로마의 교황 이너슨트 1세(402~417)가 콘스탄티노플, 안디옥, 알렉산드리아의 감독들과 연합을 깨뜨리면서까지 그의 대의명분을 지지하고 나섰다. 여러 해가 지난 후 그들은 하나씩 마음을 누그러뜨리게 되었으며 크리소스톰의 이름을 딥틱스(diptychs : 기도문에 적어 기념하는 그리스도인들의 명단)에 수록하였다. 마침내 438년 그의 유해가 코마나로부터 운송되어 콘스탄티노플의 사도 교회(Church of the Apostles)에 재매장되었다. 아르카디우스와 유독시아 사이에서 태어난 아들 데오도시우스 2세는 죽은 요한에게 존경의 예를 갖추면서 범죄한 자기 부모를 위해 자비를 간구하였다.

크리소스톰의 힘은 신학적인 논쟁에 있지 않았다. 그러나 그는 아리안주의에 맞서 니케아의 전통 신앙을 옹호하였다. 참 안디옥 사람답게 그는 성육신한 그리스도에게 두 개의 완벽한 신성과 인성이 존재한다고 주장하였다(그는 결코 마리아를 theotokos, "하나님을 낳은 자"로 부르지 않았다. 토마스 아퀴나스는 마리아에 대한 크리소스톰의 낮은 견해를 무례한 것으로 생각했다). 요한은 수많은 동방 성직자들처럼 원죄에 대해 약한 견해를 가지고 있었다. 성만찬에 대한 그의 가르침은 점차 부상하고 있던 희생 제사적 개념을 반영하고 있었다.

요한의 설교

그의 명성은 그의 설교 사역 위에 든든하게 서 있다. 600편 이상의 설교와 강론이 현재까지 남아 있다. 이러한 분량은 어느 헬라 교부의 것보다 더 많은 것이다. 그러한 설교들의 다수가 오늘날도 여전히 설교로 읽힐 만하다. 대부분의 설교는 한 시간 이상 짜리였을 것이다. 그는 크게 조직적이지는 않았지만 하나의 성경 본문을 택해 설교하였다. 그는 주로 영혼들의 목자답게 그리스도인의 삶에 대해 가르쳤다. 그의 수사학적 기교는 통상적으로 절도있게 사용되었으며 그의 설교는 청중들과 밀접한 관계로 호흡을 같이 하였고 때로는 청중과 대화를 나누다시피 하였다. 간혹 청중들은 돌발적으로 자발적인 박수 갈채를 보내기도 하였다. 그는 순수한 아티카 헬라어를 풍부한 어휘와 결합하였으며, 성경의 광활한 공간을 아주 익숙하게 누비고 다녔다. 유대인들에 대한 그의 격렬한 욕설이 보여주듯 그의 언변은 매서웠다고 할 수 있다. 그러나 주로 그는 그리스도인들에게 일상의 관심사에 대해 가르쳤다. "내가 네 번의 설교에서 그토록 많은 내용들을 다루고 그것들을 아주 다양하게 설명하는 것은, 그 안에서 자기에게 맞는 어떤 특수한 내용을 발견하고 빈 손으로 집에 돌아가지 않기를 원하기 때문이다." 그는 무심한 사람들과 탐욕적인 부자들에 대해 지극히 예리한 비평을 아끼지 않았다. 안디옥의 빈부 격차는 그의 사회적 양심을 괴롭혔다 : "세상은 모든 종이 똑같은 수당을 지급받는 한 가족처럼 살도록 만들어졌다. 모든 사람이 한 형제이므로 평등한 것이다."

온갖 은사와 인기에도 불구하고 크리소스톰은 자신의 설교 사역에 대해 자만하지 않았다. "나의 사역은, 흙탕물이 끊임없이 흐르고 있는 땅의 한 구획을 깨끗이 청소하려고 하는 사람의 일과 같다." 현실적이고도 단순한 이러한 말이 그 사람의 위인됨을 잘 밝혀준다.

히포의 어거스틴(Augustine of Hippo)
354~430

　개신교도들에게 어거스틴(354~430)은 신약성경의 종결과 종교개혁 사이의 기독교 사상사에서 가장 탁월한 인물이다. 이 기간 동안에 로마 카톨릭 신자들에 대한 어거스틴의 영향은 토마스 아퀴나스(1225~1274)의 영향력과 버금간다. 철학사에서 만은 어거스틴의 중요성이 다소 뒤떨어진다. 철학사에서 어거스틴은 당연히 플로티누스(3세기)와 아퀴나스 사이에 중요한 철학자이다.

　어거스틴은 고대의 마지막 사상가이며, 최초의 중세 철학자이자 신학자였다. 그의 작품은 플라톤주의를 기독교 세계관과 인생관의 골격으로 사용하는 기독교 사상가들에게 아직도 하나의 모델이다. 개신교 종교개혁자들의 작품에서 강조되었던 많은 사상들이 어거스틴에게서 기원된 것들이다. 그러나 그의 교회관과 성례관은 두드러진 로마 카톨릭교회 교리의 발전에 한 몫을 하였다. 어거스틴의 사상이 아직도 상당히 연구되고 있는 분야 가운데는 신앙과 이성의 관계, 악의 문제, 하나님의 은총론과 예정론, 삼위일체론, 그리고 철학사가 있다.

어거스틴의 생애

354　　북아프리카에서 출생

371　　칼타고 첫방문

372　　연인과 동거

373　　어거스틴의 아들 아데오다투스 출생, 9년 동안의 어거스틴의

히포의 어거스틴, 철학자이자 신학자

로날드 내쉬

어거스틴의 젊은 시절

어거스틴의 생은 그의 사상을 이해하는 중요한 열쇠이다. 어거스틴은 주후 354년 오늘날의 알제리아에서 출생하였다. 수세기 전 어거스틴의 조국은 거의 대부분의 로마제국을 정복하였던 대 칼타고 제국의 일부분이 되었다. 칼타고가 로마에 패배한 후 문화와 언어는 로마화되었다. 어거스틴의 아버지 패트리키우스(Patricius)는 기독교인이 아니었으며, 어거스틴에게 별로 영향을 미치지 못했다. 그러나 그의 어머니 보니카는 독실한 기독교인이었으며, 어거스틴의 생애에, 심지어 그가 그녀의 종교 기독교를 거절하고 있는 동안에도 중요한 역할을 하였다.

어거스틴은 16살 때에 거대한 도시, 칼타고를 처음으로 방문하였다. 그때부터 어거스틴은 계속하여 한 가지 죄 혹은 다른 죄를 추구하였다. 그는 자신의 「고백록」에서 우리에게 그런 사실을 말해준다. 그는 열 일곱, 여덟 되던 해에 한 연인(공손한 용어로는 내연의 처)과 동거하기 시작하여 20세가 되기도 전에 사생아를 낳았다. 바로 그때에 그는 마니교라 알려진 종교 및 철학체계와 관계를 맺기 시작하였다. 마니교는 두 개의 원리들 즉, 빛과 어두움, 하나님과 물질이 영원하다고 주장하였다. 마니교는 어거스틴의 지성에 호소력이 있었다. 왜냐하면 어거스틴이 볼 때, 마니교는 악의 문제에 있어서 모친의 종교 기독교보다 월등한 답을 제공하는 것처럼 보였기 때문이다. 어거스틴은 또한 마니교가 기독교보다는 도덕성을 덜 요구하기 때문에 마니교에 빠졌다. 그는 훌륭한 마니교도가 되기를 원했으며, 계속하여 쾌락을 즐기면서 살아갔다.

어거스틴은 20대 후반에 마니교에 대하여 심각한 의심을 품기 시작하였다. 특별히 마니교 지도자들이 자신의 문제들에 답하지 못하는 그 무능함에 어거스틴은 실망하였다. 383년에 어거스틴은 자신의 연인과 아들과 함께 지중해를 가로질러 로마로 갔다. 그곳에서 그는 수사학을 가르칠 계획을 세웠다. 그러나 그의 학생들이 종종 수업료를 체납하자, 어거스틴은 384년에 좀더 안정된 대표변사를 자리를 찾아 로마를 떠나 밀란으로 왔다. 그곳에서 어거스틴은 밀란의 감독 암브로스와 교분을 나누게 되었다. 암브로스는 어거스틴이 갖고 있는 기독교에 대한 반대가 신앙의 오해에 근거하였음을 깨닫도록 도와 주었다.

회의주의자 어거스틴

그때까지 어거스틴은 마니교를 거부하고 잠시동안 회의주의에 빠져들었다. 회의주의와의 경험 이후, 어거스틴은 아마도 얼마동안 위대한 신플라톤주의자 플로티누스의 몇 작품들을 포함하여 어떤 "플라톤주의자들"의 작품들을 연구하였던 것 같다. 신플라톤주의에 대한 어거스틴의 연구는 그가 기독교인이 되는 것을 막고 있던, 남아 있는 지성적 장애물들의 상당수를 제거하도록 도와 주었다. 플라톤주의자들은 어거스틴에게, 한 가지 사실, 즉 존재하기 위해서 하나님께 의존해야만 하는 이 세계에 어떻게 악이 존재할 수 있는가를 가르쳐 주었다. 어거스틴은 하나 둘씩 자신의 여러 가지 지성적, 도덕적 그리고 영적 장애물들이 벗겨나갔음을 발견하였다. 어거스틴은 386년에 로마의 교회의 한 마을에서 기독교 역사에서 가장 극적인 회심(「고백록」 제8권에 기록되었음) 가운데 하나를 경험하였다. "들고 읽으라, 들고 읽으라"는 한 음성을 듣고 어거스틴은 "사도의 책"을 집어 들고 자세히 살펴보았다.

"나는 성경책을 잡고 펴서 나의 시선이 닿는 첫 귀절을 조용히 읽었다. '방탕과 술취하지 말고 음란과 호색하지 말며 쟁투와 시기하지 말고 오직 주 예수 그리스도로 옷 입고 정욕을 위하여 육신의 일을 도모하지 말라.' 나는 더 읽고 싶지 않았고 그렇게 할 필요도 없었다. 왜냐하면 눈 깜짝할 사이에 내가 그 문장의 문에 이르자 마치 그것은 나의 마음 안에 넘쳐 들어오는 신앙의 빛 같았으며, 의심의 모든 어두움은 사라졌다."

이때 어거스틴은 자신의 내연의 처와 헤어졌다. 그녀는 아들 아데오다투스를 어거스틴에게 남겨두고 북아프리카로 돌아갔다. 387년에 세례를 받은 후 어거스틴은 아들과 그와 합류한 어머니 모니카와 함께 북아프리카로 돌아가기로 결심하였다. 어거스틴과 모니카는 로마로 가는 항구 오스티아에서 모니카가 56세의 일기로 세상을 떠나기 바로 전, 놀라운 비전을 함께 나누었다. 어거스틴과 아들 아데오다투스는 북 아프리카를 향하여 항해를 계속하였다. 그곳에서 어거스틴이 기대하고 대단히 사랑했던 아들 아데오다투스가 세상을 떠났다.

회심 후 수년동안 어거스틴은 철학, 신학, 그리고 성경을 연구하고 「회의주의자들에 대항하여」, 「행복한 삶에 대하여」, 그리고 「독백」을 포함한 여러 권의 단편들을 저술하였다. 점점 더 종교적 소명에 헌신한 어거스틴은 391년에 안수를 받았다. 4년 후 그는 히포 레기우스의 감독으로 임명되었다.

고백록

어거스틴은 주후 400년에 많은 사람들이 그의 가장 위대한 작품으로 간주하는 「고백록」을 완성하였다. 이 책이 387년에 이전의 어거스틴의 삶에 관하여 세부적인 것들을 제공함에도 불구하고 그 책을 하나의 자서전으로 보는 것은 잘못이다. 어거스틴은 독자들이 자신의 삶의 세부적인 것들을 아는 것에는 별 관심이 없었으며, 어거스틴 자신이 하나님과 자신에 관한 진리를 찾기 위해 겪었던 도덕, 지성적, 그리고 영적 투쟁들을 그들이 이해하도록 하는 데 관심이 있었다. 어거스틴은 두 가지 의미에서 「고백록」이라는 말을 사용하였다. 자신의 많은 죄들을 인식한다는 의미에서, 더 중요한 것으로는, 죄에서 자신을 구해주신 그 하나님을 영화롭게 한다는 의미에서 「고백록」이라는 말을 사용하였다.

어거스틴이 즉시 「신의 도성」(413년과 427년 사이에 기록)을 저술하도록 만든 사건은 410년에 있었던 비지고스(Visigoths)의 왕 알라릭에 의한 로마의 약탈이었다. 로마제국의 비기독교인들은 로마의 재난이 로마가 이교에서 기독교로 전환하였기 때문이라고 비난하였다. 어거스틴은 그러한 비난에 답하기 위하여 「신의 도성」을 집필하기 시작하였다. 그러나 어거스틴은 그 책을 집필하는 도중, 기독교 역사철학을 포함한 광범위한 다른 주제들을 논하기 시작하였다. 「하나님의 도성」의 첫 10권에는 이교도들의 비난에 대한 어거스틴의 답변뿐만 아니라 고대 로마제국에 관한 상당히 중요한 정보가 포함되었다. 가장 흥미있는 귀절은 그 작품의 후반부(11권에서 22권까지)에 나타난다. 그곳에서 어거스틴은 연구의 중심주제, 세상에서의 두 도성, 혹은 두 사회의 존재—하나님의 도성과 인간의 도성—로 돌아간다. 두 도성은 인간의 역사를 통하여 공존할 것이다. 단지 마지막 심판과 인간의 역사의 종말에 두 도성은 결국 분리되어, 그들은 각자의 고유한 최종적 목적지—하늘나라와 지옥—를 분배받을 것이다.

마니교와의 대결

어거스틴의 많은 다른 작품들은 삼위일체에 대한 길고, 영향력있는 연구서 뿐만 아니라 마니교, 도나투스파, 그리고 펠라기우스를 반박하는 수많은 작품들을 포함한다. 마니교와의 개인적인 만남은 두 가지 중요한 문제들, 즉 신앙과 이성의 관계와 악의 문제에 대하여 고찰하도록 인도하여 주었다. 마니교는 신앙을 문화인과 지성인의 가치없는 활동이라고 조소하였다. 때문에 그들은 신앙에 대하여는 전혀 가르치지 않았다. 그들은 사람이 이성으로 알 수 있는 것만을 신뢰하였다. 어거스틴은 이런 종류의 신앙에 대한 공격에 맞서 신앙을 변호하였다. 그에게 신앙이란 이성보다 열등하지 않았다. 참된 신앙은 결코 이성과 대립되지 않는다. 사실 신앙은 모든 인식의 활동에서 없어서는 안될 필수적인 단계이다. 어거스틴은 그 점을 오늘날에 널리 알려진 **나는 알기 위하여 믿는다**(Credo ut intelligam)는 말로 표현하였다. 모든 지식은 신앙에서 시작한다. 신앙은 종교에만 독특한 것이 아니다. 오히려 그것은 모든 인식에서 필수적인 요소이다.

악의 문제에 대한 마니교의 "해답"은 젊은 어거스틴을 포함한 많은 사람들이 그들의 관점이 기독교보다 우월한가를 고찰하도록 자극을 주었다. 기독교는 모든 실체는 참된 한 분 하나님에 의하여 창조되었다고 가르친다. 만일 기독교인들이 주장하듯이, 만물이 하나님께서 지으신 것이며, 하나님께서는 선하시고 전능하시다면 왜 악이 존재하는가? 마니교는 선과 악의 존재를 두 개의 동등하고 영원한 신성, 곧 선과 악 사이에 벌어지는 결코 끝이 없는 투쟁의 피할 수 없는 산물이라고 설명한다. 악은 선신(빛)이 악신(어두움)을 물리칠 수 있는 능력이 없기 때문에 존재한다. 결국 어거스틴은 이런 종류의 이원론은 악의 존재를 설명하는 데 불필요하다는 사실을 알게 되었다. 오직 한 하나님이 존재하시며, 그는 선하시고 전능하시다. 하나님께서 창조하신 만물은 선하다. 그러나 창조는 여러 단계의 선을 포함한다. 하나님의 선한 창조의 한 가지 특성은 어떤 피조물(천사들과 인간들)에게 자유 의지를 부여하심이다. 악은 이들 피조물들이 자신들의 자유 의지를 잘못 사용하여 고차원의 선에서 저차원의 선으로 떨어졌기 때문에 존재하게 되었다.

어거스틴과 도나투스파

도나티즘은 약 312년 북아프리카에서 발생하였다. 시기적으로 이것은 어거스틴이 북아프리카 주변에 만연된 도나투스파들과 논쟁이 있던 약 80년 전이다. 도나티즘은 디오클레티안 박해(303~395) 동안에 몇몇 기독교 지도자들이 자신들의 생명을 보존하기 위하여 성경의 사본들을 정부에 반납한 것에 반대하면서 발전되었다. 몇몇 북아프리카 기독교인들

(도나투스파)은 배반자들의 성직이나 감독직을 박탈해야 한다고 보았다. 도나투스파들은 결국 분열을 야기시켜 북아프리카에서 두 개의 대등하고 경쟁적인 교회들을 발전시켰다.

어거스틴은 자신이 감독으로 있는 히포 레기우스가 주로 도나투스주의자였기 때문에 그 문제에 관여하게 되었다. 합리적으로 그 문제를 해결하려는 어거스틴의 첫 시도가 실패하자, 어거스틴은 정치적 및 교권적 싸움에 개입하게 되었다. 그 싸움은 결국 도나투스파를 정죄하고, 궁극적으로는 그것을 소멸시키는 데 기여하였다.

도나티즘과 어거스틴의 불일치는 로마 카톨릭과 개신교와의 논쟁에서 핵심이 되어온 교회와 성례의 본질에 관한 이론을 발견하도록 만들어 주었다. 예를 들면, 어거스틴은 합법적으로 안수받지 않은 카톨릭 교회의 대표자들이 거행한 성례라도 효력이 있다고 주장하였다. 그러나 어거스틴이 사용한 **카톨릭**이라는 용어가 로마 카톨릭과 동의어는 아니라는 사실을 이해하는 것은 중요하다.

어거스틴과 펠라기우스주의

펠라기우스주의는 어거스틴 당대인 펠라기우스라 부르는 한 영국 수도사의 견해(혹은 견해의 함축)에서 이름이 유래되었다. 처음에 펠라기우스는 로마로 갔다. 그 후에 지중해 전역을 여행하기 시작하였다. 우리가 펠라기우스의 이론에서 끌어낼 수 있듯이 그 체제가 원죄를 부인한다는 사실은 자명하다. 펠라기우스는 아담의 죄가 단지 아담 자신에게만 영향을 미치고 인류 전체에는 영향을 미치지 않는다고 믿었다. 따라서 펠라기우스에 따르면, 유아들은 죄의 성향을 갖고 태어나지 않으며, 죄 없이 무죄하게 태어난다. 이것은 인간이 하나님을 기쁘시게 할 수 있는 능력을 가지고 있음을 의미한다. 어거스틴은 모든 인간이 죄의 성향을 지니고 태어나며, 타락한 인간의 본성은 그로 하여금 죄를 지을 소지를 심어준다는 성경의 가르침을 들어 이 이단을 반박하였다. 어떤 인간도 하나님의 법이 설정한 요구를 만족시킬 수 없다.

펠라기우스주의는 또한 인간의 구원이 거룩한 은혜, 즉 하나님의 선물임을 부인하였다. 펠라기우스주의는 결국, 인간들이 스스로를 구원하거나 적어도 하나님과 협력하여 자신들의 구원에 영향을 미칠 수 있다고 가르쳤다. 어거스틴에게 신앙의 기원과 성장 모두는 하나님의 선물이다. 어거스틴은 인간의 의지에 미치는 죄의 영향을 세 가지 주요단계로 구분하였다. 이는 이것을 세 가지 라틴 귀절로 요약하였다. **Posse non peccare**(죄를 안 지을 수 있다)는 그가 죄를 안 지을 수 있었던, 타락 이전의 아담의 상태를 묘사한다. **Non Posse non peccare**(죄를 안 지을 수 없다)는 죄를 짓지 않을 수 없는 타락 후의 모든 인간의 상태를 묘사한다. **Non posse peccare**(죄를 지을 수 없다)는 죄를 지을 수 없는 하늘에 있는 구속받은 사람들의 상태를 묘사한다.

변증가 어거스틴

다른 많은 주제들에 대한 어거스틴의 논제들도 아직 논할 가치가 있다. 예를 들면, 회의주의에 반대한 그의 주장들은, 회의주의의 오류를 논박할 수 있는 적절한 출발점을 구성한다. 어거스틴에게 회의주의자는 스스로 모순된다. 회의주의자는 인간은 아무것도 알 수 없다고 주장하면서도 인간은 아무것도 알 수 없다는 사실을 안다고 스스로 주장한다. 더구나 심지어 가장 급진적인 회의주의자도, 자기 자신이 존재한다는 사실을 안다고 주장한다. 어거스틴은 **나는 의심한다 고로 존재한다**(Dubito ergo sum)고 썼다. 만일 내가 의심한다면, 따라서 나는 존재한다. 만일 회의주의자가 존재하지 않는다면, 그는 의심할 수 없었을 것이다. 그리고 만일 내가 존재한다는 사실을 내가 안다면 회의주의(인간은 아무것도 알 수 없다는 견해)는 거짓임에 틀림없다.

어거스틴의 기독교 플라톤주의는 플라톤의 철학이 기독교 세계관과 인생관의 발전을 위한 기초로 사용될 수 있다고 믿는 사상가들에게 살아 있는 자료로 남아 있다. 인식론에 있어서 어거스틴은 일종의 합리주의이다. 그것은 인간의 지성이, 감각을 통해서 느낄 수 없는 것들을 알 수 있음을 믿는다고 단언하기 때문이다. 그는 우리의 감각을 통하여 우리가 아는 물리적인 세계는 단지 우리의 지성을 통해서만 알 수 있는 더 이상적인 세계의 불완전한 복사라고 믿었다. 완전한 형상의 세계에는 영원하고 변치 않는 본질들이 존재한다. 그러나 플라톤과 달리 어거스틴은 그 형상들이 하나님과 독립적으로 존재한다고 보지 않는다. 영원한 형상들은 하나님의 지성 속에 하나님의 영원한 사상들로 존재한다.

기독교 사상의 발전을 이해하기를 원하는 모든 그리스도인들은 히포의 어거스틴의 작품에 친숙하여야 된다는 사실은 명백하다. 더 나아가 많은 사람들은 현대 기독교회가 직면한 가장 큰 지성적인 문제들을 파악하려는 모든 시도들이 이 난제들을 다루려는 어거스틴 자신의 노고와 함께 출발하여야 한다고 주장한다.

대 레오(Leo the Great)
390년경~461

두 개의 사건이 5세기 중엽 기독교 역사를 지배하였다 : 그리스도의 신성과 인성관계에 대한 기독론적 논쟁과 로마 제국에 대한 야만인들의 침공이 그것이다. 로마의 감독 레오 1세는 이 두 사건에서 중추적 역할을 담당하였다. 그리스도의 본성에 대한 그의 가르침은 451년 칼케돈의 에큐메니칼 회의에서 정통 교리로 채택되었다. 그리고 그는 훈족의 지도자 아틸라와 협상하여 452년 그들이 이탈리아로부터 물러가게 만들었다.

레오는 교회사의 두 분야, 교리적 조직적 분야에서 커다란 중요성을 띠고 있다. 한 인격 안에 두 본성(참 하나님과 참 인간)이 연합되어 있다는 그의 선명한 가르침은 전통적 라틴 교리를 이어 받은 것으로서 기독교 대부분의 교파에서 기독론의 표준적 공식으로 인정되어 왔다. 로마의 감독 지위가 교회에서, 베드로가 사도들 중에서 지녔던 지위와 동일한 지위라는 그의 진술은 교황 제도의 교리적 토대를 확립시키는 역할을 하였다. 지위에 대한 그의 주장에 있어서나 그가 발휘한 영향력에 있어서 레오는 초대 교황이라고 불릴 만하다. 그 이후로 이 용어가 가지게 되는 의미처럼, 즉 진짜 교황으로서, 그는 살았다고 할 수 있다.

레오는 "대(Great)"라고 불리는 두 세명의 교황 가운데 첫 번째 사람이다(그레고리 1세 및 때로는 니콜라스 1세). 그의 확고부동성, 원리에 대한 고수, 정치적 교회적 혼란시의 그의 능한 외교적 솜씨 등이 그에게 이러한 칭호를 획득해 주었다. 미래 교황청의 권력과 특권이 그의 방법론, 정책, 이상에 개괄적으로 나타나 있다.

대 레오의 생애

390~400년경	탄생
422~432	로마의 실레스틴(Celes-tine) 감독, 그리고 수석 집사(Archdeacon) 레오
431	에베소 회의(제3회 에큐메니칼 공의회)
432~440	로마의 씩스투스 3세(Six-tus III) 감독 그리고 수석 집사 레오
440	9월 29일 로마의 감독으로 임직하다.
449	제2차 에베소 공의회(강도 회의, Robber Synod)
451	칼케돈 공의회(제 4차 에큐메니칼 공의회)
452	아틸라(Attila)와 훈족이 이탈리아로부터 물러가다.
455	반달족이 로마를 약탈하다.
461	죽음

대 레오, 선구자적 교황

에버릿 퍼거슨(Everett Ferguson)

로마의 감독

레오의 초기 생애에 대해서는 거의 아무 것도 알려져 있지 않다. 그의 탄생 연대조차도 추론에 불과하다. 두 감독 셀레스틴과 식스투스 3세 아래서 420년과 430년대에 그는 로마 교회의 수석 집사 역할을 하며 교회의 공무에 대해 상당한 영향력을 발휘하였다. 로마의 감독으로서는 (440~461) 21년 동안 다른 서방 교회들과의 관계에서 로마의 교황권을 확립하고 동방 교회들과의 관계에서 교회법(Canon Law)을 지지하며, 동방에서 발생한 기독론 논쟁에서 로마 교회의 정통적 기독론을 방어하는데 힘을 쏟았으며, 야만인들의 침략 앞에서 로마 교회를 다스리는 데 전력하였다.

현존하는 69개의 진본 설교와 173통의 편지(30통은 레오 자신이 받은 것이고 20통은 의심스러운 것들이다)가 그의 감독 직무와 그의 사상을 알아볼 수 있는 주요한 자료이다. 설교는 예식에 근거한 간단한 권면들이다. 레오는 민중의 교화를 목표로 하여 단순한 언어로 믿을 것과 행할 것을 가르쳤다. 이른바 「레오의 성물」(Leonine Sacramentary)에 담긴 일부 기도문이 레오에게서 나왔을 가능성은 있다. 그러나 이것은 6세기 말엽의 편찬물이다. 레오의 라틴어는 레오 자신처럼 명료하며 힘차고

견실하다.

레오의 서신

서방 교회들에 보낸 레오의 편지는 마니교, 브리스길라주의(Priscilli
anism), 펠라기우스주의(Pellagianism) 같은 이단들과, 감독의 자질,
재세례 같은 치리적 실제적 문제들 및 야만인들의 침공에 의해 야기된
문제들을 다루고 있다. 로마 교회의 최고성은 서방에서 일반적인 인정을
받았다. 레오는 영향력을 한껏 발휘하여 다른 감독들과의 관계에서 수도
로마의 감독들이 가져야 할 권한을 잘 지켰으며 교회법을 보존하였으나
무지나 예외적 상황에 대해서는 기꺼이 융통성을 발휘하였다.

일루리곤 교회들에서는, 데살로니가의 감독이 교황의 대리자로 인식
되었다. 이곳의 감독을 통해 레오는 그 지역 교회들을 지도하였으나 그
의 권위가 어디서나 인정되었던 것은 아니다. 먼 동방의 교회들은 서방
의 사도적 감독직을 크게 존경하였으나 보편 교회에서의 로마 교회의 지
위에 대한 로마 자체의 견해를 받아들이는 데 있어서는 서방 교회들보다
훨씬 뒤로 쳐졌다. 동방의 교회들 및 개인들과 나눈 그의 서신들 중의 다
수가 기독론 논쟁에서 나온 것이다.

431년의 에베소 공의회(제3차 에큐메니칼 공의회)는 네스토리우스
(Nestorius, 콘스탄티노플의 감독)의 유형을 가결하고 그의 가르침을
거부하였다. 그의 가르침은 예수 안에서의 신성과 인성의 인격적 결합에
대해 적절한 위치를 부여하지 못하고 두 인격을 단지 도덕적 결합으로만
본 것으로 인식되었기 때문이다. 알렉산드리아 씨릴의 기독론이 승리하
였다. 그의 기독론은 요한복음 1 : 14에 근거한 것으로서 말씀(Word)
의 한 인격성과 그 말씀이 상황을 바꾸어 육체 안에 거주하였음을 강조
하였다.

레오의 토움(Leo's Tome)

알렉산드리아의 감독으로서 시릴의 후계자였던 디오스코루스는 알렉

산드리아 교회의 권위를 동방 교회들 위에 높이 진작시키고자 하였다. 그는 콘스탄티노플의 유력한 수도 생활 지도자인 유티케스(Eutyches)를 동맹자로 두고 있었다. 유티케스는 시릴의 교리를 극단으로 끌고가 그리스도의 인성에 적절한 자리를 부여하지 않았다(모노 피지티즘 〈Mono Physitism〉으로 알려지게 된 입장). 449년에 개최되고 디오스코루스가 사회한 2차 에베소 회의는 콘스탄티노플의 감독 플라비안과, 그리스도의 인성의 실재를 옹호하며 두 개의 본성에 대해 말하는 기타 지도자들을 네스토리안으로 정죄하였다. 디오스코루스는 449년에 플라비안에게 보낸 레오의 「서신」 28(Tome)에 포함된 레오의 입장에 대한 낭독을 허용하지 않았다. 독재적 진행을 하던 에베소 회의 중에 수도승들은 자신들의 의지를 관철시키기 위해 폭력에 호소하였으며 이로 인해 레오는 그 회의에 강도 종교 회의(Robber Synod)라는 이름을 붙이게 되었다(서신 95. 2). 지금도 그 회의는 이러한 이름으로 불리고 있다.

그의 「토움」과 그 밖의 것에 진술된 레오의 기독론은 데스토리우스와 유티케스의 극단을 피하면서 그리스도가 완전히 인간이고 완전히 하나님이며 두 본성이 한 인격 안에 결합되어 있다고 가르친다. 마리아는 자신의 처녀성을 상실하지 않고 예수 그리스도를 잉태, 탄생시켰다고 그는 말한다. "주님은 마리아의 죄과성을 물려받지 않은 채 그녀의 본성을 취하였다"(서신 28. 4). "원래의 자기를 그대로 존속시킴과 동시 원래 자기가 아닌 것을 취함"으로써(설교 21. 2) 그리스도는 지상 생애에서 미덕의 본을 보이셨으며 죽음과 부활을 통해 인류의 구속을 확보하셨다. "양 성은 각기 고유의 성격을, 상실 없이 유지하였다"(서신 28. 3). "그는 인간의 연약함에 참여하였지만 인간의 과실을 공유하지 않았다"(상동).

칼케돈 회의

동방 황제 데오도시우스 2세는 450년에 죽고 그의 누이 풀케리아 및 그녀와 결혼한 마르시안 장군에 의해 왕위가 계승되었다. 이것은 통치 정책에 변화를 가져오게 된다. 풀케리아는 오래 전부터 레오와 그의 양성 기독론에 동조해 왔었던 것이다. 또 한번의 회의가 소집되고 451년 520명의 감독들이 칼케돈에 모였다. 레오는 로마 감독들이 이전의 동방 회의에 참석하지 않았던 전례에 의거하여 참석하지 않았다. 그러나 그는 교황 사절단을 대리로 파견하였으며 그들이 이 회의 절차에서 영예의 자리를 차지하고 주도적 역할을 담당하였다.

레오의 「토움」이 낭독되었을 때 회원들이 갈채를 보냈다고 회의의 의사록(Acta)은 기록하고 있다 : "그것은 교부들의 신앙, 사도들의 신앙이다. 우리는 모두 그렇게 믿는다. 정통은 그렇게 믿을지어다! 달리 믿는 자에게 저주(Anatahema)가 있을지어다! 레오를 통해 베드로가 이렇게 말했다! 사도들이 그렇게 가르쳤다!" 레오는 신앙에 대한 선대의 규정만으로도 충분하다고 생각하고 단지 필요한 것은 449년 에베소에서 만들어진 규정을 원상태로 되돌리는 것 뿐이라고 생각했지만 동회의는 정부 위원들의 강권에 못이겨 일보 전진하여 새로운 신앙 규정을 가결하였다. 그것은 레오의 교리를 고수한 것으로서, 그리스도가 "두 본성에 혼합 없이 변화 없이 분열 없이 분리 없이… 한 인격과 한 실체(Hypostais)"로 존재한다고 선언하고 있다.

칼케돈에서의 로마의 교리적 승리는 동회의에서 가결된 법규들 중의 한 실망스런 요소로 빛을 잃었다. 28개 항목의 법규는 새 로마(콘스탄티노플)가 교회의 일에서 구 로마와 동일한 특권을 가져야 하며 구 로마 다음가는 두번째 지위를 가져야한다고 선언하였다. 이 결정은 감독들의 지위와 사법권이 두 도시의 국가 행정적 중요성을 따라야 한다는 원리에, 입각하고 있었다. 이 원리는 동방에서 표준화되었으나 로마에서는 거부당하였다. 로마는 사도적 토대에 따른 교회들의 위치 배열을 지지하였다. 레오는 28개 항목의 법규가 325년 니케아에서 가결된 법규와 모순되며 안디옥과 알렉산드리아의 위광을 손상시킨다고 주장했다.

로마 교회

성육신 교리사에서의 레오의 중요성에 필적하는 것이 교회의 조직 역사에 대한 그의 공헌이다. 그는 전임자들로부터 나온 자료를 이용하여 로마 교회의 베드로적 권위를 구체화하고, 일관성 있고 권위 있는 로마 교회의 최고성 교리를 만들었다. 그의 임직 기념일에 있었던 그의 「설교」는, 본문으로 마태복음 16 : 16~19, 누가복음 22 : 31 이하, 요한복음 21 : 15~17을 사용해, 베드로가 감독들을 다스릴 권한을 가지고 있었다고 주장한다. 베드로는 로마의 감독이 되었으며 그의 권위를 로마의 후임 감독들에게 전이하였으므로 로마 교회에는 영구적인 베드로의 권위가 존재한다는 것이다. 사도들의 왕인 복된 베드로를 통하여 지극히 거룩한 로마 교회가 전 세계의 모든 교회에 대한 통치권을 소유한다고 그는 말한다(서신 65. 2). 레오는 자신을 베드로와 거의 동일시하였다 : "그는 우리가 그의 대리자라고 말하고 있다. 그러므로 로마의 감독은 모든 감독들 가운데 최고이다"(설교 3. 4).

베드로와 관련한 레오의 교황 개념은 로마의 상속법 관점에서 발전되었다. 3세기의 감독직에 대한 교리는 모든 감독을 본질적으로 동등한 존재로 다루었으나 레오는 감독들의 권위가 어떤 의미에서 자기에게 종속될 수 있다고 생각했다. 모든 감독들은 교회의 목양에 동참하지만 로마 감독의 "충만한 권위"에는 동참하지 않는다고 그는 말한다(서신14. 2). Pope(헬라어 papas, 아버지로부터 유래됨)라는 단어는 3세기 이래 주요 교회들의 감독을 지칭하는 말로 사용되었으며 4세기 이후부터 로마의 감독에 대한 칭호로 쓰였다. 레오에게서 이 단어는 특별한 의미를 가지기 시작했다.

그의 정치 이론에 있어서는, 그리스도의 두 본성과 로마 제국의 두 부분(교회와 정부) 사이에 어떤 유비가 있었다. 그의 설교 82에서 그는 로마와 교회를 비교한다. 로마 교회의 창설자인 베드로와 바울은 로마시의 쌍동이 창설자 로물루스와 레무스 같다는 것이다. 다른 곳에서는 레오가 바울을 소홀히 다루고 있다. 베드로 관련 본문이 로마의 최고권에 대해 보다 많은 지지 기반을 제공해주고 있기 때문이다.

레오는 452년 황제 발렌티안 3세 및 원로원으로부터 사절로 파견된, 두 명의 의원과 함께 아틸라에게 갔다. 결과적으로 훈족은 다누베를 건너 물러갔다. 레오는 455년 가이세릭(Gaiseric) 및 반달족과의 협상에서 그다지 성공을 거두지 못하였다. 그들은 로마를 약탈하였으나 방화, 대량 학살 혹은 고문 등은 하지 않기로 동의하였다. 서방의 정복지들에서는 정치적 권위가 계속해서 붕괴되고 있었으나 레오는 교회에 선명한 교리와 힘있는 제도를 남김으로써 교회로 하여금 그러한 충격을 극복하고 새 질서 건립에 주도적 역할을 담당할 수 있도록 하였다.

패트릭(Patrick)
385년경~461?

　　선교사 패트릭에 관한 아일랜드의 전설들 가운데 다수가 확실히 거짓이지만 그것들이 그가 받았던 숭배의 매혹적 잔재물임에는 틀림없다. 그러나 우리가 그의 모든 전설을 거부한다 하더라도 여전히 패트릭이라는 인물은 존재한다. 그의 고결성과 향기로운 인격은 기독교 역사상 유래를 찾기 힘든 것이었다.

　　역사적 패트릭의 기독교는 고대 영국 교회에 속한다. 영국 교회의 기원은 로마가 영국을 점령하고 있던 2세기부터이다. 최근의 고고학적 증거는, 브리튼(영국) 사람들 사이에 신앙이 널리 퍼져있었다는 것과 브리튼의 감독들이 처음 교회 회의에 출현하였던 4세기 이전에도 세련된 로마－브리튼문화가 존재하였다는 것을 보여주고 있다.

　　5세기에 있었던 유럽에 대한 야만인들의 침공을 틈타 브리튼 사람들은 로마로부터 탈퇴할 수 있었다. 제국이 더이상, 로마화된 영국의 상류 계급이 누렸던 법과 질서를 제공할 수 없었기 때문이다. 한동안 그들은 대대적인 이민족(게르만)의 점령을 면할 수 있었다. 그리고 로마의 권위가 물러감으로써 켈트 문화가 부흥을 보게 되었다. 경화의 주조가 그치고 경제가 붕괴되었으며 라틴 교육이 사양길에 접어들고 서로 전쟁을 일삼던 부족 추장들의 옛 제도가 재생되었다. 패트릭은, 분열을 겪고 있었으나 원기 왕성하였던, 이러한 사회에 태어났다.

패트릭의 생애

389년경	로마 치하의 브리튼에서 탄생
405~411	아일랜드에서 노예로 포로 생활을 함
431	아일랜드에 대한 팔라디우스(Palladius)의 선교
432	아일랜드에 대한 패트릭의 선교
461	아일랜드에서 죽음

패트릭, 아일랜드에의 선교사

케롤라인 마샬(Caroline T. Marsahall)

모험적인 젊은 시절

자신의 말에 의하면 패트릭은 서부 영국의 기독교 가정에서 태어났다. 그러나 이 선교사가 자기의 고향이라고 말하는 로마-브리튼 성읍, 보나벰 타버니애(Bonavem Taberniae)를 확인할 길은 없다. 16세 때 패트릭은 해적들에 의해 포로가 되어 아일랜드에 노예로 팔렸다. 6년 후 그는 주인으로부터 도망쳐 고향으로 돌아왔다. 포로 생활에 의해 자신의 교육이 중단되었다고 그는 말하고 있다. 아일랜드를 떠난 후 교육이 다시 시작되었다. 그는 브리튼에서 그리고(아마) 유럽에서 공부하였다. 그가 옥세르(Auxerre)와 레린스(Lerins)를 방문했는지도 모른다.

꿈 속에서 패트릭은 아일랜드 사람들이 자기들에게로 되돌아와 달라고 그에게 간청하는 소리를 듣게 되었다 : "거룩한 소년이여, 우리는 그대가 집에 와서 우리들 가운데서 다시 걷기를 간청하노라." 자신의 말로, 그는 "마음에 충격을 받고" 즉시 지긋지긋하던 포로 생활의 땅으로 다시 갈 계획을 세웠다. 노예 생활의 고통을 통해 패트릭은 명목상의 모태 신앙으로부터 심오한 신앙에 이르게 되었으며 아일랜드 사람들을 회심시키는 것이 자기 생애의 사명이라는 신념을 굳혔던 것이다.

전통에 의하면 패트릭은 아일랜드의 감독과 사도로 임명되었다고 한다. 그 전에 팔라디우스가 교황 셀레스틴 1세에 의하여 임명된 바 있으나 중세의 기록에서 그의 이름은 곧 사라졌다. 그의 운명은 알 수 없다. 아일랜드의 기록들은 이 신비한 인물 팔라디우스가 도착한지 1년 후인 432년에 패트릭이 아일랜드에 도착했다고 한결같이 말하고 있다.

패트릭의 아일랜드

아일랜드의 많은 지역들이 이 선교사와 밀접한 관계를 가졌다고 자인하고 있지만 패트릭의 가장 큰 노력은 아일랜드의 서부와 북부에서 이루어졌던 것으로 추측된다. 전통에 의하면 그의 감독직 본부는 아르마(Armagh)였다고 한다. 그가 복음을 전했던 사람들은 로마 문화와 접촉하지 않은 켈트인이었다. 로마 문화는 패트릭이 태어났던 브리튼 사회의 형성에 일익을 담당했었다. 아일랜드 사람들은 성읍을 가지고 있지 않았다. 그들의 주요한 사회 구조는 부족 혹은 확장된 가족이었다. 그들은 가축을 기르며 잔가지와 떼로 만든 집에서 살았고 습격을 받거나 전쟁을 할 때에는 주로 나무로 만든 요새에 몸을 숨겼다. 그들의 삶은 드루이드(Druid)교 제사장들이 관장하던 미신과 마술로 가득 차 있었다. 드루이드교 제사장들은 아일랜드에서 기독교의 주된 적들이었다.

패트릭은 아일랜드인들의 삶의 정황을 고려하여 지방 분권적 교회를 세웠다. 이 교회의 핵심은 대 수도원장들이 권력을 쥔, 반 은둔적 수도원 제도였다. 감독들은 수도원 성직단에 의해 선출되었으며 수도원 성직단에 종속되었다. 이러한 종교적 제도는 두 세기 후에 로마의 감독 제도가 승리할 때까지 아일랜드와 대 브리튼에서 주류를 이루었다.

패트릭은 아일랜드에 광범위하게 여행하며 복음을 전하였다. 그는 지방의 왕들과 속왕들(sub-kings)에게 의탁하여 보호를 받았다. 아일랜드 귀족의 자제들이 그를 수행한 경우도 빈번하였다. 그는 사회의 모든 계급으로부터 많은 개종자를 얻었던 것이다.

패트릭의 저술

패트릭의 인격은 그의 저술에서 특이하고도 감동적인 모습으로 나타난다. 패트릭은 아일랜드 포로 기간 중에 자신의 교육이 중단되었다는 것을 자주 언급하고 있으며 그로 인해 자신의 수사학이 한계성을 띠고 투박하였음을 슬퍼하고 있다. 큰 배움의 부재와 그가 쓴 단순한 라틴어가 패트릭을 늘 괴롭혔다. 그의 「신앙 고백」곳곳에 걸쳐 이에 대한 언급이 자주 등장한다 : "나는 오랫동안 글을 쓸 생각을 가지고 있었으나 지금까지 주저해 왔다. 나의 글이 다른 사람의 글만 못하기 때문에 인간들의 혀의 판단 아래 떨어질까 나는 두려웠다"(신앙 고백 : 10). 그가 브리튼의 추장 코로티커스(Coroticus)를 파문하면서 쓴 길고도 극적인 편지에서조차 겸손하게 자신을 "천학 무식한 죄인 나 패트릭으로"으로 소개한다(Coroticus : 1).

그러나 패트릭은 자신이 그토록 후회하던 세련된 수사학의 부재 자체가 그의 글을 정직하고 직설적으로 만들었다는 것을 깨닫지 못하였다. 그의 언어가 독자에게 주는 충격은 지대하다. 그 언어는 단순하고 매우 감동적이며 용기와 겸손이 뛰어났던 그의 위인됨을 밝히 보여주고 있다.

패트릭은 근본적으로 선교사였다. 그는 자신이 왜 선택되었는지 이해하지 못하였으나 자신을 통해 행하시는 하나님께서 모든 결점을 보완하실 것으로 믿고 있었다. 그의 개성은 복음 전도적이며 그의 글은 감사와 믿음이 충만하다.

「서신」과 「신앙 고백」을 제외하고, 패트릭의 저술에 관해서는 커다란 논쟁이 있다. 단순히 「패트릭의 글월」로 지칭되는 세개의 짧은 작품 가운데 단 하나만이 확실히 그에게서 나온 것이다. 아일랜드 종교 회의 기록에 패트릭을 언급한 대목은 두 군데 있다. 하나는 사실일 가능성이 있다. 그러나 많은 학자들은 패트릭이 아일랜드에서 어떤 감독의 지위를 가지고 있었는지에 대해 의심하고 있다. 이것이 옳다면 감독 회의의 필요성은 없었을 것이다. 패트릭에게서 나왔다고 하는 여러 편의 시들과 찬송시들 가운데 어느 것도 진품이라고 생각되지는 않는다. 애호받는 찬송시 "성 패트릭의 흉패" 조차도 「신앙 고백」(Confessions)의 언어보다 훨씬 더 후기 연대의 아일랜드어로 기록되었다.

패트릭의 삶

패트릭에 대해서는 몇 개의 중세 전기들이 있다. 「아르마의 책」 (Book of Armagh) 에서 발견되는, 이 중 두 가지는 신빙성이 있는 것으로 사료된다. 「아르마의 책」은 9세기 초에 나온 것이다. 하나의 이야기는 미르쿠(Muirchu)라는 인물이 쓴 것으로서 패트릭의 생애와 사역에 관해 자세한 내용을 담고 있다. 아르마는 패트릭의 관할구로 확인되고 있다. 또 하나의 훌륭한 책 「패트릭의 생애」에서 타이세칸 (Tisechan)이라는 지은이는 많은 시간을 할애하여 패트릭을 로마 교회와 연관시키고 있다.

패트릭의 삶과 선교 사역은 아일랜드의 「연보」(Annals)에도 기록되어 있다. 이 책은 아일랜드의 가장 큰 수도원 시설들에서 나온 중세의 기록이다. 이러한 모든 이야기들은, 팔라디우스가 아일랜드에 선교하던 다음 해인 432년에 패트릭이 아일랜드에 도착했다고 입을 모으고 있다. 그러한 글들은 그의 탄생, 가문, 노예 생활, 선교 사역에 대해 상세한 내용을 담고 있다. 그가 죽은 날짜에 대해서는 기록들이 불일치한다. 일부 소수의 기록은 제 2의 패트릭 즉 "고대"의 패트릭에 대해 언급하고 있다. 현대의 일부 학자들은 이 또 한 사람의 패트릭이 팔라디우스와 동일 인물이 아닌가 생각한다.

콜럼바(Columba)
521~597

오늘날의 스코틀랜드와 북 잉글랜드에서 살던 사람들에게 복음을 전한 위대한 선교사 콜럼바는 분쟁과 싸움으로 얼룩진 소란스런 사회에서 자라났다. 그 사회는 노래와 음악을 좋아하고 재능이 풍부하며 높은 학식을 갖출 만한 역량이 있는, 거친 개인주의자들이 살고 있었다. 그는 42세까지 아일랜드에서 주로 교회를 섬기며 지냈다. 콜럼바는 사제와 수도승이 되었으며, 그리고 후에 아일랜드 전역에 걸친 새 수도원들의 창건자가 되었다.

536년에 콜럼바는 자진하여 유형 생활에 들어갔다. 그가 은밀한 수단으로 획득했던 한 책을 둘러싸고 2년 간의 논쟁과 폭력 사태가 빚어진 후였다.

스코틀란드 서부 해역에 있는 아이오나(Iona)라는 작은 섬에 정착한 후 콜럼바는 동료들과 함께 이교도적 스코트인들과 픽트인들에게 복음을 전할 수 있는 선교 전진기지를 세웠다. 아이오나는 선교 활동의 기지가 되었다. 이곳에서 콜럼바의 지도 아래 선교 수도사들이 훈련을 받고 거기에서 동부와 북부로 파송되어 복음을 전하였다. 527년 그의 사망시까지 콜럼바는 존경받는 기독교 지도자로서 스코틀랜드와 전 켈트족 기독교계에 헤아릴 수 없는 영향을 미쳤다.

콜럼바의 생애

521　　　아일랜드 도네갈 주에서 12월에 탄생

콜럼바, 스코틀랜드에의 선교사

로버트 린더(Robert D. Linder)

"비둘기"

콜럼바는 521년 12월에 도네갈 주(아일랜드에 Ulster로 알려진 지역)의 로우 가탄(Lough Gartan) 근처에서 태어났다. 그는 라틴어로 비둘기를 뜻하는 "콜룸"(Colum) 이라는 세례명을 받았다. 켈트인(게르만 민족이 오기 전 서유럽에 거주한 고대 민족, 그들의 후손 중에 오늘날의 아일랜드인, 웨일즈인, 스코틀랜인 등이 있다)이었던 콜럼바의 조부 코날은 다름 아닌 패트릭에게 세례를 받았다. 콜럼바의 부모는 둘 다 그리스도인들이었다. 그의 부친 펠림 맥 퍼거스(Phelim Mac Fergus)는 오네일(O'Neill) 왕가의 일원이었다. 그 가문으로부터 아일랜드, 타라(Tara)의 고왕(high king)이 선택되었다. 그의 모친 에드네(Ethne)는 아일랜드 네인스터 지방의 한 왕의 후손이었다.

콜럼바에 관한 모든 기사가 어린 시절의 그를 튼튼하고 장난기와 활력이 넘치며 다소 호전적인 아이로 묘사하고 있다. 키가 크고 힘이 센 그는 최상의 두뇌와 배움에 대한 열정으로 인해 곧 인정을 받았다. 이러한 요인들이 강력하고도 유쾌한 목소리, 잘 발달된 유머 감각과 어우러져 그를 매력 있는 인물로 만들어 주었다.

그 시대에 아일랜드의 귀족층에서는 수양 자녀 삼기(fostering)가 일반적 관습이었으므로 콜럼바의 초년기에 결정적 영향을 미친 이는 그의 양친이 아니라 크뤼드네칸(Cruithnechan)이라는 양아버지였을 것이다. 이 사람은 젊은 아이들을 세례주고 양육하고 가르치던 사제였다. 초년기부터 이 소년은 깊은 신앙으로 인해 "콜럼실레"(Columcille, "교회의 콜럼")라는 별명을 얻게 되었다. 평소 다니던 작은 교회에서 시편을 읽는 것이 그의 습관이었는데, 이러한 별명은 교회로부터 나오는 그의 모습을 늘 목격하던 어린 동료들이 그에게 애정으로 붙여준 것이었다.

현행 고왕의 가까운 친척으로서 그는 언젠가 타라의 통치자로 선택될 수도 있었으나 종교적 삶을 향한 그의 명백한 성향을 보고 양부는 소년으로 하여금 모빌(Moville)의 피니안(Finnian) 아래서 공부하도록 배려해 주었다. 당대의 지도적 학자이자 수도원장이었던 피니안은 콜럼바에게 그리스도께 대한 깊은 헌신과 성경에 대한 조직적 연구, 수도원 생활 등을 가르쳐 주었다.

콜럼바와 설교

30대의 중반인 556년경 콜럼바는 모빌의 피니안을 떠나 학적 영적 소양을 증가시키기 위해 클로나드에 있는 동명이인인 저명한 피니안에게 갔다. 클로나드의 피니안의 명성이 높아지면서 수백 명의 젊은이들이 찾아와 이 피니안의 문하에서 공부하였다. 이 새로운 스승에게로 간 직후 그의 총애를 받게된 콜럼바는 드디어 사제로 임명되고 선교에 관심을 가지기 시작했다. 오래지 않아 콜럼바와 클로나드(Clonard) 출신의 몇몇 젊은 수도승들은 아일랜드 전역에 수도원을 설립하여 그 지역의 영적 생활을 진작시키기 시작했다. 콜럼바 자신은 이 기간 중에 수 많은 수도원을 세웠다(전설에 의하면 1백 개이다. 최초에 Derry에, 그 후에 Offaly의 Durrow, Meath의 Kells, 및 그 밖의 여러 곳에). 수도원을 설립하면서 경건하고 학문적인 그리스도인으로서 그의 명성도 점차 높아갔다.

그러나 561년경 콜럼바의 삶의 진로를 영원히 바꾸게 한 하나의 사건이 발생한다. 성경적 지식과 우수한 성경 역본, 사본들에 큰 관심이 있었던 그는 모빌의 피니안이 로마로부터 가져온 제롬의 시편과 복음서 번역본의 한 사본을 허락 없이 복사하였다. 이를 알고 클로나드의 피니안은 분노하며 그 진기한 역본의 복사물을 달라고 요구하였다. 콜럼바가 거절하자 피니안은 콜럼바 자신의 친족인 타라의 고왕에게 콜럼바에 대한 재판을 청구하였고 고왕은 콜럼바에 대해 유죄 판결을 내렸다. 그럼에도 그는 자신의 귀중한 책을 내어주기를 거절하였다.

피니안과 콜럼바 사이에 결국은 화해가 이루어졌으나 콜럼바와 그의 사촌인 고왕 사이의 틈은 넓어졌다. 마침내 시민 전쟁이 발발하고 콜럼바는 북부 지방의 종씨를 부추겨 고왕의 군대를 공격하게 만들었다. 콜럼바와 그의 동맹자들은 슬리고(Sligo) 근처 컬드레브니의 피비린내 나는 전투에서 승리를 거두었으며 이 전투에서 3,000명 이상의 사람이 죽었다. 그 이후의 정확하고 자세한 사건 내막은 신비에 싸여 있으나 콜럼바는 이 사건을 돌이켜 보면서 자기가 일으킨 대량 학살에 관한 양심의 가책을 분명히 느끼고 재헌신을 다짐하며 그의 출신지 아일랜드를 떠나 선교사가 되기로 결심했을 것이다. 그리하여 그는 자칭 "그리스도를 위한 포로"가 되기에 이르렀다. 적어도 컬드레브니에서 상실된 영혼들 만큼의 숫자를 그리스도께로 인도하기로 결심한 그는 결국 34년 간의 여생 중에 그 숫자의 여러 배나 되는 영혼들을 회심시키게 된다.

스코틀랜드로의 항해

최초의 제자들을 본받아 클로나드 시절의 믿을 만한 옛 친구들 중에서 12명의 동료를 택하여 콜럼바는 북 동쪽의 이교도 땅으로 출발하였다. 그들은 스코틀랜드의 비그리스도인들과 쉽게 접촉할 수 있도록, 아일랜드 시계 밖에 있으면서도 스코틀랜드의 해안과 아주 가까운 한 섬을 찾아나섰다. 여러 주간의 거친 항해를 하면서 그 적은 무리들은 두세 곳의 잠재적인 피난처를 방문하였으나 마침내 콜럼바와 동료들은 아이오나라는 작은 섬에 상륙하였다. 이 섬은 스코틀랜드 본도로부터 반 마일 정도

떨어진 곳으로서 픽트인들과 스코틀랜드인 사이의 접경 지역에 있었다.

아이오나는 몹시 아름다웠으며 약 2,000에이커의 넓이였는데, 그 중 사분의 일 정도가 경작되고 있었다. 콤럼바는 신속히 움직여 수도원을 세웠다. 이것은 켈트 양식에 따라 거대한 건물이 아니라 선교기지 역할을 할 수 있는 간단한 구조물이었다. 각 수도승은 각기 자신의 오두막을 가지고 있었는데 이것들은 수도원장(콜럼바)의 보다 큰 오두막을 둘러싸고 불규칙적인 원주를 형성하였다. 더 큰 오두막은 야산의 꼭대기에 우뚝 자리잡았다. 기타 필요한 건물들이 곧 건축되었다. 식당, 도서관, 영빈관, 대장관, 가마, 방앗간, 두 개의 광 그리고 작은 교회.

콜럼바 자신은 엄청난 내핍 생활을 실시하며 바위 위에서 돌베개를 베고 잠을 잤다. 그 섬에서의 수도 생활은 주의 깊게 조직된 세 그룹을 통해 영위되었다. 상급자들(이들은 예배를 인도하고 사본들을 필사하였다), 하급자들(이들은 가지가지 잡다한 업무를 수생하였다). 수도원장으로서 콜럼바는 능숙한 수도원의 어른이었다. 그는 참여자이자 지휘자로서 엄격함에 애정을 곁들여 수도원을 다스렸다. 그의 지도 아래 아이오나 공동체는 부단한 활동의 장소가 되었으며 수도승들은 노동과 기도 연구에 힘을 쏟았고 모든 사람이 근처 스코틀랜드에서의 선교를 준비하였다.

아이오나

563~597년의 기간 중에 아이오나는 스코틀랜드와 북부 잉글랜드에 대한 복음 전파의 핵심지가 되었다. 그 시대의 기타 선교사들처럼 콜럼바와 그의 동료들은 국민들의 회심에 도움을 줄 수 있는 정치적인 명사들과의 접촉을 이용해 선교하였다. 왕족의 혈통과 탁월한 개인적 은사를 소유하고 있었던 콜럼바는 정치적 측면의 역할에 훌륭한 자질을 갖추고 있었다. 게다가 그의 기독교적 경건심은 타인들을 화해시키는 영향력에 일조를 해주었다. 그는 호전적인 픽트인들과 스코트인들에게 이러한 영향력을 발휘한 것으로 추정된다. 이러한 요인들에 힘입어 콜럼바와 그의

수도승들은 이윽고 스코틀랜드에 복음을 심고 그와 함께 보다 큰 질서와 평화를 가져다 주었다.

575년에 콜럼바는 아일랜드를 방문하여 데리 근처의 드럼시애트에서 열린 아일랜드 종족들의 국민 의회에 참석하였다. 이 회의에서 그의 영향력은 대단하였으며 그가 동포로부터 커다란 존경을 받는다는 것을 여실히 보여주었다. 특히 그는 아일랜드 사회에서의 음영 시인들(bards)의 본질적 위치에 관한, 아일랜드 음영 시인들과 고왕 사이의 분쟁을 해결하기 위해 중재에 나섰다. 콜럼바가 웅변적으로 설득력 있게, 음영 시인들을 변호한 후 1,200명의 음영 시인들은 집회장에 들어가 아이오나의 이 수도원장을 노래로 칭송하였다. 당황한 콜럼바는 수도승의 겉옷으로 자기 얼굴을 가렸다.

말년까지 콜럼바는 막대한 위광과 비상한 은사를 발휘하여 그의 선교 사역에서 획기적인 성공을 거두었다. 75세의 나이에 시편을 필사하며 하루를 보낸 후 그는 딱딱한 침상으로부터 일어나 형제들과 함께 전통적인 자정 예배에 참석하였다. 여러 해 동안의 노동으로 허약해져 있었던 그는 형제들보다 먼저 도착하여 제단 앞에 무릎을 꿇고 맥 없이 쓰러졌다. 콜럼바는 잠시 동안 다시 소생하여 사랑하는 그의 수도승들에게 작별의 축복을 한 후 597년 6월 9일, 주일 날의 이른 시각에 평화로이 잠들었다.

콜럼바의 영향력

콜럼바는 자신의 모범적 생애를 통해 아일랜드와 스코틀랜드의 기독교계에 지울 수 없는 영향력을 남겼다. 특별히 그는 그의 사랑하는 수도승들에게, 그리고 그들을 통하여 그들이 개심시킨 사람들에게, 책 특히 성경에 대한 사랑을 유산으로 남겼다. 담대한 선교 활동에 대한 콜럼바의 강조점은 이러한 성경에 대한 헌신으로부터 나온 것이었다. 콜럼바는 기독교의 복음 전도적 추진력을 바로 이해하고 할 수 있는 한 어떤 방법으로든지 이를 진작시켰다. 그는 또한 기독교 지도자의 화해자 역할을 잘 이해하고 할 수 있는 한 어느 곳에서나 분쟁들을 해결하며 폭력을 최소화하기 위해 노력하였다. 평화를 정착시키고자 하는 이러한 욕망은 두 말할 나위 없이 혈기 많은 젊은 시절(인생 일대의 전환점이 된 외지로의 출발에서 앞서) 고국 아일랜드에서 겪었던 뼈저린 체험에서 우러난 것이었다.

나아가 콜럼바는 문화적이고 문학적 성취를 한 사람이었다. 그는 시를 쓰고 성경의 시서들 특별히 시편을 크게 사랑하였다. 또 시와 음악에 대한 이러한 애호심을 자신의 수도승들에게 서서히 주입시켰다. 한번은 드루이드 교인들과의 시합에서 그 이교도 제사장들이 콜럼바의 노래하는 수도승보다 큰 소리를 내고자 하였다. 그러나 고대 기록에 의하면 수도승들은 시편 145편을 "천둥의 울림처럼" 영창함으로써 드루이드 제사장들의 소음을 간단히 잠재웠다고 한다.

콜럼바는 또한 후대의 브리튼 기독교에 모종의 사상과 이상을 전해 주었다. 예를 들어 콜럼바에게 있어서, 이상적인 그리스도인의 삶은 "노동, 기도, 독서"로 이루어져 있었다. 이것은 그의 수도원 법의 핵심이 되었으며 그 후 그의 개종자들을 위한 지침이 되었다. 나아가 콜럼바는 성경을 강조하였다. 사람들이 패트릭에 대해 그가 "성경과 함께 살았다"고 말했듯이 우리는 콜럼바에게도 같은 말을 적용시킬 수 있다. 콜럼바와 그의 수도승들의 설교는 직설적이고 단순하며 성경적이었고 그리스도를 구주로 받아들이라는 호소와 주께 대한 헌신의 삶을 살라는 호소에 역점을 두고 있었다.

나아가 콜럼바의 생애는 미래 세대의 기독교 신자들 특히 아일랜드 사람들과 스코틀랜드 사람들에게 경건의 모델 역할을 하였다. 그의 개인적 경건은 헤아릴 수 없는 수많은 그리스도인들에게 보다 경건한 삶을 살도록 자극을 주었다. 콜럼바의 자기 부정과 경건한 삶의 본은, 콜럼바가 수행한 것으로 기록상에 남아 있는 많은 기적들(권능의 기적, 예언, 신유의 기적)에 의해 일층 강화되었다.

선교를 위한 열정

그러나 무엇보다도 가장 위대했던 것은 선교를 향한 콜럼바의 열정이었다. 그는 선교를 전하였고 선교를 살았으며 선교를 실천하였다. 사실 콜럼바가 아이오나에 공동체를 설립한 후 착수하였던 최초의 여행들 가운데 하나가 564년의 선교 여행 즉 네스 호수(Loch Ness) 연안에 위치한 북부 픽트족의 왕 브루드의 성채를 찾아간 일이었다.

죽은 후 콜럼바는 실천적이고 자비로운 마음의 소유자, 지극히 헌신적인 그리스도인, 비상한 은사와 정력을 획기적 중요성을 지닌 설교 활동에 바친 인물로 기억되었다. 아이오나는 수 세기 동안 복음 전파의 활동적 핵심 기지이자 아일랜드 교회의 전초기지로 남아 있었다. 아일랜드와 스코틀랜드의 켈트족 및 북부 잉글랜드의 앵글족과 색슨족 사이에서 콜럼바의 영향으로 광범위하게 수도원 공동체들이 발생하였는데, 이들 중 아이오나는 가장 유력한 일원이기도 하였다.

대 그레고리(Gregory the Great)
540년경~604

　그레고리 대제는 종종 중세 교황들의 일인자로 불리며 암브로스, 제롬, 어거스틴과 함께 라틴 교회의 4대 지도자 가운데 한 사람으로 꼽히고 있다. 그의 통치 기간 중에 세속 권력과 교황의 관계에는 변화가 있었다. 이방 침입자들의 새로운 물결이 교황으로 하여금 정부에 보다 깊이 개입하도록 만들었다. 콘스탄티노플의 황제가 침입자들을 물리칠 수 없었고 서방의 로마 권력은 붕괴되었었기 때문이다. 교황권은 민간 권력이 결여한 자원과 힘을 가지고 있었기 때문에 교황권만이 유일하게 효과적인 지도력을 제공할 수 있었다.

　많은 개인들이 죄 용서를 위한 종교 당국의 중재 기도에의 답례로서 교회에 자신들의 토지를 유증하였다. 교황은 그와 같이 기증된 재산들을 관리하며 거기에서 나온 수입을 이용해 이전의 정부가 행사했던 기능을 발휘하였다. 그레고리는 가난한 자들에게 식량과 도움을 제공하였으며, 야만인들에게 사로잡힌 개인들을 속량하였고, 로마의 멸망을 면하기 위해 그들과 협정을 체결하였다. 그는 또한 콘스탄티노플의 황제 및 프랑스, 스페인, 잉글랜드 등지의 이방 왕국들과 외교 관계를 유지하였다.

　그레고리는 잉글랜드에 선교사를 파송한 최초의 교황이었다. 그는 로마의 시장을 방문하고 거기서 팔려고 내놓은 어떤 잉글랜드의 노예들을 보고서 이 계획에 대해 관심을 가지게 되었다. 그레고리가 그들에게 누구냐고 묻자 자신들은 앵글인이라는 대답을 듣고서 이에 대해 이렇게 답변하였다고 한다. "그들은 앵글인들(Angles)이 아니라 천사들(Ang els)이다!" 그리하여 그레고리는 잉글랜드인들에게 복음을 전하기 위해 켄터베리의 어거스틴의 인도로 여러 명의 수도승들을 보내게 된다. 이런 과정을 통해 교황권은 서방 이교도 게르만 민족을 그리스도께로 개종시키는 데 일익을 담당하게 되었다.

중세 교회를 위해 선도적으로 담당한 정치적 선교적 역할 외에도 그레고리는 기독교 교리를 단순 명료화함으로써 중세 초기의 미개한 이민족들 사이에서 기독교 교리가 살아 남을 수 있도록 발판을 마련하였다. 수많은 공헌과 보기 드문 능력에도 불구하고 이 사람에게는 겸손과 기독교적 온유가 있었다. 그러한 성품은 교회 지도자로서 그가 선호했던 칭호로 요약될 수 있다 : "하나님의 종들의 종".

대그레고리의 생애

540년경	탄생
570년경	로마시의 장관(prepect)이 됨
575	수도승이 되다
579	집사로 임명받으며 교황의 사절로 콘스탄티노플에 파견됨
586	로마로 재소환되어 교황펠라기우스 2세의 고문으로 봉직함
590	교황으로 선출됨
597	앵글로 색슨족에 복음을 전하기 위해 켄터베리의 어거스틴을 보냄
604	사망

대 그레고리와 중세 교회

로버트 클라우스(Robert G. Clouse)

행정가와 수도사

그레고리는 로마의 경건한 귀족 가문에서 태어났다. 이 가문 출신의 두 사람 펠릭스 3세(483~482)와 아가페투스(535~536)가 교황으로 봉직하였다. 그레고리는 종교적 헌신 뿐만 아니라 학문을 자극하던 배경에서 양육을 받았다. 법률 공부에서의 성취 덕분에 그는 570년 로마의 장관(prefect)으로 임명되었다. 이 직위에는 로마 원로원을 관할하고 자선 사업을 집행하며 시의 방어를 담당하는 일 등이 수반되었다. 재임 기간에 얻은 체험을 바탕으로 그는 업무와 행정에 대한 철저한 지식을 소유함으로써 후에 교황으로서의 직책 수행에 도움을 얻게 된다. 부친의 사후 그는 세속적 직무에서 물러났으며 기부금을 바쳐 7개의 수도원을 설립하였다. 그 중 하나를 그는 성안드레의 이름에 바쳤다. 그는 575년 이 수도원에서 수도승이 되었다.

그러나 그레고리는 명상의 삶을 오래 즐기지 못하였다. 579년 부름을 받고 집사로 교회를 섬기게 되었으며 교황의 사절로서 비잔틴 궁전으로 콘스탄티노플에 파송되었던 것이다. 동방에서의 체험을 통해 그는 서방의 속령들을 위해 콘스탄티노플로부터 도움 받을 가망성이 거의 없는 이상 동방 황제와는 무관하게 자기 정책을 펴나가야 한다고 확신하게 되었다. 579년 로마로 돌아와 성안드레 수도원의 원장과 교황의 고문이 되었다. 590년에 그는 스스로가 수도원을 떠나는 것을 꺼려하였음에도 불구하고 대중들의 압도적인 지지를 얻어 교황으로 선출되었다.

교황 그레고리

그레고리의 활동은 후대의 교황들과 중세의 교회에 중요한 선례를 남겼다. 그는 세속적 업무에 깊이 관여하였고 이탈리아에서 과거에 동방 황제와 황제의 대리자 라베나의 총독(Exarch of Ravenna)이 행하던 역할을 담당하게 되었다. 그는 로마 제국이 새로운 집단의 이민족들 즉 롬바르드족을 다룰 수 없었기 때문에 어쩔 수 없이 이를 행하였다. 그들은 569년에 이탈리아를 침공해 로마와 라베나 사이에 위치한 영토를 점령했었던 것이다.

황제는 그들을 쳐부수기 위해 군대를 보내려고 하지도 않았으며 그렇다고 그들과 휴전을 하려고 하지도 않았는데 이는 이러한 조치가 그들의 존재를 합법화하지는 않을까 두려웠기 때문이다. 따라서 그레고리는 그들에게 자신의 군대를 보내 593년 그들의 왕과 잠정적인 평화를 맺었다. 후에 그는 로마시가 약탈을 면하도록 하기 위해 롬바르드인들에게 공물을 바쳤다. 그는 이러한 활동에 재정을 조달하기 위해 남 이탈리아, 코르시카, 시실리, 고올, 북 아프리카 등지의 교황 소유 토지로부터 들어온 수입을 사용하였다. 이러한 수입은 또한 가난한 자들을 돌보고 롬바르드인들로부터 포로를 되찾아 오며 도시의 행정 업무를 수행하는 데도 지출되었다. 그러한 업무를 이행하는 측이 시당국이라기보다 교황이었기 때문에 교황은 결국 이탈리아의 중심부를 통치하기에 이르렀다.

제국이 분열되다.

그레고리는 로마 세계의 동서 양방에서 교회의 업무를 관할함으로써 교황의 지위를 강화시켰다. 6세기에 이미 제국의 이 양방은 소원해져 있었다. 동방에는 여전히 황제가 있었으나 그는 라틴어를 말하는 서방과의 관계에서 어려움을 겪는 헬라인이었다. 한편 서방의 속령들은 로마 제국으로부터 점차 독립하던 일련의 이민족 정부에 의해 정복되었다.

그레고리는 이 두 세계 모두에 관여하였다. 동방에서 그는 여타 주요한 교회의 지도자들(콘스탄티노플, 안디옥, 알렉산드리아, 예루살렘의 대주교들)의 권리를 인정해 주었다. 그러나 동시에 그는 교황이 교회 전체를 돌볼 수 있는권한을 가지고 있으며 따라서 어느 곳에서나 사법권을 가지고 있다고 주장하였다. 그의 입장은 콘스탄티노플의 주교와 가졌던 두번의 논쟁에서 밝혀졌다. 이 중 첫번째 논쟁에서 그레고리는 두 사람의 사제에 관한 이 동방 교회 지도자의 결정을 뒤집어 놓았다. 한편 두번째 논쟁은 총 대주교가 **범 교회적**(ecumenical) 혹은 **보편적**(universal) 감독이라는 용어를 사용할수 있느냐에 대한 문제로 야기되었다. 그러한 칭호를 소유한다는 것은 적 그리스도의 영이 세상에 있음을 시사해 주는 교만죄라고, 그레고리는 믿었다. 그레고리가 그러한 표현을 자신에게 적용시키기 위해 반론을 폈던 것은 아니다. 사실상 알렉산드리아 감독이 그레고리를 "보편적 교황"(범 세계적 교황)으로 지칭하였을 때 그는 이 칭호가 허영심을 자극하고 기독교적 사랑을 손상시킨다고 주장하면서 그 칭호를 거부하였다. 교회의 지도자로서의 역할을 수행하면서 그레고리는 제국 서방 지역들의 사무에 특별히 관심이 깊었다. 그는 유능한 인재를 선발하여 그 지역의 감독들로 봉사하도록 하였으며 그들이 법적 절차에 의해 선출되도록 하였다. 그는 또한 도나티스트들(Donatists)에 의해 야기된 교회의 분열을 치유하는 데 힘썼다. 그리고 독립적인 프랑크족의 교회에 대리자를 보내어 교황의 견해를 대변하도록 함으로써, 또한 프랑크족의 평신도 통제 전통을 수정하기 위한 개혁 프로그램을 도입함으로써 그들과 연결 고리를 확립하였다. 그레고리는 서 고트 사람들을 아리안주의로부터 전통주의로 회심하도록 격려하였으며 세빌레의 감독 레안더를 친구로 삼았다. 또한 597년 켄터베리의 어거스틴과 4명의 수도사들을 보내어 잉글랜드의 앵글로색슨족에게 복음을 전하도록 함으로써 서방의 이교도적 미개 종족 사이에서 선교 활동을 주도하였다.

그레고리의 저술

그레고리는 유능한 행정가, 경건한 수도사, 수완 좋은 외교가, 건전한 도덕 지도자였을 뿐만 아니라 기독교 진리를 중세 시대 초기의 이민족들에게 구체적 방법으로 전달한 역량있는 저술가였다. 그의 사상은 독창적이지는 않았으나 자기 세대와 후속 세대에 지대한 유익을 주었다. 그러므로 그는 고대 교회의 지혜 및 경건과 중세 기독교 사이의 중요한 연결 고리로 기억되고 있다. 또한 그는 로마 카톨릭 전통에서 도덕 신학의 4대 스승들 가운데 한 사람으로 생각되고 있다. 그레고리는 대중적인 카톨릭주의와 어거스틴주의를 혼합시켜 중세 초기의 사상을 지배하도록 하였다. 나아가 연옥에 대한 가르침을 하나의 견해로부터 도그마로 끌어올림으로써 이 교리를 확립시켰다. 그는 연옥의 영혼들이 미사의 제사에 의해 해방될 수 있다고 믿었다. 또한 성인 유골들의 숭배와 성상의 사용을 권면하기도 하였다. 이러한 사상들은 그가 쓴 일련의 작품들에서 전개된다. 거기에는 서신들, 대화록, 욥기 강해, 에스겔과 복음서에 대한 설교,「목회 규범」이라는 감독들을 위한 지침서 등이 포함되어 있다.

그레고리의 서신들 가운데 다수가 현재까지 보존되고 있으며 그가 살았던 시대에 대해 독자들에게 정보의 풍부한 자료를 제공해 주고 있다. 이러한 서신들은 교회의 선교적, 행정적, 사회적 측면과 교회와 제국의 관계, 서부 유럽의 게르만 당국 및 부상하고 있던 수도원 운동 등을 다루고 있다. 이 편지들은 그 시대의 문제들을 다루는데 있어서 그의 광범위한 역량을 여실히 보여주고 있으며 그에게 "대"(the Great) 자를 붙여야 한다는 역사적 판단의 타당성에 대한 최상의 증거를 제공해 주고 있다.

대화록

「성인들의 기적의 생애와 영혼의 불멸성에 대한 4권의 대화록」은 594

년 그레고리에 의해 저술되었으며 저자와 로마 수석집사 베드로 사이에 있었던 일련의 대화로 구성되어 있다. 첫 3권은 6세기 여러 종교 지도자들의 삶의 성결과 기적적 측면을 묘사하고 있다. 그들 중에 누르시아의 베네딕트가 있다. 그는 하나님께 대한 헌신에 있어 지도적인 본보기라고 그레고리는 주장한다. 이들 이야기에서 그레고리는 기적이 성경 시대에만 국한되지 않고 지금도 하나님의 백성들의 기도와 신앙에 대한 응답으로 일어나고 있다고 진술한다. 마지막 제4권은 종말론에 대한 그의 견해를 보여주고 있으며 중세 교회의 연옥설을 알 수 있는 주요한 자료이다. 천국과 지옥에 대한 일련의 생생한 묘사에서 그레고리는 이민족 침략자들의 손에서 핍박을 받고 있는 독자들을 위로하고자 한다. 신앙이 깊은 자들은 죽은 직후 천국으로 올라가지만 하나님과 함께 있을 준비가 갖추어지지 않은 자들을 위해서 연옥이 존재한다고 그는 가르친다. 그는 이 교리를 주의 깊게 설명하면서 그러한 개인들이 보다 신속히 연옥을 통과할 수 있도록 돕기 위해 미사의 제사가 필요하다고 말한다.

많은 로마 카톨릭의 저술가들은 이 대화록이 그레고리가 기독교 진리를 무식하고 교육을 받지 못한 사람들에게 전달하기 위해 사용한 문학 형태에 불과하다고 주장한다. 그러한 신자들은 상세하고도 추상적인 교리적 논의를 이해하지 못할 것이나 기적에 대한 전설과 성인들의 체험에 의해 매혹을 당했을 것이라고 그들은 말한다. 따라서 이 이야기들은 단순하게, 시대적 환경의 간고에도 불구하고 하나님께서 자기 백성과 여전히 함께 하신다는 것을 진술하고 있을 뿐이라는 것이다. 그러나 개신교 학자들의 견해는 그처럼 관대하지 못하였다. 그들의 대부분은, "지성과 훌륭한 이름을 가진 사람이 그러한 기괴하고도 유치한 경이들을 믿었다는 것은 이상하다"라고 말한 필립 샤프의 견해에 동의하고 있다.

욥기 강해

그레고리의 주요한 서술들 가운데 하나가 「욥기 강해」이다. 그는 콘스탄티노플에 교황의 사절로 가 있는 동안 이 글을 쓰기 시작했다. 그는 이 글을 가지고 여러 해 동안 작업을 하였다. 이 작품은 35개의 책을 포함하고 있으며 욥을 세 가지 측면 즉 역사적 또는 문자적 의미, 우화적 의미, 도덕적 의미에서 다루고 있다. 현대의 표준에 의하면 역사적인 해석은 적합하다고 볼 수 없을 것이다. 그레고리는 히브리어나 헬라어를 알지 못하였으며 여러 해 동안 콘스탄티노플에서 살았지만 동방의 역사나 문화에 대해 그다지 익숙하지 않았기 때문이다. 우화적인 부분에 더욱 가치가 있다. 그 부분은 그가 구약성경 여러 책들의 행간에서 읽어낸 전반적 신학 체계를 담고 있기 때문이다. 그는 인명과 지명, 사물들의 이름에 기독교적 의미를 가득 부여하였다. "욥은 그리스도를 나타내며 그의 아내는 육적 본성을 나타낸다. 그의 일곱 아들은(일곱은 완전수이다) 사도들을 나타내며 따라서 성직자들을 나타낸다. 그의 세 딸은 삼위일체 하나님을 예배하는 세 계급의 평신도를 나타내며 그의 친구들은 이단들을 의미한다. 7,000마리의 양떼는 완전한 그리스도인들을 나타내고 3,000마리의 약대는 이교도인들과 사마리아인들을 나타낸다. 500겨리의 소와 500마리의 암나귀도 역시 이교도들을 나타낸다. 이사야 선지자는 이렇게 말하고 있기 때문이다 : '소는 그 임자를 알고 나귀는 주인의 구유를 알건마는 이스라엘은 알지 못하고 나의 백성은 깨닫지 못하는도다.'" 그레고리는 욥기의 도덕적 의미에 대한 장문의 논의로써 강해를 끝맺는다. 이 부분은 독자들에게 기독교 윤리의 개괄적 뼈대를 제공한다.

에스겔서에 대한 22개의 설교는 에스겔서의 1~4장과 제 40장에 근간을 두고 있다. 이러한 설교들도 역시 그레고리가 구약성경 가운데서 그리스도의 생애, 교회, 기독교 윤리 같은 주제들을 어떻게 추출해 내었는지 잘 보여주고 있다. 교리적 문제들 외에도 이들 설교는 롬바르드족의 위협에 직면한 로마 백성들을 위해 위로의 말을 담고 있다.

복음서에 대한 40개의 설교는 6세기에 있어서의 설교의 중요성을 실증해 주고 있다. 이 설교들은 현실감 있는 예화들을 사용함으로써 더욱 생생한 모습을 드러내고 있다. 그의 권면들 가운데 다수가 세상의 끝이 가깝다는 믿음을 표출한다. 어느 곳을 보든지 그는 역병과 이방인들의 침공 및 고대 로마 세계의 물리적 부패 같은 종말의 표적들을 보았다. 그는 청중들에게 죽음에 대해 간곡하게 경고하며 지옥의 위험과 천국의 행복을 설명하면서 심판날을 위해 준비하라고 권면하고 있다.

그레고리 규범

그의 가장 중요한 책은 감독들을 위한 지침서 즉 「목회 규범」이었다. 이 책은 중세의 실천 신학에 있어 표준적인 책자가 되었다. 이 책은 네 부분으로 나누어져 있으며 각각 어떤 종류의 사람이 교회의 지도자가 될 수 있는가 라는 문제, 그러한 사람의 행동, 가르침에 대한 그의 자세, 지도권에 관련된 유혹에 대한 경고를 다루고 있다. 그는 성직자의 독신 생활을 요구하고 목회자는 유능한 설교가가 되어야 한다고 주장한다. 또한 독자들에게 모범과 훈계를 통해 가르치라고 촉구하면서 이렇게 진술한다 : "모든 설교가는 자기 말에 의해서보다 자기 행동에 의해서 더 많은 소리를 내야한다. 설교가는 단순히 말로써 사람들에게 행해야 할 길을 보여주기보다 자신의 선한 삶에 의해 그들이 따라야 할 발자취를 남겨야 한다"(목회 규범 3 : 40). 영적 지도자는 명상과 아울러 긍휼을 베풀어야 한다고 주장하면서 그는 이렇게 충고한다 : "지도자는 모든 사람에게 동정심을 가지고 가까운 이웃이 되어야 한다. 하지만 무엇보다도 명상에 뛰어나야 한다. 그는 불가시적 세계를 향해 높이 들어 올리는 똑같은 마음의 눈으로써, 동정심을 가지고, 연약함에 종속된 자들의 내면을 살펴보아야 한다"(목회 규범 2 : 5). 그의 조언 가운데 많은 부분이 시대를 가로질러 오늘날의 그리스도인들에게도 훌륭한 경고의 말이 되고 있다 : "지도자는 악덕들이 미덕으로 통하는 경우가 얼마나 많은지 이해해야 한다. 인색이 종종 검약이라는 이름 아래 자신을 변명하며 반면 사치는 관대라는 이름 아래 자신을 감춘다. 종종 과도한 해이가 인자함으로 오해되고 반면 고삐 풀린 분노가 영적 열정의 미덕으로 간주된다"(목회 규범 2 : 9).

그레고리에 대한 평가는 시대와 함께 변천하였다. 그러나 그가 위대한 교회 지도자들 가운데 한 사람이었다는 것은 의심할 여지가 없다. 그는 수도원 생활에 대한 권면, 교황의 지위를 높이 봄, 설교에서의 조언, 설교적 열정, 성경 해석 등을 통해 중세의 신앙에 자신의 표적을 남겼다. 한 최근의 전기 작가가 진술하고 있는대로 "그는 그리스도인과 신사와 로마인으로서 자기 임무를 다하였다. 아무도 더 이상의 것을 요구할 수 없었을 것이다. 그는 그의 묘비명이 부여하고 있는 그 칭호를 받을 가치가 있고도 남는 인물이었다. ─'하나님의 집정관.'"

베데(Bede)
672년경~735

베데는 교회 교부들의 시대와 카롤링 왕조의 학문 부흥기 사이에 살았던 가장 중요한 기독교 학자, 교사, 저술가였다. 그의 공헌이 너무나도 탁월했으므로 종종 600~800년의 기간을 베데의 시대라 부른다.

베데의 저술은 서방에서 직업적인 종교 교육을 위한 토대가 되었다. 시간, 역사, 성경에 대한 그의 작품외에도 찬송가학 지리학 및 자연현상에 대한 연구가 있었다. 베데의 학문 범주는 상상력을 불허할 정도이다. 그의 교육 문헌은 서방에서 대학이 발생할 때까지 수도원 교육을 지배하였다. 그의 문체는 여러 세대의 기독교 역사가들에게 영향을 주어왔다.

베데는 웨어마우스의 수도원들과, 그 시대 활발한 앵글로색슨족 문화가 번창하고 있던 잉글랜드 북부의 재로우에서 거의 전생애를 보냈다. 9세기로부터 베데는 일반적으로 그의 성자다운 삶 때문에 "가경자"(Venerable)라는 칭호를 얻게 되었다. 그는 저서 「잉글랜드 민족 교회사」로 인해 매우 유명하다. 이 책은 여전히 초기 잉글랜드의 생활상에 대한 주요한 정보 자료가 되고 있다.

베데의 생애

663~664	윗트비 종교 회의(Synod of Whitby)
674	웨어마우스(Wearmouth)에 수도원이 설립되다.
669	베네딕트 비스콥(Benedict Biscop)이 로마에 가서 사본들을 모으다.

672~673	노스엄브리아(Northumbria)에서 베데가 탄생함
681~682	재로우(Jarrow) 수도원이 설립되다.
약 700년경	수도 생활에의 성별자 (oblate)가 되다.
약 712년경	사제로 임명되다.
731	「잉글랜드 민족 교회사」(Ecclesistical History of the English Nation)가 완성되다.
735	재로우에서 죽음

가경자 베데(The Venerable Bede)

캐롤라인 마샬

베데와 재로우

672년경 잉글랜드의 먼 북부 노스엄브리아에서 태어난 베데는 7세 때에 부모에 의해 웨어마우스와 재로우의 두 수도원에 수도 생활에의 성별자로 맡겨졌다. 19세 때는 집사가 되고 30세에는 사제가 되었다. 그는 일생을 노스엄브리아에서 보냈다. 그가 그 지역의 다른 수도원들도 방문했지만 재로우가 그의 집이자 그의 괄목할 만한 영적 문학적 작업의 현장이었다.

베데는 두 개의 주요한 기독교 전통 즉 켈트와 라틴 전통의 후예였다. 5세기 패트릭에 의해 세워진 켈트의 기독교는 감정적이고 복음적이었다. 조직에 있어서 그 기독교는 수도원의 이상이 승리를 구가하였다. 수도원장이 감독들을 임명하였으며 일반적으로 수도원장은 재세 성직자보다 힘이 있었다. 이 교회의 전사들은 아이오나와 린디스판의 커다란 수도 생활기지를 경유해 신앙을 브리튼으로 가져간 순회 수도승들이었다.

6세기에 라틴 대주교의 마지막 인물 교황 그레고리 I세(대 그레고리)는 켄터베리의 어거스틴을 주축으로 브리튼에 일단의 선교사들을 파송하였다. 그들의 목적은 이교도 앵글족과 색슨족 및 주우트족을 회심시키고 라틴 교황권 아래 교회의 중앙 집권화를 진작시키는 데 있었다. 두 교회들 사이에서는 조직, 부활절의 날짜, 삭발의 관습 및 기타 문제들로 분쟁이 일어났다. 그러나 라틴 교회가 훈련된 재속 성직자들을 통해 승리하였다.

학자 베데

재로우에서의 긴 생애중에 베데는 학문과 교훈적 윤리적 저술에 정진하였다. 그의 연구 분야에는 성경 주석, 전기, 성인전(hagiography), 그리고 시간, 시와 운율, 음악과 역사 등에 대한 연구가 포함되어 있다. 그러나 연구와 저술과 가르침 때문에 그가 **오푸스 데이**(opus dei, 하나님 찬양)를 소홀히 했던 것은 아니다. 이 노래들은 재로우와 기독교 세계 곳곳에서 영창되었다. 천사들이 찾아와 자신의 노동을 하지 않는 모습을 발견할까 두려워 한다고 그는 말하기도 하였다. 그와 모든 수도승들은 노동이 그리스도인의 가장 중요한 직무라고 믿었던 것이다. 베데는 또한 수도사들의 단순 가정 일에 찬사를 보냈다. 그러나 자신은 그러한 활동에 깊이 관여할 수 없었다.

베데는 색슨 사람이었으며 켈트와 라틴 기독교인들 사이의 투쟁에 있어 절대적으로 로마 편이었다. 「잉글랜드 민족 교회사」에서 그는 아일랜드의 수도승들과 그들을 통해 회심한 자들에게 커다란 공로를 부여하고 있다. 그러나 로마의 선교 활동 이후 고대 교회의 정복에 대한 묘사에 있어서는 거의 무감각한 듯하다. 그는 자발성과 계시의 편보다 질서의 편을 들었다.

한편 이런 점에도 불구하고 베데의 교육은 양 제도로부터 얻은 주옥들을 포함하고 있었다. 베데의 민주적인 자선은 켈트의 과거를 반영하고 있으며 그의 막대한 학문은 새 질서가 제공한 부요와 능률을 반영하고 있다.

베데가 몸담고 있던 수도원의 원장 베네딕트 비스콥은 웨어마우스-재로우 수도원의 설립자로서, 헬라 교육을 받은 켄터베리의 대주교, 다소의 데오도레의 친구였다. 베네딕트와 이 대주교는 로마와 유럽대륙을 방문하여 거기에서 웨어마우스-재로우 공동체와 켄터베리를 위한 거대한 사본들의 보고를 모았으며 그러한 문서를 브리튼의 최귀중품으로 만들었다. 그러므로 베데는 교부들의 많은 작품들과 라틴어 벌게이트역 및 많은 고전적인 이방 문헌들을 마음대로 사용할 수 있었다.

베데의 역사책

확실히 베데는 라틴어와 헬라어를 알고 있었으며 아마 히브리어도 어느 정도 알고 있었을 것이다. 그의 저서 가운데 「잉글랜드 민족 교회사」가 가장 잘 알려져 있는 작품이다. 생애 말년에 저술된 이 작품은 초창기 브리티쉬-로마 생활로부터 731년 켄터베리의 대주교 버트왈드(Bertwald)의 사망시까지 잉글랜드 국가의 조직을 익숙하게 묘사하고있다. 베데의 「교회사」는 자료를 주의깊게 다룬 것으로 유명하다. 그는 이러한 자료들을 책의 서두에서 개괄했을 뿐만 아니라 할 수 있는 한 언제나 주의깊게 자료를 점검하였다. 그는 다른 수도원의 성직자들에게 사람을 보내어 이 작품을 위해 조언을 받고 명확한 설명을 듣기도 하였다. 의심할 여지 없이 진실과 정확성에 대한 베데의 열정은 역사의 집필에 전례 없는 표준을 세웠을 것이다.

베데는 교회의 선교 사명과 문명화 사명을 강조한다. 그는 서로 싸우는 복합적인 부족들보다 하나의 잉글랜드 국가를 본다. 그러나 「교회사」의 가장 잊지 못할 요소는 아마 브리튼에서의 기독교 선교를 묘사하면서 사용한 시문에 있을 것이다.

그의 작품은 또한 창조에 있어서 특별한 시작과 특별한 종말을 상징하는 유대-기독교적 일직선 역사 이론을 보여주고 있다. 시작과 종말 사이에서 인간들과 나라들의 사건은 도덕적 의미를 가지고 있다. 따라서 시대 구분 및 연대는 중요하다. 개인주의도 또한 강조된다. 그러므로 켈트와 잉글랜드의 명사들이 상세하고도 자상하게 묘사되어 있다.

나아가 베데는 성경 주석을 집필하였다. 적어도 그의 저술들 가운데 반절이 즉 24개의 제목이 이러한 범주로 분류된다. 성경 해석에 있어서는 교부들의 글을 의존하였으며 특히 힙포의 어거스틴과 베들레헴의 제롬의 글을 근간으로 삼았다. 그는 알렉산드리아 형태의 알레고리를 모방하였으나 지엽적인 요소들은 흥미로우며 독특한 그 자신의 것이다. 그러한 요소들은 신앙에 대한 그의 민주적 시각과 그의 시적 마음 바탕을 여실히 보여준다. "우리는 학식있는 마음속에 신앙의 신비와 창조주의 계명을 알고만 있는 자들에게는 천국문이 열려 있다고 생각하지 않는다. 천국문은 그러한 것들을 삶으로 실천할 수 있을 만큼 충분히 진보한 자들에게 열려 있다."

수도사 베데

무엇보다도 베데는 수도사였다. 그는 교회력과 성인들의 절기 및 시간과 연대의 문제에 관해 길게 연구하였다. 그는 주기적으로 순환하는 수도력을 사랑하였다. 703년에 그는 「시기에 대하여」를 집필하였으며 20년 후 「시대의 계산에 대하여」를 저술하였다. 이 문헌에서 베데는 수의 상징적 사용에 대해 사색하며 옛 이교도적 칭호와 의미로부터 기독교 특유의 어떤 의미로의, 절기들의 변화를 기술하고 있다. 그는 부활절의 날짜에 대한 켈트와 로마 기독교인들 사이의 논쟁 때문에 기독교 성일들의 순서와 목록작성에 많은 노력을 기울인다.

베데에게서 함께 흘렀던 중세 생활의 여러 가지 물줄기가 그를 독특한 사람으로 만드는 데 도움을 주었다 : 켈트 그리스도인들의 기행(ecceltricitry), 이교도 색슨족들의 야만성, 카톨릭 교회의 실용적인 질서. 그는 735년에 죽었다. 나중에 그의 시체가 더햄(Durham)의 군주—감독(prince-bishop)의 앞잡이들에 의해 재로우로부터 도난당해 갔으며 그의 뼈는 더햄 성당에 매장되었다. 그의 무덤은 개신교 종교개혁 기간에 수모를 당하였다. 1899년에 카톨릭 교회는 베데를 '신성한 박사'(divine doctor)로 선언하였다. 그리고 1935년에 그는 성인의 반열에 올랐다. 그는 학문과 기독교적 삶의 화려한 본보기로 인해 영어를 말하는 사람들에 의해 계속하여 연구와 탄복의 대상이 되어 오고 있다.

보니페이스(Boniface)
672년경~754

윈프릿(Winfrith) 즉 보니페이스(후년에 스스로가 지은 이름)는 7세기와 8세기 영국 제도로부터 유럽 대륙으로 온 일련의 선교사들 가운데 가장 유명한 사람이었다. 그는 북유럽, 독일 땅의 수 많은 능력있는 전도자들, 개혁자들, 교회설립자들 가운데 한 사람에 불과 하였지만 "독일인들에 대한 사도"로 불리고 있다. 그의 목표들은 신령한 것이었다 : 독일 땅의 타락한 기존 교회들을 개혁하고 나머지 회심하지 않는 게르만 종족들을 그리스도에게로 인도하는 데 있었다.

그럼에도 보니페이스는 자기가 예견할 수도 없었고 뜻하지도 않았던 두 가지 사태에 불꽃을 점화시켰다 : 첫째로 옛 로마 제국이 북 유럽에 새로운 기독교적 옷을 입고 재탄생한 사건이다("게르만 민족의 신성 로마 제국"). 둘째 교황권이 동방의 옛 기독교 땅과 "새 로마" 콘스탄티노플(거기에는 아직도 "로마인들의 황제"가 있었다)로부터 떠나 서방의 게르만 땅으로 방향을 재선회한 것이다. 그 땅들이 나중에 프랑스와 독일이 된다. 어떤 의미에서 보니페이스는 기독교 유럽, 중세 기독교 문명이 세례를 받는 데 있어 후원자 역할을 하였다. 그를 가리켜 "샤를먀뉴 이전의 서방 창설자, 샤를먀뉴를 위해 길를 닦은 자"라고 지칭한 한 역사가의 말이 적절하다 하겠다.

보니페이스의 생애

672~675년경　　　　탄생

보니페이스, 독일인들에의 사도

해롤드 브라운(Harold O. J. Brown)

크레디톤(Crediton)의 윈프릿

7세기 말 켈트, 아일랜드, 스코틀랜드인 선교사들의 수가 줄어들면서 그들이 그리스도께로 인도했던 잉글랜드의 많은 색슨 사람들은 그들의 본을 좇아 아직 이교도인 유럽대륙의 게르만인들에게 복음을 전해야 한다는 소명 의식을 느끼게 되었다. 이 일을 최초로 행한 이가 노오스엄브리아의 윌리브로드(Willibrord, 658~739)였다. 그는 지금의 네델란드 지방에 살던 프리시아 사람들 가운데서 복음을 전하였으며 우트레히트(Utrecht) 최초 감독이 되었다. 그러나 그들 중 가장 유명한 사람은 색슨족의 윈프릿이었다.

역사적으로 보니페이스로 알려진 이 사람은 672년과 675년 사이에 웨섹스(Wessex)라는 작은 색슨족 왕국의 엑시터(Exeter) 근처 크레디튼에서 윈프릿이란 이름으로 태어났다. 그는 처음 40년 동안 한 색슨족 수도원에서 교사와 시인, 문법가로서 살았다. 그는 윌리브로드의 대륙 사역을 알고 있었다. 716년 윈프릿은 이교도 프리시아왕 라드보드(Radbod)가 프리시아에서 행한 윌리브로드의 사역을 말소해 버렸다는 것을 알게 된다. 윈프릿은 선대 아일랜드의 수도승들처럼 홀로 대륙을 향해 출발하였으나 그의 초창기 노력은 성공을 거두지 못하였다.

그는 자신의 선교 사역에 공식적 후원이 필요하다는 것을 깨닫고 카롤링가의 "왕궁 메이어(Mayor)"인 페핀(Pepin, 사양길에 접어든 메로빙 왕가 하의 실질적 프랑크족 통치자였음)의 인준을 확보하였으며 로마로 가서 교황의 인준을 구하였다. 지중해 지역 전체가 이슬람으로 넘어갈 무서운 손실에 직면하여 교황은 윈프릿에게 축복을 선언하는 것만도 천만 다행이었다. 이것이 현명한 처사라는 것은 곧 입증되었다. 보니페이스라는 로마의 귀족적 이름을 취함으로써 로마와 자신의 새로운 관계를 상징적으로 나타내 보였던 윈프릿은 로마가 스페인에서 회교도들에게 상실했던 것보다 더 많은 것을, 독일에서 로마에게 가져다 주었던 것이다.

도나의 오우크 나무(Oak of Donar)

그 후 몇년 동안 보니페이스는 프리시아에서 윌리브로드와 함께 사역하였다. 라드보드가 죽음으로써 그들의 사역은 한결 수월해졌고 보니페이스는 남쪽으로 멀리, 현재의 독일 헤세(Hesse) 주에 살던 이교도들에게까지 갈 수 있었다. 722년 교황은 보니페이스를 감독으로 삼았고 그는 열성적으로 일을 시작하였다. 헤세의 이교도들과 극적으로 대결하면서 보니페이스는 가이스마에 있는 신성한 도나의 오우크 나무를 베어서 그 목재로 근처 프리쯔라(Fritzlar)에, 사도 베드로의 이름에 헌정하는 교회를 세웠다. 독일에서의 기독교의 승리는 이와 같이 성베드로 교회의 건축과 함께 시작되었다.

헤세에서 성공한 보니페이스는 동쪽 투링기아(지금의 동부 독일에 있음)로 진출하였다. 여기에서 그는 한 기존 교회의 남은 자들을 재조직하였다. 복음 전파 외에도 보니페이스와 기타 앵글로 색슨족 선교사들은 기존 교회의 부패 현상을 제거하는 데 선도적 역할을 담당하였다. 이러한 행동은 본토 프랑크족 성직자들과의 마찰, 특히 스스로 사역을 수행하고 싶었던 보다 열성적인 성직자들과의 마찰을 야기하였다. 교황 그레고리 3세는 732년 보니페이스를 대주교로 임명하였으며 그에게 라인 지방의 예하 주교들을 임명할 권한을 주었다. 프랑크족의 반대에 부딪혀 그는 요충지인 퀼른(Cologne)에 대주교의 청사를 세우지 못하였다. 프랑크족 성직자들의 대부분은 그의 개혁과 복음 전도 사역에 자신들을 끌어들이려는 그의 노력에 반발하였다. 그러므로 그는 계속적으로 잉글랜드의 그리스도인들에게 도움을 요청하지 않으면 안되었다.

풀다의 대 수도원

그의 사역 가운데 많은 부분이 수도원을 세우는 일이었다. 수도원들은 경건의 중심지는 물론 학문의 중심지가 되었다 : 헤세의 아뫼네부르크(Amoneburg)와 프리쯔라, 그리고 744년에 세워진, 가장 유명한 풀다의 대 수도원. 풀다는 나중에 독일 로마 카톨릭교의 위대한 영적 중심지가 된다.

한편 또 한 사람의 페핀(714년경~768)이 찰스 마텔을 이어 받아 프랑크족의 "왕궁 메이어"(Mayor of the Palace), 다시 말해 실질적 통치자가 되어 있었다. 페핀은 처음에 "외국인" 보니페이스보다 자국의 프랑크족 성직자들을 두둔하였으나 프랑크족의 한 귀족 사제 세인트 데니스의 풀라드(Fulrad)의 설득으로 보니페이스측에 가담하였다. 풀라드는 보니페이스와 함께 일해온 사람으로서 페핀이 보니페이스와 교황의 끈을 통해 이득을 얻을 수 있을 것이라는 언질을 주었다. 그러자 보니페이스는 페핀을 도와 그가 교황으로부터 프랑크족 왕으로 승인을 받게 해주었다. 이것이 카롤링 왕가의 시작이었다. 그리고 페핀의 아들 샤를먀뉴로부터 태어난 독일 황제들 및 프랑스 왕들과 교황 사이의 길고도 친밀한 관계도 이렇게 시작되었다.

보니페이스가 페핀왕을 기름 부어 세웠을 것으로 학자들은 추정하고 있다. 그러나 754년 성데니스에 온 교황 스테펜 2세가 직접 이 일을 실시하였다는 것이 보다 개연성이 있다. 카롤링가의 "왕궁 메이어"를 왕으로 기름부어 세움으로써 여기에, 선지사 사무엘이 다윗에게 기름을 부운 일과 어떤 평행 관계가 창출되었다(그러나 그 후 많은 군주들은 다윗

보다 사울 왕을 더 닮게 된다). 천년 동안 프랑크(나중에는 프랑스) 왕들은 명시적 암시적으로 어떤 특별한 신적권위를 자칭하게 되었던 것이다. 또한 교황권도 득을 보았다. 왕들에게(그리고 800년 샤를마류가 신성 로마 황제로 대관식을 가진 이후 황제들에게까지) 관을 씌어 줌으로써 교황은 은연 중 그들 위의 권위를 가진 것으로 비쳐졌기 때문이다. 이러한 일이 동방 교회에서는 결코 주장할 수 없는 일이었다. 동방의 황제들은 아우구스투스 케사르의 후계자들로서 통치하였으며 교회로부터 자신들의 군주적 권위를 인준 받을 필요성을 느끼지 못하였다.

교황 스테펜 2세가 세인트데니스에 왔던 해에 보니페이스 자신은 헤세에서 교회의 조직 사역에 박차를 가하며 그의 마지막 활동 즉 새로운 선교 운동을 준비하였다. 보니페이스는 그의 색슨족 친구 룰(Lul, 710~768)을 마인쯔에 감독으로 남겨두고 풀타 대 수도원의 사무들을 정리하였다. 그 후 그는 다시 한번 북으로 갔다. 그 곳의 종족들은 아직도 대 부분 이교도들이었다. 이미 노인이 된 보니페이스는 책들 뿐만 아니라 수의까지고 가지고 갔는데 아마도 이는 자신의 생애가 순교로 끝날 것을 예견했기 때문일 것이다.

순교

754년 오순절 주간의 수요일에 보니페이스는 일단의 갓 개종한 프리시아 사람들에게 견진성사를 베풀기 위해 그들을 도쿰(Dokkum)으로 소환하였다. 거기에서 그들은 회심하지 않은 야만인들의 무리에게 습격을 받아 학살당하였다. 긴 생애 말년에 순교를 당함으로써 보니페이스는 자기 사역에 독특한 인을 남기게 되었다. 그는 헌신과 힘든 고역, 신앙을 옹호하는 영웅적 기상 등의 유산을 남겼다. 이러한 영웅적 기상은 그가 사라진 이후에도 오랫동안 존속하며 독일의 카톨릭계에 독특한 호전적 성격을 주게 된다. 그리고 이런 호전적 성격이 나중에 중세의 기독교 기사도와 군사 단체에 반영된다. 보니페이스는 자신의 죽음으로써 그가 평소에 했던 말을 성취시켰다 : "우리는 조상들의 거룩한 법을 위해 죽자.

우리는 벙어리 개, 침묵하는 방관자, 이리를 보고 도망치는 삵꾼이 되지 말고 그리스도의 양떼를 잘 보살피는 충성스런 목자가 되자. 우리는 때를 얻든지 못 얻든지 하나님이 힘을 주시는대로 높은 자와 낮은 자, 부자와 가난한 자 , 모든 계급, 모든 연령에 하나님의 뜻을 다 전파하도록 하자."

보니페이스는 복음의 빛을 이교주의에 의해 어두워진 유럽으로 다시 가져온 수 많은 아일랜드 스코틀랜드 및 앵글로색슨족 선교사들 가운데 한 사람에 불과하였다. 그러나 보니페이스는 콘스탄틴 황제 이후 어떤 사람보다도 더 많은 개인들을 회심시켰을 뿐만 아니라 한 나라 전체를 교회로 인도하였다. 로마의 교황권을 프랑크 왕들 및 독일 황제들과 연결시킴으로써 그는 중세 기독교 유럽 및 그 모든 영광과 모순의 창출에 있어 핵심 인물이 되었다. 그러므로 그는 "서방의 창건자"라는 칭호를 받을 만하다.

알퀸(Alcuin)
735년경~804

　전 기독교 역사에서 알퀸과 샤를먀뉴(742~814)의 그것에 버금가는 우정 관계는 찾기가 어려울 것이다. 그들은 둘 다 은사와 업적에 있어서 특이하였다. 샤를먀뉴는 그의 치세 중에 옛 로마 제국의 부채꼴 모양을 이루는 서방 지역을 자기 통치하에 병합시키는 데 성공하였으며 알퀸의 도움을 얻어 고전 학문의 회복을 위해 기지를 설립하였다. 그들은 공공 교육을 시작하였으며 교양있는 언어로서의 라틴어의 일반적 사용을 장려하였다.

　알퀸은 능숙한 시인, 전기 작가, 성경 주석가, 신학자였다. 게다가 그는 문법, 수사학, 논리학의 교과서도 출간하였다. 영적 무질서와 교회의 타락이 편만하던 시대에 알퀸은 신앙의 변호와 선전에 두드러진 공헌을 하였다. 그는 예배 의식을 개혁하고 신학적 교육을 위해 어떤 구조를 제공하는 데도 일익을 담당하였다. 그는 열성적으로 편지를 쓰던 사람이었다. 그의 편지 가운데 300통 이상이 현존하고 있다. 그것들은 그의 마음과 그 시대의 지성을 통찰하는 데 풍요로운 보고를 형성한다.

　샤를먀뉴는 인상적인 사람이었다. 7피트의 키에 강하고 활력이 넘치는 몸과 명랑한 기질을 소유하고 있었다. 그의 경건에는 가식적인 것이 없었다. 그는 그리스도를 자신의 구주로 고백하였으며 하나님의 뜻에 의지한다는 의식적 감각을 가지고 살았다. 하지만 그는 그 시대의 정력가였다. 4명의 아내와 수 많은 첩(기록에 의하면 그 중 다섯은 그에게 자녀를 낳아주었다고 한다)을 두었다. 그의 품행은 위엄이 있었다. "로마인들의 귀족"이라는 그에 대한 칭호는 적절한 것이라 하겠다.

알퀸의 생애

735년경   알퀸의 탄생

742   찰스대제(샤를먀뉴)의 탄생

766   알퀸이 요크민스터 스쿨(York Minster School)의 교장
으로 임명되다.

771   찰스가 프랑크족의 유일한 통치자가 되다.

775   찰스가 색슨족을 복종시키고 기독교화하려는 장기간의 노
력에 착수하다.

780   찰스가 파르마(Parma)에서 알퀸을 만나다.

781~790   찰스가 알퀸의 지도 아래 학문의 부흥에 착수하다.

794   알퀸이 프랑크푸르트 회의에서 양자론에 맞서 정통주의를
변호하다.

796   알퀸이 투어스의 성마르틴 수도원(St. Martin of Tou
rs) 원장이 되다.

800   교황 레오 3세가 샤를마뉴에게 왕관을 씌워주고 그를 황제
로 선언하다.

804   알퀸의 죽음

813   샤를먀뉴가 아퀴테인의 루이스(Louis of Agui-taine)에
게 협동 황제로서 관을 씌워주고 그의 후계자로 삼다.

814년경   샤를먀뉴의 죽음

알퀸과 황제 샤를마뉴

제임스 페인(James H. Pain)

요크의 알퀸

알퀸은 아마 어렸을 때 고아가 되었을 것이다. 그는 요크 민스터의 학창 시절 이전 삶에 대해서는 아무 것도 말하고 있지 않으며 거기에서는 자신의 스승들이 유년기로부터 "어머니의 애정을 가지고" 그를 돌보아 주었다고 언급한다. 그가 쓴 윌리 브로드의 전기에서 그는 윌리 브로드의 부친 월 길스와 자신이 어떤 혈연 관계가 있음을 주장하고 있는 것 같다. 이것이 그 본문에 대한 바른 해석이라면 이는 알퀸이 교양있는 기독교 귀족 가문 출신이라는 뜻이다. 그가 735년경 요크 근처에서 태어났을 가능성이 있다. 그러나 그의 탄생이나 세례에 대한 기록은 현재까지 발견되지 않고 있다. 어쨌든 알퀸은 요크의 교장 앨버투스의 눈에 띤 조숙한 아이였다.

8세기에 요크 성당은 기독교 세계에서 가장 훌륭한 도서관을 가운데 하나를 가지고 있었다(재로우와 켄터버리의 그것보다 우수하지는 못하였으나 그것들에 필적할만한 것이었다). 거기에서 알퀸은 암브로스, 아리스토텔레스, 어거스틴, 베데, 뵈티우스, 카시오도루스, 키게로, 그레고리 대제, 락탄티우스, 루칸, 오로시우스, 플리니, 스타티우스, 버질 및 그 외 수 많은 사람들의 작품에 접근할 수 있었다. 이 영국 도서관들의 자료들 가운데 꽤 많은 것이 675년 이후 해외로부터 도입된 것이었다. 알퀸 시대에 사본 찾기는 흥미로운 일이었다. 젊은이로서 그가 앨버투스를 로마까지 수행한 것은 그와 같은 사본 찾기 작업의 일환이었다. 그 여행을 통해 이 교장은 알퀸에 대해 점차 감탄과 신뢰를 두게 되었다.

앨버투스가 766년에 요크의 대주교가 되었을 때 그는 알퀸을 그 성당 학교의 자기 후계자로 삼았다. 15년 동안 알퀸은 아주 탁월하게 근무하였다. 그 후 780년 교황은 대주교 에언볼드(Eanbald)에게 영대(pallium)를 하사하였으며 에언볼드는 알퀸을 로마로 보내 알퀸의 영대를 청구하도록 만들었다(이 물건은 어깨 위에 걸치는 멍에 같은 의복으로서 이것을 걸치는 자가 교황의 직무에 동참한다는 것을 암시한다. 비교적 최근의 시대에는 모든 대주교들이 이를 청구하여 직무의 조건으로서 받았지만 에언볼드의 시대에는 이것이 영예의 표식이였다. 따라서 알퀸의 용무는 커다란 특권이었다). 바로 이 여행 중에 알퀸은 파르마에서 찰스 대제(샤를먀뉴)를 만난다.

샤를먀뉴

전통에 의하면 찰스는 742년 4월 2일에 태어났다고 한다. 그는 찰스 마르텔의 손자였으며 메로빙 왕가의 "왕궁 메이어"인 페핀 3세의 장자였다. 751년 페핀은 "프랑크인의 왕"이라는 칭호를 얻었으며 4년 뒤 교황 스테펜 2세는 그와 그의 어린 아들들 찰스 및 칼로만에게 기름을 부어 왕권을 부여하였다.

페핀이 768년에 죽자 그의 영토는 두 아들 사이에 양분되었다. 찰스는 아우스트라시아, 노이스트리아, 서부 아퀴테인을 다스리게 되었다. 그러나 771년 칼로만이 죽자 찰스는 부친의 모든 영토를 흡수하여 프랑크 군주 정치를 재통합하였다.

그는 이윽고 색슨족을 기독교화하고 정복하기 위한 일련의 작전에 착수하였다. 이 작전은 804년까지 산발적으로 그가 정력을 쏟은 운동이다.

778년 샤를먀뉴는 자라고자(Zarogo-za)를 점령하기 위해 스페인에 들어갔다. 그의 군대는 팜플로나를 점령하였으나 자라고자로 진격하는 동안 색슨족의 폭동 때문에 되돌아오게 된다. 피레네 산맥을 가로질러 퇴각하면서 그들은 론세보(Roncevaux) 근처의 한 좁은 협곡에서 매복한 마스크 사람들의 습격을 받는다. 그리하여 찰스의 후미 호위대가 나머지 병력으로부터 잘려나가 전멸당하였다. 「챤슨 드 로울란드」(Chanson de Roland) 같은 흐로우드란드(Hroudland) 즉 "로울란드"(Roland, 샤를마뉴 대제 휘하의 용사) 전설들을 통해 이 패배 사건에 대한 환상적인 이야기가 영원히 전해 내려오고 있다. 흐로우드란드는 찰스의 조카로서 그의 남작 회의에서 복무한 것으로 전해지고 있다. 그는 한 못된 의붓아버지(Ganelon)에게 버림을 받았다고 한다. 논세보 전투에서 후미 호위대의 모든 병사가 흐로우드란드를 제외하고 전멸한다. 샤를마뉴와 그의 군대가 마침내 도착했을 때 그의 충성스런 검 두란델(Durandel)을 들고 홀로 서서 조의의 나팔을 불고 있었다고 한다.

스페인에서의 실패도 불구하고 찰스는 색슨족의 폭동을 진압시키는 데 성공하였다. 788년에 그는 바바리아 지방 전체를 자기 영토에 병합시킴으로써 독일인들에게 최초로 정치적 통합을 가져다 주었다.

8세기 중에 서 유럽의 교회는, 이른바 암흑 시대에 기독교를 심각하게 오염시켜왔던 이교도의 관습들과 싸우느라 수많은 노력을 되풀이해 왔다. 742년 4월 21일에 독일 의회는 "어리석은 사람들이 교회에서 행하는" 이교도 의식들에 대한 단죄 법령을 통과시켰다. ─예컨대 동물 제사, 죽은 자들에 대한 제사, 주문 외우기 및 점치기 등이 그것이었다. 하나님의 백성은 이교도 의식을 행하지 말고 부적과 점술 도구를 포함해 이방인의 모든 더러운 것들을 내어 버려야 한다는 명이 내려졌다.

카롤링 르네상스

찰스는 참람한 우상 숭배에 대한 싸움을 후원하는 데 착수하였다. 그는 성직자와 교인의 다수가 교육을 받지 못하는 한 이교 사상을 근절하거나 기독교회에 대한 어거스틴의 환상을 실현하기는 불가능하다는 것을 잘 알고 있었다.

따라서 그는 알퀸에게 가서 프랑크 왕국에 라틴어 교육을 도입해 달라는 부탁을 하였다. 찰스의 꿈은 고대 학문을 부활시키고 왕실과 성직자를 교육시키며 교구 학교를 설립하는 것이었다. 근대의 교구 교육가들, 공공 교육가들, 신학 교육가들은 모두 찰스와 알퀸을 공통 조상으로 두고 있다.

781~790년까지 알퀸은 찰스의 계획을 이행하는 데 전력투구하였다. 그의 첫 생도들은 왕족, 왕실의 사람들, 젊은 사제들 및 궁궐 예배당의 성직자였다. 매혹적인 「페핀과 알퀸의 대화」(페핀은 찰스의 아들 가운데 하나였다)에서 그의 교수 방법을 엿볼 수 있다.

실제적 가르침 외에 알퀸의 주요 업무는 왕궁 도서관의 건립이었다. 도서 목록에는 교부들의 글과 기타 "고대 저술가들"의 글이 들어 있었다. 도서 목록은 또한 역사, 수학, 천문학에 대한 찰스의 관심을 반영하고 있다.

우선 공공 교육 과정은 아주 기본적인 것이었다 : 모든 그리스도인들은 주기도문을 알아야 했다. 알퀸과 찰스는 나중에 십계명을 추과하였다. 이것이 민중 정의와 도덕 부흥의 출발점이 된다.

알퀸은 복음을 전하는 형태와 언어가 부적합할 경우 복음의 내용은 왜곡될 수 밖에 없다는 것을 이해하고 있었다. 형태에 있어서 그는 수사학적이고도 철학적인 구조를 취하였다. 복음은 본질적으로 어린아이라도 이해할 수 있을 만큼 단순하지만 믿음이 성숙되기 위해서는 이해가 필요하다고 그는 생각했다. 그리고 이해는 이성의 기능이었다. 그러나 인간 이성 자체는 정통의 도구는 물론 이단의 도구가 되기도 한다. 적절한 형태와 정통 신앙의 내용에 대한 그의 관심이 784~785년에 저술된 「Epistola de litteris colendis」의 주제이다. 그는 정통(바른 신앙)이 건전한 교리에 걸맞는 형태로 옷을 입어야 하며 보편적으로 이해되는 언어로 전달되어야 한다고 주장한다.

신학자 알퀸

790년 알퀸은 요크로 돌아왔다. 하지만 찰스에 대한 그의 책임은 계속되었다. 이러한 책임은 두 번의 신학적 논쟁에 그가 연루된 데서도 엿볼 수 있다.

그 중 첫번째가 791년의 「Libri Carolini」에 기록되어 있다. 이 문헌에서 찰스와 알퀸은 성상 배격 논쟁을 거론한다. 그들은 7차 에큐메니칼 공의회(2차 니케아회의, 787년에 열림)의 입장과 754년에 열린 성상 배격 회의(Iconoclastic Council)의 입장을 모두 공격한다. 유감스럽게도 알퀸은 하드리안 1세가 만들었던, 2차 니케아 회의 「의사록」의 매우 빈약한 라틴어 번역판을 사용하였다. 결과적으로 그의 노력은 이러한 이슈들에 혼란만 가중시켰다.

그는 확고한 입장에 서서, 스페인에서 재소생하던 양자론을 공격하였다. 794년 찰스는 프랑크푸르트 암 마인(Frankfurt-am-Main)에서 회의를 소집하였다. 여기에서 알퀸은 그리스도의 영원한 아들됨과 이의 삼위일체적 의미에 관한 정통 교리를 옹호하였다. 이 회의는 두 사람의 스페인 주교를 정죄하였다 : 우르겔의 펠릭스와 톨레도의 엘리판두스가 그들이다. 두 사람은 792년 라티스본 회의에서도 이단으로 고소된 바 있었으나 결과는 불명확하였다. 알퀸은 프랑크푸르트에서, 그리고 798년 아아켄에서 다시 이 문제를 거론하였으며 마침내 펠릭스는 자기 입장을 철회했을 뿐만 아니라 자기의 논적에 의해 진리를 납득하게 되었노라고 고백하였다.

투어스의 성마르틴 수도원 원장

796년 알퀸은 찰스의 초청을 받아들여 투어스의 성마르틴 대수도원 원장이 된다. 거기에서 그는 생애 말년을 보냈다. 그가 은퇴했던 것은 결코 아니다. 그는 거기에서 수도원 학교를 하나의 대규모 사업으로(높은 표준으로 유명함) 재조직하고자 하였던 것이다. 그는 어거스틴과 뵈티우스의 연구에 중점을 둔 새로운 커리큘럼을 만들었다. 그리고 성경 연구에서 문법 구조의 중요성을 강조하고 성경 읽고 쓰기 교육 지도자들과 수도승들을 훈련하는 프로그램도 시작하였다.

이 시기에 알퀸의 생도들 중에는 논란의 대상이 되는 예배 의식론자(liturgist) 메츠 아말라리우스(730~850)와 독일의 전도자 라바누스 마우루스(784~856)도 있었다. 후자는 나중 마인쯔의 대주교가 된다.

알퀸은 사서로서의 자기 솜씨도 소홀히 여기지 않았다. 그는 많은 사본들을 복사하는 작업에 착수하였다. 이 작업은 화려한 조명의 근원이 된다. 말년에 그는 찰스에게 보낸 많은 편지들을 포함해 수 많은 서신을 계속 보내었다. 이 중 다수가 현존하고 있으며 역사적 영적 통찰의 매우 값진 자료가 되고 있다.

알퀸은 804년 5월 19일 예기치 못하게 죽었으나 상당한 문학 유산을 남겨놓았다. 시인으로서의 그의 기나긴 노력은 요크 교회의 운문 역사가 되었다. 그는 또한 교재, 교육용 소 책자, 신학 논문(그 중 잘 알려진 것이 「De Fide Trinitatis」), 성경 주석, 「갤릭 성구집」(Gallic Lecfionary)의 수정판 그리고 샤를먀뉴의 「세크러멘터리」(Sacramentary) 가운데 한 판을 내었다.

알퀸은 카롤링 르네상스를 일으키는 데 어떤 인물보다도 많은 일을 해내었다. 그는 지향성에 있어서 이전에는 이탈리아적이었던 한 왕실에 앵글로 색슨족의 영향을 심었으며 중세의 학예에 새로운 생명을 불어넣고 신학을 그 중심에 두었다.

샤를먀뉴가 황제의 관을 쓰다

찰스는 800년 교황의 영토를 공고히 하기 위해 로마로 여행하였다. 이 때는 알퀸과 함께 동행함으로써 가질 수 있었던, 어떤 유리한 입지를 얻지 못하였다. 그러나 거기 성베드로 성당에서 성탄절의 첫 미사 후 샤를먀뉴는 황제로서 박수 갈채를 받고 교황 레오 3세에게 왕관을 받았다. 교황은 옛 로마의 이름이 회복되었다고 선언하였다. 이로써 샤를먀뉴는 가이사 아우구스투스의 계승권을 자칭할 수 있었다. 교황에게 이러한 일을 할 수 있는 합법적인 권리가 없다는 사실이 장애물은 아니었다. 비잔티움이 306년 7월 25일(이 날은 알퀸의 사랑하는 요크에서 콘스탄틴 대제가 가이사 아우구스투스로 박수 갈채를 받은 날짜이다)의 위엄을 자기에게 끌어댄 것은 그다지 중요하지 않았다.

아아켄의 온천에 있는 그의 궁전으로부터 샤를마뉴는 이제 로마와 옛 로마제국의 서방 지역 전체를 통치하게 되었다. 그러나 하나님의 섭리 가운데서 그 제국의 회복 시기는 아직 오지 않았다. 샤를마뉴는, 거대한 영토의 군사적, 경제적, 문민적 측면들을 조정할 수 있는 옛 로마의 능력을 결여하고 있었다. 노르만인들이 가까이 다가와 있었으며 그의 제국은 814년 7월 28일 아아켄에서 그가 죽은 후 한 세대 밖에 존속하지 못하였다.

샤를마뉴는 유럽을 재통합하는 데 성공을 거두었다. 그가 'Rex pater Europae'라 불리는 것은 적절하다 하겠다. 그러나 그의 영구한 공헌은 지성적인 것이었다. 그리고 그 중 많은 것은 그의 진실한 친구 알퀸에게 빚진 것이었다. 1165년 참칭 로마 교황(antipope) 파스칼 3세는 샤를마뉴를 성인의 반열에 올렸다.

켄터베리의 안셀무스(Anselm of Canterbury)
1033년경 ~ 1109

안셀무스는 중세의 가장 많은 작품을 낸 가장 심오한 저술가들 가운데 한 사람이었다. 도합 열두 개의 논문과 19개의 기도문, 3개의 명상록 및 400여 통의 편지가 잔존함으로써 그의 거대한 문학적 산물을 반영해주고 있다.

철학적 신학에 있어 불후의 중요성을 지닌 것이 벡크에서 저술된 안셀무스의 「Monologium」과 「Proslogium」이다. 켄터베리에 있는 동안 저술된 그의 「Cur Deus Homo?」("도성인신", 왜 하나님은 인간이 되었는가?) 는 속죄에 이성적 설명을 부여하고자 한 최초의 진지한 시도이다. 동일한 원리 "credo, ut intelligam"(이해하기 위하여 나는 믿는다. "이해를 추구하는" 신앙)이 그의 철학 신학적 작품들과 신학 철학적 작품들 저변에 깔려 있다. 안셀무스은 기독교 신앙과 교리가 이성적 명상을 받아야 한다고 주장했다. 이러한 절차가 둘 중 어느 것에서도 신비의 잔류물을 빼앗아가지 않는다고 그는 생각했다.

그 견해에 따라, 안셀무스는 하나님의 존재와 삼위일체 및 그리스도를 떠나서는 구원이 불가능하다는 믿음에 "필수적 근거들"을 끌어댐으로써 그러한 믿음을 정당화하고자 하였다. 그의 명상의 산물은 후속 세대의 신앙과 불신앙에 도전을 주었다. 에아드머(Eadmer)는, "하나님의 성경 속에 짙은 흑암에 싸여 감추어져 있는 신성과 우리의 신앙에 관한 지극히 캄캄한(그리고 그의 시대 이전에는), 풀 수 없었던 비상한 문제들을 해결하기 위해" 안셀무스가 대단한 노력을 기울임으로써, 자신의 시대에 많은 놀라움이 야기되었다고 말하고 있다.

안셀무스의 생애

1033년경	이탈리아의 아오스타(Aosta)에서 탄생
1060	베크(Becl)의 사원에 수도승으로 들어가다.
1078~1092	노르만디, 베크의 수도원장(prior)
1092	잉글랜드 체스터에서 성베르부르크(ST. Werbur's) 수도원을 조직하기 시작하다.
1093	켄터베리 대주교로 취임하다.
1103~1107	유형 생활
1109	죽음

켄터베리의 안셀무스, 목회자와 사상가
더못 맥도날드(H. Dermot McDonald)

베크의 수도원장

안셀무스는 1033년경 북이탈리아의 아오스타에서 태어났다. 안셀무스가 살던 알프스 주변의 절경이 그에게 미친 영향에 대해 단 한 가지 이야기가 당대의 그의 전기 작가 네아드머에 의해 보존되고 있다. 그의 어머니는 그에게 "하늘에는 한 분 하나님이 계신다"고 가르쳤다. 그러나 그의 어린 생각에 하나님은 어떤 산꼭대기의 궁궐에 거주하시는 것으로 상상되었다. 그는 꿈 속에서 그곳을 찾아가 자기가 온 이유는 진리를 구하는데 있다고 항변하였다. 거기에서 "하늘의 빵"에 원기를 얻은 그는 자기가 얻은 지식을 선포하겠노라고 맹세하며 되돌아왔다.

"15세가 채 되지 않아" 안셀무스는 "하나님을 따라 삶을 영위할" 수 있는 최선의 방법을 추구하였다. 그때 그는 수도사가 되기로 결심하였다. 그 시대는 활동적인 사람에게 군인이 되는 것 외에 선택의 폭이 별로 없는 시대였으며 세상의 분규를 벗어나 하나님을 섬기고자 하는 사람에게는 수도사가 되는 것 외에 달리 취할 방도가 별로 없었다. 아버지와 몇 차례 언쟁을 가진 후 안셀무스는 노르만디에 있는 베크의 도미니칸 수도원에 들어갔다. 거기에서 창설자 헤어빈(Herwin)과 원장인 박학한 란프랑크(lanfranc) 아래서 비상하게 독창적인 철학·종교적 사상가로서 성장하였다. 란프랑크가 켄터베리의 대주교로 승진하자 안셀무스는 베크의 수도원장으로 선임되었으며 거기에서 그 후 14년 동안 1078년부터 1092년까지 머물러 있었다.

컨터베리의 대주교

안셀무스의 수도원 생활 경력은 노르만디의 공작 윌리엄의 이력과 겹치고 있다. 후자는 1066년 브리튼의 정복자가 되었다. 윌리엄의 치세에 "켄터베리의 대성당이 건립되었다." 그러나 그곳의 소유물들과 소득이 그의 아들에 의해 약탈당하고 만다.

잉글랜드로 와서 체스터에 성베르부르크 수도원을 조직해 달라는 초청을, 아셀무스는 거듭 거절하다가 마침내 1092년 수락하였다. 그러나 그가 도착했을 때 그는 첫번째 켄터베리 대주교이자 그의 옛 스승이며 신앙적 선배인 란프랑크의 죽음을 맞이하였으므로 민중과 교회의 아우성에 못이겨 컨터베리의 대주교로 취임하게 된다.

안셀무스의 취임식은 1093년 12월 4일에 거행되었다. 그 후 16년 동안 그는 탁월한 역량으로 주교직을 수행하였다. 불행히도 세속 및 법률 당국의 교회 사무에 대한 간섭 때문에 그들과 투쟁하느라 상당 기간 그의 직무는 방해를 받기도 하였다. 그 후 한 논평가가 말한대로 "그는 주님의 성육신(탄생) 1109년째 아침이 밝아오면서 사라져갔다."

경건한 글월들

안셀무스의 최초 저술들 즉 기도문과 명상록은 그리스도, 마리아, 성인들에 대한 깊은 애착심을 보여주고 있으며 그의 명상적 삶을 발전시킨 수도원적 배경을 담고 있다. 그의 충고, 칭찬, 위로, 책망의 편지들과 교회적 신학적 문제에 대한 편지들은 모두 목양적 애정과 이해의 본보기들이다. 그러한 편지들은 그 밖에도 건전한 영적 실제적 교훈이 가득 들어 있다. 예컨대 "수도사이자 수도원 공급계인 지극히 사랑하는 형제 오도"에게 그는 다음과 같은 글로 인내를 격려하고 있다 : "악한 일들에 대해서는 우리가 회개해야 하며 죽기 전에 그것들을 버려야 한다. 우리가 그 가운데서 죽지 않기 위해서이다. 그러나 선한 일들에 대해서는 우리가 끝까지 인내해야 한다. 우리의 영혼이 선한 일 가운데서 이생을 벗어나기 위해서이다." 그의 형제 로돌프(Dominicum Rodulfum)에게는 "한 가지 영원한 감사 행위"를 가지라고 권면한다. 그의(영적) "형제이자 아들인 마우리스"에게는 "최선을 다해 특별히 버질에 대해, 그리고 그대가 나와 함께 읽지 않은 기타 저술가들의 글에 대해" 부지런히 공부하라고 충고한다.

안셀무스는 신학적 체계를 완성하지 않았으나 나름대로의 사상을 발전시켰는데, 이러한 사상은 후대의 조직 신학에 흡수되었다. 「동정녀 잉태와 원죄에 대해」에서 그는 훗날 "타락의 자발적 소유"라고 지칭된 명제를 전개하였다. 인성이 아담의 타락과 함께 부패되었다는 어거스틴의 견해에 동조하면서도 안셀무스는 개인의 인격이 자신의 원죄성에 대해 죄가 있는 것은 아니라고 주장하였다. 탄생 시에 모든 사람은 부모로부터 물려받은 죄악성을 소유하지만 아무도 자기 본성의 경향에 따라 행동하고자 하지 않는다면, 그리고 행동할 때까지는 죄인으로서 유죄하다고 생각될 수 없다는 것이다. 안셀무스는 "본성"과 "인격"을 구분한다. 그에 의하면 아담에게 있어서 인격은 본성을 죄악적으로 만들었으며 그의 자손에게 있어서는 본성이 인격을 죄악적으로 만든다. 그의 생애의 최후 2년 동안에 저술된 논문 「예지, 예정, 하나님의 은혜, 이 삼자와 자유 의지의 일치에 관하여」에서 그는 하나님의 주권과 인간의 자율 사이에서 어떤 조화를 꾀하고 있다.

신앙과 이성

안셀무스는 하나님에 의해 창조된 인간의 마음이 기독교 계시의 본질적 합리성을 탐색할만한 자질을 갖추고 있다고 믿었다. 그의 견해에 의하면 인간을 다른 동물보다 우월한 존재로 구분해 주는 것은 이성의 소유이다. 이성은 하나님의 형상으로 만들어진 인간의 독특성이다. 믿음이 이성에 선행한다는 것은 사실이다. 그러나 우리가 이성적 마음을 가지고 있지 않다면 결코 믿을 수 없다. 안셀무스는 어거스틴과 마찬가지로 그리스도인들이 본질적 신앙의 조목들을 마음에 믿을 만한 것으로 이해하려고 하지 않는 것은 태만이라고 주장하였다.

처음에는 「신앙의 이성적 근거에 대한 명상의 예」라는 제목이 붙은 그의 최초 글월은 나중에 「신앙의 이성적 근거에 대한 독백」으로 재명명되었다. 여기에서 안셀무스는 하나님이 완전한 존재라는 기본 전제를 확립하고자 한다. 위대성, 선 같은 세상의 다양한 등급의 완전성을 관찰하는 데서부터 시작하여 그는 마침내 이러한 것들이 필연적으로, 자체와 대조되고 자체가 그 안에서 궁극적으로 성취되는, 어떤 최종적 완전성을 가리키고 있다고 선언한다. 그에 의하면 이는 존재에 있어서도 마찬가지이다. 다양한 등급의 존재들은 필연적으로 자존하는 하나의 궁극적 존재를 가리키며 "이것이 틀림없이 모든 존재 중 최선 최고의 존재이다." 계속하여 안셀무스는 이 하나의 궁극적 존재의 삼위일체적 성격에 대해 설명한다. 이에 대한 논증은 자연 종교와 철학적 사고 범위내에서만 실시된다.

본체론적 논증

「대화」(처음에는 「신앙의 추구와 이해」라 불렸음)에서 안셀무스는 소위 하나님의 존재에 대한 본체론적 논증을 전개시킨다. 베크 수도승들의 요청에, 그는 자신이 「독백」에서 신적 실존에 대해 선언했던 모든 내용이 실제적인 존재를 가리킨다는 것을 충분히 확인시켜 줄 수 있는 어떤 증거의 제시 가능성을 생각하게 된다. 하나님에 대한 호칭 형태에 있어 그는 먼저 하나님의 존재가 "그보다 더 위대한 존재를 생각할 수 없는, 그런 존재"라고 진술한다. 이에 근거하여 그는 단지 마음 속에만 존재하는 것은 마음 속과 실제 속에 공히 존재하는 것보다 덜 완전하다고 주장한다. 따라서 생각할 수 있는 가장 완전한 존재 즉 신은, 마음 속에는 물론 실제적으로 존재해야 한다고 그는 결론을 내린다.

안셀무스의 "증거"는 역사적으로 다양한 취급을 받아왔다. 아퀴나스는 이를 거부했는가 하면 데카르트는 재긍정하였다. 칸트에 의해 부정되었는가 하면 헤겔에 의해서는 인정을 받았다. 이에 대한 주요한 비평은, 마음 속의 상상으로부터 외계의 실재로 옮겨가는 것이 타당하지 못하다는 것이다. 또한 존재를, 어떤 사물이 소유할 수 있거나 없는 하나의 속성인 양 간주하는 것은 타당하지 못하다는 비판도 있다. 한편 마음이, 어떤 비존재자로의 신에 대한 관념을 가진다는 것은 어렵다. 하나님에 대한 "관념"은 확실히, 그 안에 하나님의 존재에 대한 관념을 내포하고 있는 것 같은, 그러한 인상을 준다. 따라서, '자존자로서의 신이 존재하지만 그가 존재하지 않을 수도 있다'라고 진술하는 것은 용어상으로 가당찮은 모순처럼 들릴 수 밖에 없다.

속죄

안셀무스는 속죄 개념에 대해서도 논리적 분석과 문법적 정의의 결합을 부여하였다. 자신과 가상의 제자 보소(Boso)사이의 대화 형태로 기록된 「도성인신」(「왜 신은 인간이 되었는가?」)에서 그는 먼저 마귀에게 타락한 인류를 지배할 "권리"가 있다는 중세의 개념을 논박한다. 계속하여 그는 속죄의 개념을 하나님에 의해 하나님 자신에게 행해진 "만족 시킴"(satisfaction)으로 설명한다. 인간의 죄 때문에 그러한 만족시킴이 필요하다고 안셀무스는 선언한다. 죄 자체는 하나님이 마땅히 받아야할 영광을 하나님으로부터 박탈해 가는 것으로 그는 생각한다. 또 천사나 인간이 하나님께, 하나님이 마땅히 받아야 할 것을 언제나 바쳤다면 천사도 인간도 범죄하지 않았을 것이라고 그는 말한다. "범죄하는 모든 사람은 하나님께 자기가 빼앗아 간 영광을 되돌려 드려야 한다. 이것이 모든 죄인이 하나님께 주어야 할 **만족시킴**이다."

하나님은 속죄 없이 죄를 용서할 수 없었다. 그렇지 않았다면 하나님의 의로운 공정한 권위는 손상당했을 것이다. 하지만 확실한 사실은 어떤 인간도 마땅히 지불해야 할 영광의 결손을 보상할 수 없다는 것이다.

그러나 인간은 영원한 정죄의 형벌을 피하고자 한다면 그것을 보상하지 않으면 안된다. "만족시킴이나 형벌이 모든 죄에 뒤따르는 것은 필연"이기 때문이다. 따라서 인간의 경우는 소망이 없는 것처럼 보인다. 한편으로 인간의 부채는 무한하고 무한자에 의해서만 상환될 수 있기 때문이며 또 한편으로 부채를 지고 있는 자도 인간이고 지불해야 할 자도 인간이기 때문이다. 따라서, 하나님이신 분 외에 어떤 존재도 만족시킬 수 없기 때문에, 그리고 인간 외에 어떤 존재도 그것을 만족시켜서는 안되기 때문에 "하나님이자 인간인 존재가 그 일을 해내야 된다는 것이 필연적이다."

계속 이어서 안셀무스는 신인(God-man)이 그와 같은 만족시킴을 어떻게 이루는지에 대해 논한다. 인간으로서 성육신한 존재는 하나님께 일생내내 완전한 영광을 바쳤다. 그러나 죽음에 있어서 그는 마땅히 바쳐야 할 선을 넘어섰다. 그는 죄인이 아니었기 때문에 죽어야 할 의무가 없었다. 이러한 과도한 극단의 자기 희생적 순종 때문에 그는 상급을 받을 자격이 있었다. "그에게 하나님은, 인간들에 대해서보다 더욱 적합하게 그의 죽음의 열매와 보상을 부여하실 수 있었다(진실한 이성이 가르치는대로). 그는 인간의 구원을 위해 자신을 인간으로 만들었다. 그리고 (우리가 말 하는대로) 자기 죽음에 의해, '의를 위한 죽음'의 본을 인간들에게 보여주었다. 인간들이 그의 상급에의 참 여자가 되지 않는다면 그의 모방자가 되는 것은 허사이다." 요컨대 안셀무스에게 있어서 속죄의 본질은 하나님이 그리스도의 제사를, 신적 영광을 만족시키기 위해 바친 것으로 받아들였다는 데에 있었다.

그 후의 역사를 통해 안셀무스의 속죄 이론에서 학자들은 많은 결점과 장점을 지적해 왔다. 그러나 그것은, 계속해서 자기의 위치를 지키며, 현대까지 구속 신학에 대한 수많은 로마 카톨릭과 개신교 저술가들의 사상을 형성시켜오고 있다.

십자군 운동

교황 우르반 2세는, 예루살렘을 빼앗고 콘스탄티노플을 위협하고 있던 터키인들에 맞서 동방 교회가 자체를 방어하는 데 도움을 주라고, 그리스도인들에게 촉구하였다. 그 후 1095년에 1차 십자군이 출발한다. 십자군들은 육로로 성지까지 진격하여 마침내 1099년 예루살렘을 터키인들로부터 탈환하는 데 성공하고 거기에 네 개의 십자군 정부를 설립하였다.

십자군은 11세기 유럽의 두 가지 특이한 경향 즉 성전(holy war)과 성지 순례를 한데 묶고 있었다. 십자군들 가운데 많은 사람들은 의심할 여지 없이 종교적 이상에 따라 가담한 이들이었다. 그러나, 교황이 계속하여 십자군에의 참여를 독려하고 세금 면제와 면죄, 재정적 후원을 약속하였음에도, 나중의 십자군은 1차 원정에 비해 성과가 형편없었다.

역사가들은 십자군 운동을 7차 혹은 8차까지도 헤아리고 있지만, 십자군 운동에서, 유럽이 수세기 동안의 방어 전략으로부터 벗어나 새로운 연속적 확장의 기치를 올렸다는 사실을 관찰하는 것이 중요하다. 1150년부터 계속하여 군인들, 상인들, 종교적 순례자들의 끊임없는 흐름이 중동으로 이어졌다.

2차와 3차 십자군

1144년 십자군 정부 가운데 하나인 에뎃사가 다시 모슬렘의 손아귀에 떨어졌으며 1150년 회교 세력은 단일 왕조 아래 재결합하여 성지를 장악한 십자군의 세력을 위협하고 있었다. 클레어보의 버나드가 조직한 이차 십자군은 다메섹에서 패배하고 1187년 이슬람의 지도자 살라딘은 힛팀에서 십자군을 쳐부수고 예루살렘을 재점령하였다. 영국의 사자왕 리차드와 프랑스, 독일의 통치자들이 이끈 3차 십자군은 상실된 땅을 일부 되찾는 데 성공하였으나 예루살렘은 여전히 모슬렘의 손아귀에 있었다.

십자군은 13세기까지 이어졌으나, 협상에 의해 예루살렘을 다시 찾은 독일 프레데릭 2세의 십자군만이 어느 정도 성공을 거두었다. 1244년에 예루살렘은 다시 상실되었으며 성지에 있던 십자군의 마지막 요새 아크레(Acre)가 1291년에 함락되고 사실상 시리아에서의 십자군 통치가 종막을 고하였다.

십자군은 궁극적으로 실패하였다. 십자군은 성지의 점령지를 방어할 수 있을만큼 결코 숫적으로 강하지 못하였다. 동양에 정착한 십자군들은 동양의 관습을 수용하는 경향이 있었으며 훗날의 기독교 십자군들로부터 공감을 얻지 못하였다. 동방으로 간 십자군은 알비겐시스파 같은 이단들에 대항한 교황의 십자군으로 대체되었으며 13세기 레이몬드 룰 같은 사람들은 이슬람에 대한 군사원정의 효력을 의심하기 시작했다. 이제는 평화로운 선교가 옹호되고 그 자리를 이어받았던 것이다.

클레어보의 버나드(Ber-nard of Clairvaux)
1090~1153

클레어보의 버나드는 중세 카톨릭에서 가장 고결한 인물들 가운데 하나이다. 그는 카톨릭 전통에서 가장 훌륭했던 요소를 가운데 많은 부분을 표출하고 있을 뿐만 아니라 또한 카톨릭 전통의 파라독스와 단점들 가운데 많은 것들을 드러내고 있다. 일차 십자군에서 싸운 한 기사의 아들로서, 그리고 이차 십자군을 조직한 사람으로서 버나드는 세속적 병기에 익숙하였으나, 영적 무기들을 가지고 교회를 위해, 수도원 운동의 순화를 위해, 전통적 삼위일치 정통 교리를 위해 싸웠다.

"예수여, 당신은 사랑하는 마음의 기쁨이니이다"와 "예수, 가장 놀라운 왕이여"를 포함해 심오한 영적 찬송시들의 작가이기도 한 버나드는, 그럼에도 보수주의적인 혹은 자유주의적인 많은 현대의 그리스도인들로부터 위인의 대접을 받지 못하고 있다. 하지만 버나드가 정상에서 벗어난 어떤 변칙적 인물은 아니다. 그는 중세의 기독교 경건이 낳을 수 있었던 지극히 감동적인 인물를 가운데 하나이다. 우리가 중세의 기독교를 송두리째 거부하지 않는 이상 그를 배격할 수는 없다. 그와같은 거부 행위는 사도 시대에까지 뻗어 있는 우리의 뿌리로부터 우리 스스로를 잘라내는 행위이다.

버나드의 생애

1090   버건디(Bungundy)에서 탄생
1112   시토(Citeaux)에 있는 시토 수도회(Cistercian ho-nse)에 가

입하다.

1115   클레어보에 수도원을 설립하다.

1128   「새 기사도 찬송가」(Book of Praise of the New Chivalry)

140   아벌래르드(Abelard)에 맞서 싸우다. 이 사람은 생스(Sens)
        회의에서 정죄 받는다.

1153   죽음

클레어보의 버나드, 중세의 성자

해롤드 브라운(Harold O. J. Brown)

버나드의 어린 시절

버나드는 1090년에 버건디의 퐁뜨왕르디(Fontaines-les~Dijon) 성채에서 태어났다. 그의 가족은 비교적 낮은 귀족에 속해 있었으며 겸손한 생활 형태와 옛날 식의 카톨릭 경건을 혼합하고 있었다. 버나드의 부친 테셸링(Tescelin)은 버나드가 6세였을 때 일차 십자군 운동을 떠났다. 테셸링은 과잉 행동(예컨대 유대인들에 대한 공격)에 반대한 십자군들 가운데 하나였던 것 같다. 이 과잉 행동은 훗날 유일하게 성공적인 십자군 운동으로 판명된 일차 원정의 위광을 손상시켰다.

버나드는 처음에 세속 직업을 목표로 어린 귀족으로서의 통상적 교육을 받았다. 그러나 그 시대의 수많은 젊은이들처럼 그는 수도승이 되기로 결심하였다. 그는 높은 공직을 결코 추구하지 않았으나 자신이 몸담고 있던 수도원으로부터 왕들과 교황들에게 충고하였으며, 사실상 왕관만 쓰지 않은 유럽의 통치자였다. 수도원을 떠나는 일이 별로 없는 한 수도사가 그와 같은 영향력을 발휘할 수 있었다는 사실은 영적 지도자들이 받는 엄청난 존경을 증언해주고 있다. 오로지 가르침과 본에 의해서만 역사를 변화시킬 수 있었던, 공식적 지위나 권력이 없는 한 인간의 그와 같은 능력은 16세기 마르틴 루터가 나타나기까지 유례 없는 일이었다.

루터는 삭소니의 한 작은 읍에서 강단과 교단으로 부터 다시 한번 유럽을 변화시킨다.

당대의 최고 인물이었음에도 오늘날 버나드는 개신교도들 가운데 잘 알려져 있지 않다. 개신교도들은 그의 지극히 위대한 업적을 회의의 눈빛으로 바라본다 : 그는 수도원 운동을 개혁하고 거기에 새로운 보다 확고한 구조를 부여하였으며 이차 십자군에 유럽의 군사적 엘리트를 보냈다. 마찬가지로 현대의 로마 카톨릭 교도들도 이 수도사에 대해 그다지 열을 올리지 않는다. 버나드는 중세 신앙의 가장 훌륭한 본보기였음에도 말이다. 어떤 점에서 그랬던가? 그는 왕과 교황들의 친구였으며 복음의 선포를 지지하기 위해 검을 사용하는 데 대해서도 전혀 거리낌을 느끼지 않았던 것이다. 버나드는 현대의 카톨릭주의가 거부하는 승리주의(triumphalism)를 옹호하였다. 간접적으로는 이교도들과 싸우기 위해 팔레스틴에 군사를 보냈으며 자기는 자기대로 스스로가 이해한대로의 정통 신앙을 위해 힘써 싸웠다. 피터 아벌래르드(Peter Abelard), 길버트 드 라 포레(Gilbert de la Porree), 피터 드 브루이스(Peter de Bruys), 로잔의 헨리(Henry of Lausanne), 베레스키아의 아놀드(Arnold of Brescia) 같은 수많은 설교가들과 교사들이 그의 분노를 피부로 느꼈으며 후 세대들은 버나드를 종교 재판소의 어떤 선구자로 간주하였다.

버나드의 소명

젊은 시절 버나드는 세상으로부터 "회심"하였다. 혹은 중세적 의미에서 "종교에로 부름을 받았다." 다시 말해 그는 수도생활에 들어가도록 "소명을 받았다." 수도생활은 그리스도인으로서 살 수 있는 단 하나의 실질적이고 철저한 방법이었던 것이다. 후년에 버나드는 이것이 실질적으로 "인간"이 되는 유일한 길이라고 가르친다. 연단의 순종과 헌신은 모든 영적 생활의 토대인 바, 우리가 영적으로 살아있지 않다면 한낱 짐승들보다 별반 낫지 못 하다고 그는 생각했다. 버나드는 자신의 높은 표준을 성취하려고 노력하며 일생을 보냈다. 그 과정에서 그는, 보통 사람들은 기독교적 삶이 자기 한계 밖이라고 결론을 내릴 정도로, 자기 삶을 가혹하게 보이도록 만들었다. 그러나 훗날 루터는 일반 그리스도인들에게, "소명"의 실질적 의미는 수도원 생활에로의 부름이 아니라 그리스도께 대한 신앙에로 "부름받는" 것이며 모든 그리스도인은 일상 생활에서 하나님을 섬기고 영화롭게 할 "소명"을 받았다고 말하였다.

버나드는 자신도 수도사가 되었을 뿐만 아니라 3명의 형제와 20명 이상의 친구들을 데리고 갔다. 그리하여 도합 30명의 젊은이들이 그와 함께 갓 창설된 시토(라틴어로 Cistercium)의 수도원에 들어갔다. 시토는 베네딕트 교단의 한 개혁적인 수도원장 몰레스메의 로버트(Robert of Molesme)가 자신의 수도원이 보다 엄한 훈련과 보다 철저한 탈세속성에 대한 자기 요구에 부합하지 못함을 깨닫고서 1098년에 세운 수도원이었다. 시토를 설립하면서 로버트는, 수도사가 자기 수도원과 "결혼"하여 평생 거기에 충성해야 하는 베네딕트 전통과 관계를 끊게 되었다. 시토는 무언가 새로운 것이 되었다. 어떤 "어머니 집"이 되었던 것이다. 각각의 수도원이 자체의 수도원장 아래 독립하던 옛 형태와 달리, 이 "어머니의 집"으로부터 수십 개의 딸 수도원들이 형성되었다. 시토는 최초의 진정한 수도회(order) 즉 시토 수도회의 어머니 집이 되었으며 기타 여러 새로운 수도회들의 본보기가 되었다.

버나드가 시토에 들어가다.

그는 시토 수도회의 창설자가 아니었으며 시토가 설립된지 14년 후에 거기로 들어갔으나 이 새 수도회의 가장 유명한 수도사가 되었다. 버나드를 따라, 그의 딸 집들의 시토 수도사들 뿐만 아니라 시토 수도회 전반이 종종 "버나드파"로 불렸다. 버나드와 그의 30명의 젊은 귀족 친구들이 1112년 시토에 들어갔을 때 신선한 피는 그 수도회의 성장에 커다란 불꽃을 붙였다. 시토의 엄격한 고행과 버나드 자신의 자발적인 혹독한 연단은 그의 건강을 영구적으로 약화시켰다. 그후 40년 간에 걸친 그의 업적은 연약한 육체에 대한 강한 영의 승리였다.

1115년 갓 25세 된 버나드는 클레어보에 새로운 수도원을 설립하도록 파견되었다. 클레어보는 그의 사역의 중심지가 되었다. 거기에서부터 그는 시토 수도회의 확장을 주도했을 뿐만 아니라 왕들과 나라들의 운명을 좌우하였다. 1153년 그가 죽을 때까지 버나드는 70개의 수도원을 직접 설립하였으며 그 밖에 90개를 그의 권위 아래 두었다. 나아가 그는 카르투지오 수도회(Cartausiams)와 프레몬트르 수도회(Premonstratensians) 같은 여러 신설 수도회에 깊은 영향을 주었으며 심지어는 세인트데니스의 큰 베네딕트 수도원의 원장 수게르와의 개인적 친분을 통해 베내딕트 파에도 영향을 미쳤다.

기사단

버나드는 기존 수도원 운동을 활성화시켰을 뿐만 아니라 현대의 기독교계가 잘 인식하지 못하고 있는 한 가지 현상에도 심대한 영향을 미쳤다 : 수도원 기사단의 설립이 그것이다. 이 단체는 수도원의 규율 아래서 사는 기사들과 병사들의 공동체로서 신앙과 교회와 그리스도인들의 방어를 담당하였는데, 맨 처음에는 성지에서 나중에는 다른 곳에서도 이 일을 수행하게 된다. 버나드가 그들을 창설한 것은 아니지만 버나드의 영향력과 본보기를 배제한다면 그들의 발전은 생각할 수 없는 일이다. 버나드는 두 개의 가장 유명한 기사단 가운데 하나였던 성당 기사단(Knights Templar)의 규율을 만들었다(이 유명한 기사단은 한 독재적인 프랑스 왕에 의해 전멸되기 전까지 거의 2세기 간의 성세를 누리게 된다. 이에 대한 추억은 프리메이슨 조합의 상징적 표현에서 뿐만 아니라 전설과 기사 무용담에서도 보존되고 있다).

버나드의 사상은 국제적 성당 기사단 뿐만 아니라 독일인으로만 구성된 기사단에도 영감을 주었다. 검의 형제들(Brethren of the Sword)과 십자가의 기사들(Kinghts of the Cross) 등이 그것이다. 성지로부터 밀려난 후 이 독일 기사단들은 적어도 부분적으로는 버나드에게 영감을 받은 어떤 책략을 따라 북동 유럽 발트해 지역의 강제적인 기독교화에 전력한다. 결국 이 두 독일 기사단으로 구성된 "십자군"(튜우튼 기사단 혹은 Deutschritterorden 이라는 이름으로 통합됨)은 다른 그리스도인들 즉 리투아니아인들과 폴란드인들의 반대에 의해 저지당한다. 튜우튼 기사단은 프러시아를 창설하였다. 이들은 나중에 군국주의를 도덕률의 동의어로 만들게 된다. 십자군 기사단의 상징적 의미는 현재에 이르기까지, 독일의 군사 기장 뿐만 아니라 대영 제국과 미합중국에서 전투적으로 용맹한 군사에게 수여되는 십자 훈장에서 떠나지 않고 있다. 그의 「신기사도의 찬송가」(1128)에서 버나드는, 사도들 및 순교자들의 시대와는 거리가 너무 먼듯한, 그리고 오늘날의 그리스도인들은 이해하기가 매우 어려운, 일종의 전투적 기독교를 주창하였다.

중세 수도원 운동

자기 시대에 미친 버너드의 영향은 수도원 운동이 중세 기독교계에 얼마나 핵심적인 것이었는가를 보여준다. 수도승들은 유일한 "풀 타임" 그리스도인들을 대표하였다. 이들은 오늘날 수많은 복음주의 개신교도들의 눈에 비친 외국 선교사들과 다소 유사하였다. 일반인들은 자신들이 할 수도 없고 하고 싶지도 않은 일들을 수도사들이 행할 수 있도록 도움을 주었다. 현대의 독립적인 선교 단체들의 발흥은 그들의 단결심 및 그들에 대한 충성스런 평생 후원자들과 아울러, 중세 새 수도회들의 증식과 유사한 현대적 현상이라 하겠다.

수도승들도 성당 기사단도 성직자 계급 제도 그 자체의 과오를 막을 수는 없었다. 교황은 라틴 교회의 통일성을 상징하는 인물이었다. 그러나 갑자기 한꺼번에 두 교황이 생기게 되었다. 호노리우스 2세가 1130년 2월에 죽자 두 개의 개혁적 파벌이 각각 자체의 고황을 선출하였다 : 이너슨트 2세와 아나클리트 2세(Anaclete의 대분열)가 그들이다. 버나드는 보다 급진적인 개혁 운동을 주창한 이너슨트를 지지하였다. 버나드는 클레어보에서의 은둔 생활을 떠나 이탈리아와 프랑스의 남부를 두루 여행하며 이너슨트의 주장을 변호하였다. 이러한 교황권의 분열을 보고 많은 사람들은 그리스도의 재림이 임박하였다고 생각하게 되었으며 최후의 세계 통치자 "말세의 황제"를 내다보게 되었다. 버나드는 당시의 그러한 묵시적 사변에 반대하였다. 그러나 나중에는 그도 이 문제에 보다 깊은 관심을 갖게 된다.

이 분열은 1138년 아나클리트 2세가 죽음으로써 끝났지만 그 동안에 미묘한 스콜라 신학자 피터 아벌래르드가 기본 교리에 비판적 정신으로 접근함으로써 또 한 종류의 분란을 일으켰다. 버나드는 자신의 막대한 명성을 이용해 1140년 생스 회의에서 아벌래르드에 맞서 우열을 다투었다. 아벌래르드의 글은 정죄를 당하였고 아벌래르드 자신은 자기 주장을 철회하였다.

그 직후 버건디와 프랑스 남부에서, 두명의 카리스마적 설교가 피터 드 브루이스와 로잔의 헨리가 급진적이고 내세적인 기독교를 전파하기 시작하였는데, 이는 알비겐시스 이단의 전조였다. 1145년 버나드는 두루 여행하면서 그들에 대한 반박 설교를 하였다. 한동안에 불과하였으나 그가 출현하는 곳은 어디에서든지 이단이 침묵 속에 가라앉았다.

2차 십자군 원정

이 이단에 대항해 싸우고 있는 동안 버나드는 근동에서의 군사적 재난에 대해 듣게 된다. 십자군이 세운 정부 가운데 하나인 에뎃사주가 회교도들에 의해 재정복당했던 것이다. 이것은 장기간에 걸친 일련의 군사적 역전의 시발이었다. 이러한 역전이 계속되면서 결국 그곳에서의 기독교 입지가 무너지기에 이른다. 버나드는 예루살렘 기독교 왕국에 닥친 위험을 보고서 새로운 십자군 원정을 촉구하였다. 여기에는 교황의 승인이 요구되었다. 시토파로서 최초로 교황이 된 유게네 3세(1145~1153까지 통치)는 버나드의 옛 생도로서 프랑스와 독일에서 새로운 십자군 형성을 위해 설교할 수 있는 권한을 그에게 즉각 주었다. 버나드는 성지에서의 위대한 기독교 승리가 헤아릴 수 없는 이교도들을 회심시키고 그리스도의 재림을 위해 길을 예비할 것으로 믿었다. 독일의 왕관을 불안정하게 붙들고 있었던 왕 콘라드 3세는 처음에 십자군에 가담하기를 꺼려하였으나 버나드는 그를 설득하여 기독교의 단일성을 과시하였다. 버나드는 이를 "기적 중의 기적"이라 불렀으나 그의 기쁨은 잠깐이었다. 성공적이었던 1차 십자군 원정처럼 버나드의 2차 십자군도 독일을 떠나기 전부터 좋지 않은 모습으로 출발하였다. 십자군들이 동양의 든든하게 무장한 회교도들과 맞서기도 전 독일에서, 라둘프라는 한 수도사가, 무장하지 않은 "이교도들"과 "하나님을 죽인 자들"(즉 유대인들)을 살해하라고 십자군들에게 촉구하였던 것이다. 버나드는 유대인들에 대해 비판적이었지만(고리 대금을 "유대인"의 관습이라고 부른 기록상의 최초 목소리는 그의 목소리이다) 그러한 잔학 무도한 행위는 그를 몹시 놀라게 하였다. 그의 재빠른 직접적 개입으로 그 계획은 중단되었다. 아마도 독일의 유대인들에 대한 버나드의 이러한 변호 때문에 지금도 독일 유대인들 사이에서 소년들의 이름 가운데 버나드라는 이름이 그토록 많지 않은가 한다.

그가 모집한 군대가 성지에서 이교도들과 싸우고 있는 동안 버나드는 다시 한번 길버트 드 라 포레의 새로운 삼위일체 사상과 관련하여 이단과 싸워야만 했다. 버나드는 길버트가 하나님의 본질이 세 인격과 나란히 공존한다고 가르친다며 그를 비난하였다. 버나드가 1148년 랑스의 회의에서 길버트와 성공적으로 대결하였으나 매서운 열정으로 인해 자신의 명성이 손상을 당했던 것도 사실이다.

버나드가 자신의 십자군이 비참한 패배를 당했다는 소식을 들은 것은 랑스에서였다. 그 완패의 책임에 대해 그는 "그들이 하나님보다 나를 탓하는 것이 더 낫다"라고 논평하였다. 십자군 이전에도 그는 독일인들에게, 그들이 기독교 나라에서 사람들을 믿음으로부터 떠나도록 내버려 둔다면 하나님께서 그들의 군대에 축복하지 않으실 것이라고 경고한 바 있었다. 이로 인해 엘베강 동편 슬라브, 웬드족에 대한 "십자군"이 일어났으며 이를 시발로 후에 쿠워란드와 리투아니아의 슬라브족과 발트족에 대한 튜우튼 기사단의 십자군 운동이 발생했다. 따라서 버나드는 십자군 운동을 성지에서의 원래 목표로부터 명백한 침략 전쟁으로 전환시키는 데 있어 어느 정도의 책임을 지고 있다.

버나드는 세상을 하나님과 사단 사이의 전쟁터로 보았다. 그는 자신의 삶 속에서 격렬한 고행을 통해 마귀와 싸웠으며 수도원 운동 내에서도 멀리까지 파급된 개혁과 수도원들의 설립을 통해 마귀와 싸웠다. 신학에 있어서 그는 논쟁을 통해 이단과 싸웠으며 실패한 곳에서는 무력을 통해 이단과 싸웠다. 그는 십자군을 보내어 그리고 기사단을 격려하여 성지에서 마귀와 싸웠다. 우리가 보기에는 그의 모든 노력이 헛된 것처럼 보인다. 십자군 운동은 용두사미로 실패하고 수도원 운동은 쇠미해졌다. 그리고 오늘날 이단을 치명적인 위험으로 생각하는 자는 거의 없다. 20세기의 그리스도인들 가운데 회교도 및 이단들과 무력으로 싸워야 한다고 생각하는 사람은 거의 없으며 수도원 생활이 유일한 인간적 생활 형태라고 생각하는 사람도 거의 없다.

그럼에도 클레어보의 버나드는 자기가 믿은대로 실제로 살았던 인물로서 동시대인들 위에 우뚝 솟아있다. 초대 교회의 순교자들과 우리 시대의 보다 가까운 순교자들처럼 버나드는 우리가 마땅히 존경해야 할 순종의 본을 보여주고 있다. 비록 우리가 그를 모방해야 한다고 확신하지는 않는다 하더라도 말이다.

피터 아벌래르드(Peter Abelard)
1079~1142

피터 아벌래르드는 브리타니 혈통의 교사로서, 논란의 대상이 되는 인물이다. 그는 철학과 신학의 길을 추구하기 위해 일차 십자군 원정에서 얻을 수도 있었던 영예를 포기하고 자기의 상속 재산을 단념하였다. 그의 생애는 논쟁의 굴레에서 결코 벗어나지 못하였다. 한편으로 그는 콤프얀의 로스켈리누스(Roscellinus of Compiegne)의 유명론을 배척하였으며 한편으로는 샴포의 윌리엄(William of Chambeaux)이 가르친 급진적 실재론을 논박하였다. 그는 성경의 정확 무오성을 선언하고 성경에 발견되는 오류들을 필사자들의 실수로 돌렸으며 죄를 용서하거나 지우라는 주님의 위탁이(마 16 : 19, 18 : 18) 원래의 사도들 외에는 아무에게도 적용되지 않는다고 단언함으로써 교회의 면죄권 소유 주장을 반박하였다.

교사로서의 아벌래르드의 경력은 알러위즈라는 이름을 가진 그의 십대 제자와의 비참한 애정 행각으로 인해 손상을 입었다. 그 후에 그들은 놀라운 영적 감수성의 일치를 보았으나 그들의 동맹은 조소를 당하였다.

아벌래르드는 생애에서 두 번 삼위일체에 관하여 이단 심문을 받았으며 두 번 다 유죄로 인정받았지만 사실상 그 죄과가 확실하지는 않았다.

아벌래르드의 생애

1079   프랑스 낭트(Nantes) 근처에서 탄생

1102   멜룬(Melun)에서, 그리고 나중에는 코르베일(Corbeil)

	에서 강의하기 시작하다.
1108	파리로 되돌아와 몽 산뜨 게 네비베(Mont Ste. Genevieve)에 학교를 세우다.
1115	노뜨르담 성당의 참사원(canon)으로 선출되다.
1118	참사원 풀버트(Fulbert)와 함께 거주하다. 알러위즈(Héloïse)의 가정 교사가 되다.
	불행한 애정 행각.
1119	세인트 데니스 수도원으로 물러가다.
1120	메이슨셀레(Maisoncelle)에 학교를 다시 열다. 「Theologia Summi Boni」를 출판하다.
1121	소와송(Soissons) 회의에서 정죄당하다.
1122	은자가 되기로 결심하다. 오브(Aube)에 작은 학교를 세우다.
1123~1124	「Theologia Christiana」를 출판하다.
1125	브리타니의 성 길다스 드 루이(St. Gildas de Rhuys) 수도원 원장으로 선출되다.
1132	당 수도원 수도승들이 그에게 거역하고 그는 도피하다. 「Historia Calamitatum」을 출판하다.
1136	파리로 돌아와 가르치다.
1139	클레어보의 버나드와 공적으로 논쟁하다.
1141	생스 종교회의(Synod of Sens)가 그를 정죄하다. 로마에 호소하다.
1142	세인트 마르셀의 클루니파 수도원에서 죽음

피터 아벌래르드, 교사와 신학자

제임스 페인(James H. Pain)

피터의 유년기

프랑스 낭뜨의 남쪽 약 10마일 떨어진 작은 마을 르팔레(Le Pallet)에서 태어난 피터는 여러 형제 중의 장남이었으며 최소한 한 명의 누이가 있었다. 그의 경건한 부모 베르겡가리우스와 루시아는 그를 학식있고도 경건한 인물로 양육하고자 하였다. 학교에 갔을 때 그는 단지 피에르 두 팔레(Pierre du Pallet)로만 알려져 있었으나 친구들은 곧 그에게 "바욜라르두스"(Bajolardus)라는 별명을 지어 주었다. 어떤 뜻으로 이런 별명을 붙였는지 명확하지 않으나 이 칭호는 아마 무거운 짐을 진다는 의미에서 "나르다"를 뜻하는 bojollre로부터 오지 않았는가 한다. 아벌래르드 시대의 라틴어에서 bajolus는 짐꾼을 뜻하는 용어로서 baiardos("적갈색 말")로부터 유래한 낱말이었다. 어떤 의미였든 간에 아벌래르드는 이를 받아들이고 평생 이를 달고 다녔다. 철자는 원래의 것과 달랐지만 말이다. 현재의 철자 형태(Abelard) 외에도 그의 이름이 Abaelard, Abailard, Abeillard로, 그리고 때로는 심지어 Esbaillart로까지 나타난다.

1105년 10월 26일 아벌래르드가 16세였을 때 교황 우르반 2세는 클레르몽(Clermont)에서 한 차례 설교를 하였는데 이것이 1차 십자군을 진

수시키는 계기가 된다. 프랑스 땅에서 프랑스인 교황이 거룩한 성전을 촉구하자 많은 사람들은 자극을 받아 기사도의 과업에 나섰다. 그들 중에 베렝가리우스(Berengarius)가 있었다. 그러나 아벌래르드는 자신이 "심적으로, 미네르바(Minerva : 지혜와 무용의 여신)의 발 아래서 배우기 위해 마르스(Mars : 군신)의 왕궁으로부터 물러나왔다"고 쓰고 있다.

그의 부친은 그를 놓아두고 십자군에 가담하였다. 예루살렘이 해방되었을 때 아벌래르드는 20세였다.

그는 논리학을 공부하기 위해 파리로 가서 거기에서 한 동안 새로운 유명론의 떠오르는 별 콤프얀의 로스켈리누스(1125년에 사망)를 추종하였다. 아벌래르드는 곧, 자기 스승이 철학자로서 제아무리 명석하다 하더라도 그가 신학적으로 잘못되어 있음을 깨닫게 되었다. 결과적으로 그는 유명론 반박 논쟁에 휩쓸려 들었다. 만일 하나님의 개념에 단순한 숨결 이상의 아무 것도 없다면, 신성에 실체가 없다면, 삼위일체가 터툴리안이 발명한 이름에 불과하다면 성부 성자 성령의 동질적 결합은 있을 수 없다고 그는 비판하였다 : 그러한 견해 아래서는 동등한 권능을 가진 세 인격체 혹은 특별 실체들이 남게 된다. 다시 말해 우리는 한 하나님이 아닌 3신을 예배하게 된다(로스켈리누스는 1092년의 교회 회의에서 3신론을 가르친다고 고소당했으나 자신은 그 비난을 부인하였다).

유명론과 실재론

유명론자들로부터 떠난 아벌래르드는 반대 진영을 찾아 내었다. 그는 샴포의 윌리엄(1070~1121)의 강의에 열성적으로 참석하였으나, 윌리엄이 유명론을 격렬히 논박하는 한편으로 이단적 형태의 극단적 실재론을 주장한다는 것을 발견하게 된다. 다시 한번 아벌래르드는 삼위일체의 교리가 파괴당하고 있다고 비난하였다. 속(genus)과 종(species)만이 실질적이고 구분할 수 없는 것이라면 어떤 일정한 경우의 모든 존재는 특수 속에서만 현존하며 개체화는 단지 우유적인것에 불과하다. 이것은,

신성(Godhead) 홀로 실재적이고 삼위일체의 각 인격은 본질에 있어서는 완전히 동일하며 우유적 속성에 있어서만 다르다는 의미가 된다. 아벌래르드는 이것이 아다나시우스 신조와 명백히 모순된다고 보았다. 그는 또한 이것이 논리적으로 불합리하다고 생각했다. 플라톤의 모든 것이 소크라테스 안에 있고 소크라테스의 모든 것이 플라톤 안에 있다는 주장과 다름 없다는 것이다.

이런 식으로 아벌래르드는 겨우 21세에 유명론자들과 실재론자들을 모두 논박하면서 자신의 학문을 정립하였다. 최초에 멜룬(Melun)에서, 나중에 파리에서 가까운 코르베일성에서, 그리고 마침내 파리에서 그는 많은 청중들에게 논리학을 강의하였다.

그는 보편 개념들(universals)이 "소리들"(voces)이 아니라 "설명들"(sermones)이라고 가르쳤다. 즉 단순한 낱말들이 아니라 이야기 혹은 개념적 서술어들이라는 것이다. 보편 개념들은 사물들이 아니다. 낱말은 그것들의 고유한 언어의 일부이다. 그것들은 그 자체가 실질적인 특수한 사물들을 선포한다. 진리는 사물 안에 있다(Est in re veritas jam non in schemate). 사도가 기록한 대로 진리는 예수 "안에" 있다(엡 4 : 21). 예수에 대하여 복음서는 하나님의 아들로 불릴 거룩한 자로서 말하고 있다(눅 1 : 35).

1105년에 아벌래르드의 건강은 쇠미해졌다. 그는 르팔레로 돌아와야 했으며 그의 모친이 그를 2년 동안 심한 병 가운데서 돌보아 주었다.

회복된 후 1108년 아벌래르드는 파리로 되돌아 갔다. 거기에서 그는 윌리엄과 논쟁을 계속하였으며 몽상뜨 게네비베에 학교를 세웠다. 1113년 그의 부친은 은둔하기로 결심한다. 부친을 도와 부동산을 처분하고 양친이 수도원에 자리잡는 것을 본 후 아벌래르드는 랭의 안셈(Anselm of Laon, 1040~1117)과 함께 공부하러 갔다. 그는 안셈의 몇몇 제자들과 함께, 공식적인 체계를 가르침받지 않고도 성경을 해석할 수 있느냐는 문제를 논하였다. 그들은 그에게 그와같이 하도록 도전을 주며 교재로 에스겔을 사용해 보라고 권면하였다. 이런 식으로 하여 그의 최초 성경주석(에스겔서)이 나오게 되었다. 그의 접근법이 신비한 것은 아니지만 당대에 두루 선호되던 일반적인 우화적 해석과 달리 그는 본문의 문자적 의미에 우선권을 부여하고 있다.

아벌래르드와 알러위즈

1116년에 아벌래르드는 파리에 있는 노트르담 대성당 학교에 참사 회원으로 가입할 것을 권유받는다. 이 직위는 그가 신속히 수락하였다. 바로 여기에서 그는 참사원 풀버트와 만난다. 풀버트의 식탁에서 환대를 받는 동안 아벌래르드는 당시 17세의 여학생이던 그 참사원의 조카 알러위즈를 만나 그녀와 사랑에 빠진다. 이때 그의 나이 37세였다. 그 후 오래재 않아 그는 풀버트의 집에서 하숙을 하게 되고 곧 알러위즈의 가정 교사가 되었다.

풀버트는 조카를 끔찍히 사랑하고 그녀에게 최선의 교육 기회를 제공해 주려고 하였던 것 같다. 그러나 그는 조카에게 마음을 크게 쓰지 못하였다. 그 때문에 아벌래르드가 그녀의 학습은 물론 일반적인 생활 보호의 책임까지 떠맡게 되었다. 그리고 이때 아벌래르드는 자신이 풀버트의 신뢰를 저버리고 알러위즈를 유혹하게 되었다고 고백한다. 마침내 그들은 "현행범으로" 붙잡혔다. 풀버트는 크게 노하여 아벌래르드를 집에서 쫓아내었다. 그 후 알러위즈는 자기가 임신한 것을 알고 브리타니로 아벌래르드와 달아났다.

아벌래르드는 그녀에게 결혼을 제의하였으나 그녀는 결혼이 아벌래르드의 인생을 파멸시킬 것이라고 주장하면서, 그리고 바울과 제롬의 충고에 의하면 결혼하지 않는 것이 낫다고 말하면서 이를 수락하지 않으려 하였다. 그녀는 아들을 낳고 그에게 아스트롤라베라는 이름을 지어주었다. 그의 탄생이 자기의 생애에 어떤 영향을 미칠지는 까마득히 모르고서.

아벌래르드와 알러위즈는 마침내 풀버트에게 알리고 결혼하였다. 처음에 그는 이 문제를 비밀에 붙이기로 동의하였으나 나중에 아벌래르드를 불신하게 되었다. 풀버트는 자기 가족을 포함해 몇몇 사람들과 함께 모의하고 복수를 꾀하였다. 한 종이 아벌래르드를 배반하고 그가 잠들어 있을 때 일단의 사람들을 들여 보냈으며 그들은 그에게 들이닥쳐 그의 성기를 거세하고 그를 불구로 만들었다(그 종과 그 무리 가운데 한 사람은 체포되어 눈알을 뽑히고 생식기를 절단당하는 형벌을 받았다).

아벌래르드는 신체적 고통으로보다 양심의 가책으로 인해 자신이 훨씬 더 큰 아픔을 겪었다고 말하고 있다. 그는 크게 뉘우치고 회개하였다. 아스트롤라베는 르팔레에 있는 그의 누이에게로 보내졌다. 알러위즈는 아르겐튜일의 한 수녀원에 들어갔다. 아벌래르드 자신은 세인트 데니스 수도원에 피난처를 구하였다. 이렇게 하여 그의 파리 생활은 끝이났다.

세인트 데니스의 수도원장과 수도승들은 아벌래르드가 보기에 지나치게 세속적이고 미신적이었다. 그는 그들의 행동을 비평하였으며 그들의 보호 성인을 둘러싼 전설들을 웃음거리로 만들고자 하였다.

정죄받은 아벌래르드

그가 데니스의 전설들을 공격하고 있는 동안 프랑스 도처에서 다른 사람들이 아벌래르드를 공격하고 있었다. 1121년 소와송에서 회의가 개최되어 그가 사벨리안주의를 가르친다는 비난을 청문하게 되었다. 회의 자체는 불법적인 절차를 따랐으나 결국 그의 삼위일체 가르침에 대해 기소하지는 않았다. 그러나 필수적인 "발행 하가"를 받지 않고 신학 작품을 출간하였다는 이유로 그를 정죄하였다. 그는 그 책을 공공연하게 불태우고 아다나시우스신조를 큰 소리로 읽으라는 명령을 받았다. 그후 그는 1년 동안 세인트메다드(St. Medard) 수도원에 연금되었다.

이 모든 사건 이후에 아벌래르드는 은자가 되기로 결심하고 "광야" (Romilly와 Nogent-sur-Selne 사이의 광활한 지역)로 물러갔다. 거기서 그는 자신을 위해 초가 오두막을 짓고 기도 처소로 작은 막사를 하나 지어서 이를 성 삼위일체의 이름에 헌당하였다. 그러나 그의 생도들은 (그중에 피터 롬바르드가 있었다) 그를 평화로이 놓아두고자 하지 않았다. 이윽고 공동체가 설립되고 보혜사의 이름으로 작은 예배당과 학교가 창설되었다. 거기에 있는 동안 1123~1124년에 아벌래르드는 「The ologia Christiana」를 저술하였다. 그기간 동안에 그는 자기 죄가 용서받았다는 사실을 깨닫게 되었다. 아벌래르드는 알러위즈에게 편지를 써서 자기가 자신에 대해 용서할 수 없었던 것을 하나님이 용서해 주었노라고 말하였다.

1125년에 그는 브리타니(Lower Brittany) 연안에 있는 말썽 많은 수도원 세인트 길다스 드 루이(St. Gildas-de-Rhuys)의 원장으로 임명되었다. 거기의 지독한 환경 아래서 「Historia Calamtatum」을 썼다. 이 작품은 중세의 모든 자서전들 가운데 가장 독창적이고 가치 있는 것 중의 하나로 판명되었다.

수도승들이 자신에게 계속적인 해를 끼치고자 한 7년 동안의 시련기 후에(한번은 심지어 그의 성찬배에 독을 뿌린 일도 있었다) 아벌래르드는 어쩔 수 없이 공격 앞에서 도망하게 되었다. 그는 몽상트 게네비베로 되돌아가 거기에서 다시 강의하였다. 브레셔의 아놀드와 솔스베리의 요한이 이 시기 그의 생도들 가운데 있었다.

버나드와 아벌래르드

그의 귀환에 경각심을 가지고, 클레보어의 버나드는 아벌래르드에 대한 장기간의 논박을 한층 강화시켰으며 프랑스의 주교들에게 그를 고발하였다. 1139년에 두 사람은 공개적 대결을 벌였다.

버나드는, 인간 죄의 결과로서 사단이 인류에 대항 당연한 통치권을 가지게 되었으며 그리스도의 고난과 죽음은 그 통치권을 깨뜨리기 위해 사단에게 속전을 지불한 것이었다고 주장하였다. 과거에 켄터베리의 안셀무스는 사단에게 속전이 지불된 것이 아니라 인간들이 하나님께 당연히 바쳐야 할 영광을 바치지 못한 댓가로 하나님께 그것이 지불되었다고 주장한 바 있다. 아벌래르드는 두 개의 입장이 다 비성경적이고 비도덕적이라고 주장하였다. 그는 사단이 하나님의 허락을 받고 죄인들을 형벌하는 도구가 되었으며 죄의 삯은 사망이라고 가르쳤다. 그의 이론에 의하면, 그리스도는 십자가에서 죄에 대한 완전한 형벌과 죄의 결과를 담당하였으며 이로써 하나님의 완전한 사랑과 공의는 하나이다. 하나님의 사랑과 공의는 그 자체가 개별적인 것들이 아니라 하나님의 존재의 속성들이며 그의 목적의 단일성을 우리에게 계시해 주는 것이다.

1140~1141년에 생스 회의는 아벌래르드의 교리를 재검토하고 그의 명제 19개를 정죄하였으며 그의 작품을 불태우도록 명령하였다. 버나드는 교황 이너슨트 2세로부터 그의 정죄에 대해 승인을 얻고 아벌래르드를 파문시키라고 요구하였다. 아벌래르드는 그 회의 앞에서 자기 가르침을 변호하기를 거부하고 로마에 호소하였다. 거기로 여행하는 동안 그는 병을 얻게 되어 클루니에서 요양처를 구하다가 거기에서 가경자 피터의 환영을 받았다.

1142년 4월 21일 아침 그는 (Chalon-sur-Saone 근처) 세인트 마르셀의 클루니 수도원에서 죽어 거기에 매장되었다. 알러위즈는 1164년에 죽었다. 1817년 그들의 유해는 파리의 뻬레 라샤즈에 함께 이장되었다.

중세의 수도원 운동

서방에는, 600년 이후에 점차 규범으로 발전된, 베네딕트 규칙에 입각한 수도원 운동이 있었다. 샤를마뉴의 시대까지 베네딕트 규칙은 그의 영토 내에서 보편적으로 통영되었다. 이 규칙은 윌프릿(Wilfrid)에 의해 잉글랜드로 도입되었으며 마침내 거기에서 켈트 수도원 운동을 밀어내고 자리잡았다. 잉글랜드 출신의 보니페이스 같은 수도승들이 이방 게르만 민족에게 복음을 전하고 베네딕트 계열의 새로운 수도원들을 세웠다. 그가 세운 풀다의 대수도원은 그후 여러 세계에 걸쳐 거대한 영향을 미쳤다.

8세기 무렵 베네딕트 수도원들은 형태가 변하고 있었다. 그들은 귀족층 자녀를 점점 더 많이 흡수하고 있었다. 그러므로 수도승들의 손 일 참여는 점차 줄어들고 예배 의식적이고 문화적인 활동에 보다 많은 시간이 소비되었다. 고대 사본들의 필사도 리셰뇨(Reichenau), 세인트 갈렌, 코르비(Corbie) 같은 수도원들에서 핵심적인 활동이 되었다.

6세기와 8세기 사이에서 서방의 수도원들은 점차 사회로 흡수되었다. 수도원은, 사람들이 세상을 도피하여 완전한 삶을 살 수 있는 장소가 아니라 인류의 안식을 위해 수도사들이 기도하고 예배하는 장소가 되었다. 그러나 이러한 경향이 보편적으로 수용되지는 않았다. 육체 노동과 고행, 고립 생활로 되돌아가려는 시도가 거듭되었다.

많은 수도원들이 바이킹족, 마자르족, 사라센 사람 등의 침공을 통해 이 암흑기 중에 파괴되거나 해산되었다.

클루니(Cluny)

10세기의 프랑스 중심부의 클루니 대수도원은 주요한 개혁을 주창하고 매일의 예배에 대한 핵심적 중요성을 새로이 강조하였다. 클루니는 그 무엇보다도 성결의 미를 역설하였다. 클루니 개혁의 기타 주요한 요소는 수도원 집들의 중앙 집중식 조직의 재강조였다. 클루니 자체의 수도승들이 대수도원장에게 종속되었음은 물론 클루니의 예하 수도원들에 거하는 모든 수도사들도 그와 같이 종속되었다. 이로써 그들은 지방의 주교 혹은 지주로부터 새로이 독립을 얻을 수 있었다.

클루니의 개혁은 널리 모방되었다. 잉글랜드에서 대주교 던스탄(Dunstan, 909년경~988)은 50개 이상의 수도원을 설립 내지 재건하였다. 그 밖의 곳에서도 유사한 개혁이 일어났다. 독일에서 고르쩨(Gorze) 수도원은 보다 온건한 개혁을 실시하였다. 이탈리아에서는 은둔 형태의 수도원이 재생되면서 로무알드(Romuald)가 카말돌리(Camalodoli)를, 존 구알버트(John Gualbert)가 발롬브로사(Vallombrose)를 설립하였다. 1084년에 프랑스 남부에 라 그랑드 샤르트로이즈(La Grande Chartreuse)를 창설하고 그와 함께 카르투지오 수도회를 설립한 쾰른의 브루노(Bruno of Cologne)도 역시 은둔 형태의 수도원과 보다 엄격한 형태의 수도 생활을 선호하였다.

시토 수도회

원래의 베네딕트 원리들을 재생하고자 한 새로운 수도회들 가운데 가장 성공적인 것이 프랑스 시토에서 몰러스메의 로버트(Robert of Molesme)가 1098년에 설립한 시토 수도회였다. 그들의 수도원들은 단순하고 꾸밈이 없었으며 멀리 떨어진 외진 곳에 자리잡았다. 그들은 침묵, 내핍, 육체 노동을 강조하였으며 정교한 형태의 조직을 가지고 있었다.

1300년 무렵에는 600개 이상의 시토 계열 수도원들이 있었다.

아이러니칼하게도, 어려운 여건 중에서 시토가 성공적으로 살아남음으로써 마침내 물질적 부요가 찾아왔으나 그 안에는 그들의 몰락의 씨가 배태되어 있었다.

수도원의 쇠퇴

1200년 무렵 수도원 운동은 이미 인기의 절정을 지나고 있었다. 수도승들의 숫자가 떨어지기 시작했으며 수도 생활의 표준이 점차 내리막길을 걸었다. 중세 말기에는 수도원을 개혁하려는 거듭된 시도들, 예컨대 셀레스틴 수도회(13세기)와 올리브탄 수도회(Olivetans, 1319)의 시도가 있었으나 수도승들은 이미 사회 속으로 흡수되어 있었다. 그러나 그들은 선대에 얻었던 특별한 존중을 잃지 않고 있었다.

탁발 수도사들

13세기 초에 새로운 집단의 전도하는 수도승들 즉 탁발 수도사들이 발생하였다. 이들은 때로 빌어 먹는 "거지(mendicant)" 수도사들로 불린다. 그들은 매우 금욕적이었고 성읍과 도시에 노력을 집중하며 야외에서 설교를 하고 갓 발전하는 대학들에서 주요한 역할을 담당하였다.

앗시시의 프란시스의 가르침으로 부터 프란체스코회가 발생하였다. 프란시스는 완전한 빈곤을 가르쳤다. 그들의 수도회 즉 소수 탁발 수도사들(Minor Friars)은 1209년에 교황의 승인을 얻었다. 또 하나의 커다란 탁발 수도사회 즉 도미니칸회는 도미닉 드 구즈만(Dominic de Guzman)에 의해 창설되었으며 1220년에 승인을 받았다. 그는 가르침과 복음 설교의 중요성을 강조하였으며 도미니칸들은 흰 옷과 검은 외투를 입었으므로 혹 탁발 수도사들(Black Friars)로 널리 알려지게 되었다. 학문을 강조한 도미니칸회는 중세의 신학과 교육에 많은 공헌을 하였다.

탁발 수도사들은 사회적, 목회적, 교육적, 선교적 활동에서 많은 일을 이루었다. 프란시스 자신은 병자들과 문둥병자들을 돌봄으로써 모범을 보여 주었다.

탁발 수도사들의 대중적인 설교 방법은 널리 인정을 받았다. 그들은 또한 학교들을 세우고 커다란 새 대학 성읍들에 수도원을 세웠다.

토마스 베킷(Thomas Becket)
1178~1170

토마스 베킷은 12세기의 성자이자 순교자였다. 그의 생애와 경력은 교회와 정부 사이의 중세적 투쟁을 여실히 보여준다. 런던에서 노르만인 부모로부터 태어난 그는 키가 크고 미남이었으며 활기차고 지성적인 사람이었다. 법률 교육을 받은 후 그는 켄터베리의 대주교를 섬기게 된다. 그 후 왕 헨리 2세의 주목을 끌어 왕의 비서직에 임명된다. 그는 임무를 매우 유능하게 수행하였으며 왕의 신뢰받는 신하와 친구가 되었다. 나중에 베킷은 켄터베리의 대주교가 되었다. 헨리는 그가 교회는 물론 정부까지도 잘 섬기리라고 믿었기 때문이다.

하지만 베킷은 대주교직에 선출되자 신하로서의 충절과 생활 형태를 바꾸었다. 세속적이고 물질적이던 방식을 버리고 그는 경건하고 엄하며 극기적인 삶을 사는 성자다운 인물이 되었다. 그는 교회에 왕의 뜻을 옮기려 하는 온갖 노력에 일관성 있게 대항하였다. 유죄 판결을 받은 성직자들의 형벌을 놓고 교회와 정부 사이에 불화가 전개되었다.

그 분쟁의 결과 토마스는 1164~1170년까지 프랑스에서 유배 생활을 하게 되었다. 1170년에 잉글랜드로 돌아왔으나 일단의 기사들에 의해 켄터베리 대성당에서 목숨을 잃었다. 그 기사들은 이것이 헨리에 대한 충성이라고 믿었던 것이다. 1173년 베킷은 성자의 반열에 올랐으며 그의 묘실은 중세 잉글랜드 순례자들에서 가장 인기 있는 답사지가 되었다.

베킷의 생애

1118   런던에서 탄생

1143   대주교 데오볼드(Theobald)의 참모진에 가입하다.

1154   켄터베리의 수석 집사가 되다.

1154   왕 헨리 2세의 비서(chan-cellor)로 임명되다.

1162   켄터베리의 대주교로 선출되다.

1164   교회와 정부의 알력 때문에 프랑스로 유형을 가다.

1170   잉글랜드로 돌아오다.

1170   켄테베리 대성당에서 살해되다.

1173   중세 교회에 의해 시성되다.

토마스 베킷, 교회와 정부의 투쟁

로버트 클라우스(Robert G. Clouse)

왕의 친구

토마스 베킷은 중세 잉글랜드 교회의 가장 유명한 지도자들 가운데 하나였다. 런던 노르만 가문의 상류 계급에서 태어난 그는 성인 시절의 대부분을 켄터베리의 대주교 데오볼드의 관저에서 보냈다. 대학에서 법률 교육을 받은 후 잠시 동안 켄터베리의 수석 집사로 재직하였으며 그후 국왕 헨리 2세의 비서가 되었다. 베킷은 1156년과 1158년에 있었던 프랑스와의 몇 차례 싸움에서 잉글랜드를 위해 군사적 지도력을 빌휘하는 등 탁월한 능력으로 왕실을 섬겼다. 그는 또한 루이 7세의 딸 프랑스의 마가렛과 헨리 2세의 결혼(1158)을 주선하기도 하였다. 그 밖에도 그는 순회 법관, 잉글랜드의 조세 정책 감독, 외교 통신의 장관, 국왕 시혜(patronage)의 집행자 역할을 하였다. 국왕에 대한 감동적인 섬김을 통해 그는 국왕의 오른팔이 되었다. 토마스와 헨리는 또한 좋은 친구가 되었으며 진지한 국사 뿐만 아니라 사냥과 주연 등에서도 같이 시간을 보냈다.

1162년 데오볼드가 죽자 베킷은 헨리에 의해 켄터베리 대주교로 임명되었다. 왕은 토마스가 교회의 사무는 물론 국가의 사무를 위해서도 계속해서 힘쓸 것이라고 생각했다. 그러나 이것은 큰 오산이었다. 잉글랜드 성직자 집단의 지도자로서 베킷은 왕실 정책의 강한 지지자로부터 교회 권리의 든든한 옹호자로 변화되었다.

교회와 정부

베킷과 국왕 사이에서 뒤따라 일어난 투쟁의 강도를 이해하기 위해서는 중세 유럽의 교회에 대해 정부 관계의 배경에 대해 다소 아는 것이 필요하다. 하나님과 국왕 사이에 긴장 관계가 존재할 가능성이 기독교의 본질 자체에 내재하고 있었다. 그리스도인들은 세상 속에 존재하면서도 주위 사람들로부터 분리되어야 한다는 명령을 받았었다. 이를 이행하기 위해 교회는 자체의 통치 구조를 개발하였으며 많은 점에서 세속 정부의 법률과 보순되는 법규를 가지고 있었다. 신자들인 인간보다 하나님께 순종하라는 권면을 받았다.

콘스탄틴의 회심(312년)과 함께 교회와 정부의 관계는 한층 더 혼란스러워졌다. 황제의 지지가 교회의 위치를 박해받는 소수의 지위로부터 지배하는 다수의 지위로 바꾸어 놓았다. 5세기 무렵 기독교는 이미 로마 제국의 공식적 종교가 되어 있었다. 동방 제국의 교회는 황제의 통제를 받아들이게 되었으나 서방에서는 교회와 정부 사이에 어떤 경쟁관계의 전통이 발전되었다. 이것이 세속 통치자들과 베킷 같은 지도적 성직자들 사이의 중세적 투쟁에서 반영되고 있다. 여타의 교회 투쟁에서처럼 때로는 인신공격이 깊이 관련을 맺었으나 그것은 개인적 야망 이상의 문제였다. 긴장의 토대는 세속 권력의 요구와 영적 권력의 요구를 조화시키려는 시도에 집중하였다. 다시 말해 창조의 교리가 구속의 교리와 어떤 관계를 맺느냐는 것이었다. 성직 계급의 지배권을 지지하기 위해 많은 논증이 쏟아졌다. 그 중 대부분은 지도적인 교부 힙포의 어거스틴의 사상에 근거를 두고 있었다. 어거스틴은 국가의 통치가 본질적으로 부정적이라고 믿었다. 그의 견해에 의하면 세속 권력은 악을 억제하고 범죄하는 자들을 형벌함으로써 질서를 유지하기 위해 세워졌다. 죄로 인해 국가를 세울 필요성이 발생하였으므로 세속 권력은 지상에서 하나님의 용서의 원천이 되는 교회보다 열등하였다. 교회의 대변자들 가운데는 권력이 국가 권력과 종교 권력으로 분리되는 것을 하나님이 원하신다고 말하는 자들도 있었다. 세속 권력 당국에 대해 그처럼 관대하지 못한 일부 신학자들은 하나님이 교황을 꼭대기에 두고 세속 통치자를 하위에 둔 성직 계급 조직을 지상에 세우셨다고 주장하였다. 낮은 권력이 높은 권력에 복종하고 이로써 혼돈을 피하는 것이 하나님의 뜻이었다.

세속 당국자

교회 지도자들이 나름대로의 논증을 폈던 것처럼 왕권을 지지하는 자들도 나름대로의 주장을 폈다. 그들은 세속 권력이 보다 높은 권위를 가져야 할 이유에 대하여 다윗과 솔로몬 같은 구약시대 통치자들의 선례를 들기도 하였다. 그들은 그러한 왕들이 신적 권리에 의해 통치하였다고 주장하였다. "모든 권세는 다 하나님의 정하신 바라"는 로마서 13장의 진술을 포함해 사도 바울의 진술이 왕권의 위치를 지지하는 데 이용되었다. 왕들은 그리스도에 비유되었으며 중세의 많은 통치자들은 자신들이 (병자 치료에 의해 실증되는) 기적을 행하는 권능을 가지고 있다고 믿었다. 왕권의 지지자들은 자신들의 견해를 뒷받침하기 위해 그리스도의 두 본성을 거론하였다. 그들의 설명에 의하면 그리스도는 왕이자 제사장이었으나 왕으로서 그는 종교적 기능에 있어 제사장보다 더 높았다.

중세 시대 초기 몇 세기 동안은 교회가 강력한 정부와 싸울 필요가 없었다. 그러나 8세기 샤를먀뉴 제국의 설립과 함께 상황이 변하였다. 샤를먀뉴는 세속적 측면의 삶은 물론 종교적 사회로 자신이 통제해야 한다고 믿었다. 이러한 통제를 확립하기 위해 그는 교회 회의를 소집하고 기독교 교리를 확정지었으며 주요한 교회의 공직자들의 선출을 감독하고 예배 의식의 개혁을 주도하는가 하면 성직자들을 위해 특별한 복장을 선택하고 교회 건물을 설계하였다. 성직자 교육에 대한 그의 후원은 후대 중세 장학회의 모범이 되었다. 그러나 그의 죽음에 이어 그의 제국은 쇠퇴하고 교회는 자기 힘으로 꾸려나가야 했다.

11세기에 새로운 왕조들이 출현하여 다시 한번 왕권을 주장하게 되었다. 1046년 독일의 왕 헨리 3세는(그는 이탈리아의 통치권을 자칭하였다.) 교회 회의를 소집하여 무능하고 부도덕한 한 교황을 폐위시키고 최초로 유능한 인물을 교황직에 앉혔다. 이 황제의 개혁은 교황권에 큰 이익을 주었다. 왜냐하면 이러한 개혁은 교황권을 통제함으로써 퇴폐적이고 경쟁적인 로마의 파벌들을 배재할 수 있었으며 도덕적으로 고결한 인물들을 교회의 지도적 위치에 심어 놓았기 때문이다. 그러나 이 새로운 국면은 결국 장단점을 동시에 드러내게 되었다. 교황의 독립이 영적 문제에서조차 상실되었기 때문이다. 왕권의 통제는 주교들의 선출에까지 미쳤다. 주교들은 국왕에 의해 임명되었으며 자신의 영적 직무보다 보통 세속적 의무를 더 중요하게 생각하였다.

그레고리안 개혁자들(Gregorian Reformers)

1056년 어린 헨리 4세가 독일의 보좌에 오르면서 일단의 개혁자들이 교회에 대한 세속 당국의 통제에 도전하였다. 종종 그레고리안 개혁자들이라 불리는 그러한 인물들은 교황 레오 9세(1049~1054)의 통치 구성원들이었다. 그 중에는 모옌모우티르의 훔베르트(Humbert of Moyenmoutier), 피터 다미앤(Peter Damien), 힐데브란드(Hildebrand) 같은 유능한 지도자들도 있었다. 1059년 그들은 니콜라스 2세에게 권면하여, 교황이 황제가 아닌 추기경단에 의해 선출되어야 한다는 내용의 칙령을 공표하게 만들었다.

힐데브란드가 교황(그레고리 7세 1073~1085)이 됐을 무렵 교회와 정부 사이의 투쟁은 최고조에 달해 있었다. 봉신이 영주에게 충성을 맹세하던 의식에 따라 종종 수작 논쟁(Investiture Controversy)이라 불리기도 하는 이 싸움에는 물리적 힘과 지적인 힘이 모두 동원되었다. 싸움이 끝나기 전 교황은 자신에 황제를 폐위시킬 권리가 있다고 주장하였으며 왕들은 자신의 왕권을 지지하는 라이벌 교황들을 임명하였다. 이 싸움은 결국 웜즈 화친 조약(Concordat of Worms, 1122)에서 타협에 이르렀다. 여기에서 황제 헨리 5세는 주교들이 교회에 의해 선출되고 대주교에 의해 서임을 받는 데 동의하였다. 그러나 왕도 선출에 임석할 수 있고 주교에게 세속 권력의 지위를 부여할 수 있도록 하였다.

수작 논쟁(Investiture Controversy)

어떤 의미에서, 독일과 이탈리아에 일어난 수작 논쟁을 주요 상영 종목이라 한다면 잉글랜드의 사건들은 그 사이의 촌극에 불과하였다. 잉글랜드에서는 켄터베리의 어거스틴 아래서 앵글로색슨 사람들이 회심하던 때로부터 교회와 정부 사이에 언제나 밀접한 관계가 존재해 왔다. 웨섹스의 알프레드(871~899) 같은 통치자들은 성직 남용을 개혁하고 이교도 노르웨이인들을 회심시키는 등 교회의 활동에 간여하였다. 노르만디의 윌리엄은("정복자") 잉글랜드를 침공하고자 했을 때 교황권 개혁자들의 지지를 받았다. 성공적인 군사 작전 이후 그는 그땅에 어떤 제한적인 교회 개혁을 실시하였다. 그는 교회 권력과 정부 권력을 분리시켰으나 잉글랜드에서 왕의 승인 없이는 어떤 교황도 인정될 수 없다고 공표하였다. 그는 또한 왕의 승인 없이는 자기 봉신들을 파문할 수 없다고 선언하였다.

부친을 이어 보위에 오른 국왕 윌리엄 2세는(1087~1100) 교회의 권리를 완전히 무시하였다. 그는 성직자의 재산을 부당한 이득으로 보았으며 여러 해 동안 교황을 인정하지 않았다. 마침내 중병이 그로 하여금 개혁자 안셈을 켄터베리의 대주교로 임명하도록 만들었다(1093). 그러나 그들 사이에 분쟁이 발생하고 안셈은 프랑스로 유형을 당한다. 다음의 왕 헨리 1세(1100~1135) 아래서 1107년에 타협안이 이루어졌다. 왕은 주교들에게 영적 직무의 상징으로서 반지와 지휘봉을 하사하는 관습을 포기하였으나 주교들이 토지를 소유하는 대신 그들에게 섬김을 받을 권리를 얻어내었다. 이 협약은 범유럽적 중요성을 지니게 된다. 이것은 후에 있을 웜즈 협약의 선례가 되었던 것이다.

1135년부터 1154년까지의 기간에 잉글랜드는 시민 전쟁으로 고통을

받았으며 교회는 상당한 독립을 획득하였다. 국왕 헨리 2세(1154~11
89)의 대관식과 더불어 무정부 상태의 기간은 종막을 고하였으며 이 새
로운 통치자는 자기 영토에 대해 왕권을 굳게 확립하기로 결심하였다.
헨리는 영국을 통치하게 되는 안주 왕가(Angevin) 출신 왕들 가운데
첫번째였다. 그는 훗날 영국 역사상 가장 위대한 통치자들 가운데 하나
로 평가받았다. 계승과 혼인을 통해 그는 아일랜드로부터 피레네 산맥까
지 이르는 거대한 영토를 관할하였다. 그후 2세기 동안 영국의 군주들은
영국 제도 외에도 프랑스의 영토 반을 통치하였다.

대주교 토마스 베킷

헨리의 치세에 있었던 논쟁은 그가 켄터베리의 대주교로 임명한 토마
스 베킷과 그 자신의 관계를 수반하게 되었다. 왕과 그가 임명한 교회 지
도자 사이에 모진 논쟁이 벌어진 주된 이유는 왕권 및 교회권과 연루된
사법권의 충돌이었다. 중세 영국에서 교회의 법정은 범죄 사건들로 기소
된 성직자들에 대한 심문과 형벌을 비롯해 많은 유형의 송사를 완전히
관할하고 있었다. 이러한 세속법 적용 면제는 "성직의 혜택"(benefit
of clerge)이라 불렸으며 사제들과 수도사들 뿐만 아니라 학생들과 많
은 유형의 전문 직업인들에게까지 미쳤다. 교회 법정에서 집행되는 형벌
이 왕의 사법 조직에 의해 시행되는 그것보다 훨씬 더 관대하였다는 점
에서 그러한 특권은 중요하였다. 왕을 당황하게 만든 이 두 사법 체계의
차이점들 가운데 한 예가 기사를 살해하고도 교회 법정에서 간단히 맹세
만 하고 형벌을 면제받은 어떤 성직자 관련 소송 사건이었다.

1164년에 헨리는 클라렌던 헌법(Constitution of Clarendon)에 의
해 이 난국을 타개하고자 하였다. 이 법전은 교회와 정부 사이의 관계를
규정하는 일련의 항목들을 담고 있었다. 수많은 규정들 가운데 가장 중
요한 것은, 왕의 허락없이 교황과 통신할 수 있는 잉글랜드 사람들의 권
리를 제한하고 주교의 결원들에 대한 왕의 관할권을 주장하며 성직의 혜
택을 폐지하는 것들이었다. 이 마지막 규정에 의하면 범죄로 기소된 성

직자는 먼저 세속 법정에 끌려와 죄상을 인정 혹은 거부해야 했다. 그 후 그는 교회 법정에서 심문을 받게 되어 있었으며 다음으로 유죄가 인정될 경우 그는 제의가 벗겨지고 정부의 사법권으로 인계되어 범죄에 상응하는 형벌을 받아야 했다.

그러한 사법적 개혁에 대한 베킷의 저항은 결국 수천의 개인들이 왕의 통제를 면해야 한다는 의미였다. 헨리는 모든 영국민이 동일한 법에 종속됨으로써 나라에서 사법권이 보다 공정하게 시행되어야 할 필요가 있다고 믿었다. 그러한 입장의 논리적 정당성에도 불구하고 이 대주교의 눈에는 정부가 교회의 권력을 빼앗아가는 것처럼 보였다. 가이사는 하나님께만 바쳐져야 할 것을 다시 한 번 요구하고 있었던 것이다.

베킷의 유배 생활

클라렌던 헌법을 강화하려는 시도에 이어 수 개월 간의 투쟁이 뒤따랐다. 결국 베킷은 영국을 떠나 프랑스로 유배 생활을 가게 되었다. 그는 교황 알렉산더 3세에게 호소하였으나 이 교황은 왕의 입장과 교회의 입장 사이에 타협이 이루어지기를 바라면서 주저하였다. 그러한 화해는 결국 불가능하였으며 베킷은 더욱 극단적으로 완강히 왕에게 저항하게 되었다. 그는 1170년까지 유배 생활을 하는 동안 이 분쟁을 중재하려는 온갖 노력을 거부하고 헨리와 협력하는 성직자를 모두 정죄하였다.

1170년에 왕은 순조로운 계승을 위해 아들에게 왕관을 씌어 주고자 하였다. 의식을 집행할 베킷이 영국에 없었기 때문에 헨리는 요크의 대주교 로저(Roger)와 기타 성직자들로 하여금 대관식을 집행하도록 하였다. 이에 노한 베킷은 영국으로 되돌아가 국왕에 대한 배척 운동을 전개하기로 결심하였다. 그러므로 그는 헨리와의 타협안을 받아들이고 주교직에 복귀하였다. 교황의 지지를 얻어 그는 대관식에 참석한 성직자들을 파문하고 정직시켰다. 또한 클라렌던 헌법의 조문 대다수에 대한 교황의 정죄를 확보해 내었다.

성당에서의 피살

베킷에게 형벌을 받은 자들은 당시 왕이 머물고 있던 노르만디로 가서 베킷이 왕의 대의에 대한 적대 행위를 재개하였음을 알렸다. 왕은 화를 내며 누군가가 이 반역자를 자기 곁에서 제거해 주었으면 하는 그의 유명한 바램을 피력하였다. 네 명의 기사가 왕의 말을 곧이 곧대로 듣고 왕의 동의 없이 왕이 모르는 사이에 켄터베리로 달려가 왕의 소원을 실현시켜 주었다. 대주교가 자기의 성당 안에서 피살된 사건은 교회 역사상 가장 극적인 장면들 가운데 하나이다. 중세의 한 역사 편자가 기록한 다음과 같은 대화를 보면 우리는 그 사건을 가장 잘 이해할 수 있다.

"'그렇다면 너희가 나를 죽이러 왔는가?' 베킷이 기사들에게 물었다. '나는 모든 인간의 대심판주께 나의 대의를 바쳤다. 그러므로 나는 위협에 굴하지 않을 것이며 너희 검이 나를 칠 준비가 되어 있는 만큼, 아니 그 이상으로 나는 순교를 각오하고 있다.' 마침내 쓰라린 모욕의 말을 던진 후 그들은 그를 살해하였다. 유혈과 뇌수가 낭자한 그의 몸은 마치 기도하는 듯한 자세로 바닥에 부복하였으며 그의 영혼은 아브라함의 품에 안식하였다."

베킷이 살해된 결과 즉각적으로 공공연한 분노가 쏟아지자 헨리는 어쩔 수 없이 고해 성사를 하고 평소 베킷이 주장했던 그러한 활동들에 대한 교회의 관할권을 인정하게 된다. 또 하나의 중세 역사 기록은 왕의 행동을 다음과 같이 묘사하였다. 왕은 "맨발로 양털 옷을 입은 채 이 복된 순교자의 무덤까지 걸어갔다. 그의 부드러운 발바닥은 날카로운 돌들에 베여 많은 양의 피가 발에서 흘러 지면을 적셨다. 그가 무덤에 당도하여 눈물과 흐느낌으로 괴로워하고 주교들과 수많은 사제들 및 수도사들의 손에 징계를 받는 모습은 차라리 거룩한 장관이었다."

왕의 슬픔은 당시의 기자가 깨닫지 못한 다른 이유로부터 나왔는지도 모른다. 백성이 신앙을 매우 진지하게 생각하던 그 시대에 이 살해 사건이 자기 권력에 심각한 손상을 가져다 주었음을 헨리는 확실하게 이해하고 있었던 것이다. 대부분의 중세 국민이 그 사건에 얼마나 큰 전율을 느꼈는지 이해하기 위해서는 그 시대에 교회가 거룩한 성소로 간주되었다는 사실을 염두에 두는 것이 필요하다. 범죄로 고소된 자들조차도 그 안에 있으면 왕의 사법권을 피할 수 있었던 것이다. 그러나 이 사건은 영국에서 가장 높은 성직자가 자신의 성당 안에서 피살된 사건이었다. 결과적으로 교회와 정부의 관계에 있어 왕의 법정과 교회의 법정을 둘러싼 공방전은 무승부로 끝났다. 왕은 클라렌던 헌법 조항들의 일부를 철회할 수 밖에 없었으며 성직자들은 점차 세속 법정의 관할을 받기 시작하였으나 다수가 여러 해 동안 계속하여 비교적 가벼운 형벌을 받았다.

역사가들과 신학자들, 창의력이 풍부한 저술가들은 토마스 베킷이 성자인가 반역자인가, 교활한 정치가인가 아니면 정신 착란에 걸린 환상가인가를 논해 왔다. 엘리엇(T. S. Eliot)에 의해 유명해진 베킷은, 그의 묘사에 의하면, 영적 교만 및 선한 일 등과 관련된 유혹들을 물리친 후 하나님의 뜻에 자신을 맡긴다.

토마스 베킷은 1173년에 성자의 반열에 올랐다. 그는 영국 역사상 가장 인기있는 성자가 되었으며 나라의 사방으로부터 백성들이 그의 순교 현장으로 몰려왔다. 불후의 영국 문학 가운데 하나인 초서(Chaucer)의 「켄터베리 이야기」(The Canterbury Tales)는 그의 묘실을 찾아 예배하러 오고 있는 일단의 순례자들을 그려 넣고 있다.

성당 건축자들

대략 1200년과 1400년 사이 2백년 간에 걸쳐 서부 유럽에서는 고딕 양식의 성당들이 출현하였다. 이들은 오늘날까지 중세 신앙에 대한 가장 친숙하고 현저한 이미지로 남아 있다. 날아오르는 듯한 뾰족탑, 섬세 미묘한 벽날개, 눈부신 착색 유리창, 화려한 석조 세공 등이 이 건축물들에 얼마나 많은 돈과 노력과 신앙이 투자되었는가를 짐작케 해준다.

비상하는 신앙

성당의 건축 시대는 특히 영국과 프랑스에서 현저하게 나타났다. 런던의 오래된 성 바울 성당은 길이가 585피트였다. 윈체스터 성당은 약간 더 짧은 526피트였다. 프랑스의 성당들은 훨씬 더 규모가 컸다. 높이에 있어서 파리의 노트르담 성당은 110피트, 샤르트르 성당은 114피트, 레임(Rheims) 성당은 125피트, 보바이(Veauvais) 성당은 뾰족탑까지 154피트였다.

성당 건물들은 그 자체가 중세의 기독교에 대해 많은 것을 말해 주고 있다. 우뚝 솟은 이 구조물들은 도시의 가장 높은 곳에 항구적으로 자리 잡은 채 아래의 일반 집들을 완전히 위압하고 있었다. 이들은 의심할 여지 없이 신앙과 환상의 시대를 반영하고 있다. 그러나 또한 그 시대 교회의 엄청난 부요도 보여주고 있다. 이는 일반 민중의 비참한 가난과 강한 대조를 이루는 것이었다.

독특한 설계

건축 양식 자체는 중세의 교회에 대해 더 많은 빛을 던져 준다. 벽날개와 뾰족한 아아치, 높이 치솟은 뾰족탑 등은 모두 하늘을 향하여 솟아오르는 무언가를 말해 주고 있다. 성당 내부의 장식들은 또 다른 이야기를 말해 준다. 신비와 화려함과 조명이다. 착색 유리창들(때로는 벽 천체가 유리로 되어 있다시피 하다)은 무식한 예배자들에게 그림 설교 역할을 하였다. 석조 구조물도 마찬가지로 새김과 조각과 그림에 싸여 있었다. 이 모든 것은 신앙의 어떤 측면을 반영하고 있었다.

성당들이 성읍의 신실하고 경건한 시민들에 의한 자발적 노동의 결과라는 낭만적 견해가 때로 제시되었다. 이것은 사실과 거리가 멀다. 성당들은 전문 석수들에 의해 건축되었으며 건축 공정은 빈틈없이 진행되었고 지금은 원활하게 조달되었다. 작업은 보통 석수장이 감독하였는데, 이 두 사람은 동시에 건축기사, 건축자, 감독의 역할을 하였다. 여러 가지 특수한 작업 예컨대 목세공, 조각, 유리 착색 등등이 모두 전문가 길드의 장인들에 의해 수행되었다.

자금 조달

그러한 대사업에 자금을 조달하는 일은 분명 엄청난 노력을 하였을 것이다. 현금을 조달하는 일은 보통 주교의 책임이었다. 선교 헌금을 구하고 영적 특권을 팔며 현대의 자선 단체와 흡사하게 전문적인 모금원들을 고용하는 등의 방법이 이용되었다. 토마스 베킷의 묘실같은 인기있는 성소들은 탐방하는 순례자들에게 입장료를 받음으로써 상당한 돈을 벌 수 있었다.

성당들은 다양한 용도로 사용되었다. 자주 순례의 중심지가 되었으나 또한 거류 수도사들과 참사원들의 일상 예배 처소가 되었다. 성당에서 지역 그리스도인들을 위한 예배는 보통 없었다. 사실 회중석은 상인들의 비즈니스를 위해 그리고 집회 장소로 종종 사용되었다. 때로는 나그네들의 숙소로 회중석이 쓰이기도 하였으며 특별한 축제일에는 건물 주변에서 연극이 상연되었다.

이너슨트 3세(Innocent 3)
1160/ 61~1216

　이너슨트 3세는 고대, 중세, 근대의 모든 교황들 가운데 가장 위대하고 가장 중요한 한 인물로 보편적으로 인정되고 있다. 그의 의의는 그가 이룩한 과업의 분량, 교회 안팎으로 그가 발휘한 힘, 그의 행정 능력과 수완, 그의 법률적 신학적 공헌, 교회사의 위기 국면에 교회의 영적 선교에 대해 그가 가졌던 감각 등에서 찾아 볼 수 있다.

　교황 이너슨트는 주교, 수도원장, 왕 기타 인물들에게 5,000통 이상의 편지를 주의깊게 쓴 서신가였다. 한번은 모로코의 모슬렘 왕에게 편지를 보내 기독교로 개종할 것을 권유하기도 하였다. 복음 전파에 신실한 관심을 보였던 이 교황은 선교 사역, 십자군 운동, 이단을 되돌리려는 노력, 신자 교육 등에도 힘을 쏟았다.

　이너슨트의 사역은, 유럽의 거의 모든 왕들(가장 두드러진 인물이 영국의 존과 프랑스의 필립 2세이다)이 복종하는, 그러한 위치로 그를 올려 놓았다. 그는 자신을 이 지상에 하나님의 나라를 성취시키는 하나님의 대리자로 생각하였으며 하나님보다는 못하지만 보통 인간보다는 높은 어떤 존재로 자신을 간주하였다.

　12세기와 13세기는 종종 중세 문명의 전성기로 간주된다. 교회는 자신의 종교적 시각으로 중세의 머리에 관을 씌웠다. 교황 이너슨트 3세는 교회의 가장 위대한 몇몇 순간에 교회를 다스린 인물이 있으나 또한 중세의 문명과 교회 양자를 심각하게 악화시킨 세력에 힘을 빌려주기도 한 인물이다.

이너슨트의 생애

1160/1161	아낙니(Anagni)에서 탄생
1190	추기경과 집사가 되다.
1198	교황이 되다.
1204	4차 십자군
1208	알비겐시스파 척결 십자군(Albigensian Crusade)이 시작되다.
1212	어린이 십자군
1215	4차 라테만 회의(Lateran Councial)
1216	페루기아(Perugia)에서 죽음

교황 이너슨트 3세와 교황의 권력

토마스 케이(Thomas Kay)

로타리오 드 콘티(Rotario de Conti)

미래의 교황 이너슨트 3세는 1160 혹은 1161년에 지오바니(Giovanny) 로타리오 드 콘티라는 이름으로 태어났다. 초기에 로마 근처에서 교육을 받은 이후 그는 파리의 대학에 등록하여 신학을 공부하였다. 그는 또한 볼로냐(Bologna)에서 법률을 공부하였다. 젊은 로타리오는 이러한 우수한 기회 덕분에 학도로서 크게 존경을 받았다. 그의 가문의 여타 멤버들이 그랬듯이 그도 일찍이 성직에로의 소명을 받았다. 그의 삼촌 교황 클레멘트 3세(1187∼1191)는 로타리오를 1990년에 집사와 아울러 추기경이 되도록 길러 주었다.

이 초년에 그는 훌륭하게 교회를 섬겼으며 행정적 재능을 유감없이 발휘하였다. 1191년 그의 삼촌이 죽었을 때 라이벌 귀족 가문 콜로나(Colonna)가의 일원이 교황(Celestine 3, 1191∼1198)으로 선출되었기 때문에 로타리오는 은둔생활에 들어갔다. 이 수년동안 로타리오는 몇몇 사소한 책무를 가지고 있었고 글도 조금 썼으나 그중 항구적 가치를 지닌 것은 없다.

셀레스틴 3세가 죽자 로타리오는 같은 날 교황으로 선출되었으며 몇 주 후 2월 22일에 정식으로 수임하였다. 그때 그는 교황의 관을 받고 이너슨트라는 이름을 취하게 되었는데, 아마 이는 교황 이너슨트 2세 (1130~1143)의 생애와 업적을 존경하였기 때문일 것이다. 그는 즉시 세속적인 일과 교회적인 일 양면에서 도덕적 권위와 지도력을 확립하기 위해 도덕적 권위와 지도력을 확립하기 위해 일련의 확고부동한 작업에 착수하였다. 그는 힘써 일하였으며 세세한 일에까지 주의를 게을리하지 않았고 일련의 분명한 목표들을 가지고 있었으며 기독교계의 수장으로 서 직무에 최선을 다하였다.

교황 이너슨트 3세

동시대인들은 이 젊은 교황에 대해 확고한 옆 모습, 작은 입, 커다란 눈을 가지고 있는 것으로 묘사하고 있다. 이러한 얼굴 생김새가 그의 과 단성, 환상적 이상, 힘있는 언변을 특징있게 보여주지 않았나 한다. 그는 많은 편지를 썼다. 왕과 군주, 수도원장, 대학들과 정부 고관 등이 대상 이었다. 거의 완전하게 보존되어 있는 그의 서한집 목록은 유럽의 사건 흐름과 이웃 지도자들에게 일어난 일들에 영향을 미치고자 한 그의 광범 위한 노력을 뒷받침해 주고 있다. 그는 로마에서 대부분의 시간을 보냈 으며 도시 밖으로 여행한 경우는 드물었다. 그의 최우선적인 관심사는 성지에 십자군을 조직, 파견하는 일, 유럽의 일부 지역에까지 만연한 듯 한 이단과 싸우는 일, 공적인 범죄로 문제를 야기하는 평신도 통치자들 을 다루는 일, 자신을 모든 사람 앞에서 범기독교 단일체의 상징으로서 나타내는 일 등이었다.

교황 이너슨트가 몸을 담고 있던 시대는 유럽사에서 가장 창조적이고 진보적인 시대 가운데 하나였다. 문화의 실질적인 폭발이 있었다. 타의 추종을 불허할 작품을 남긴 예술과 문학의 거장들이 있었다. 모든 일의 공통분모는 기독교 문명 개념이었다.

이 몇십년 간의 세월에 사회는 많은 변화를 체험하였다. 부의 증대, 새 땅의 개척, 인구 증가, 도시 인구 과밀화, 정치 권력의 위치 변화 등 모든 것이 불안을 자극하고 심지어 사회혁명의 기운까지 감돌게 하였다. 이너슨트에게 있어서 그것은 질서와 정통에 대한 도전이었다. 그러한 사회적 불안은 종종 이단의 모판 역할을 하였기 때문이다. 왕들과 군주들은 자국 내로 가능한 한 많은 권력을 흡수하려 하고 있었다.

교회는 기독교의 진리를 보다 특별한 용어로 진술하는 경향이 있었다. 이러한 신학의 교리화는 이단분별을 더욱 용이하게 만들었다. 성직자의 세속적, 물질적 이득에 관한 문제도 관심사가 되었다. 사도적 가난과 영적 헌신이라는 기독교의 이상이 교회의 부요를 보다 쉽게 볼 수 있었던 국외자들에게 언제나 선명하게 부각되었던 것은 아니다.

교황의 개혁

많은 학자들은 이상을 이너슨트의 주요 행동 동기로 간주한다. 몇 가지 그의 활동을 살펴보면 그의 이상을 가장 잘 이해할 수 있다. 교황으로 취임하기 전에도 이너슨트는 로마시 정부의 병폐를 바로 잡는 일에 착수했었다. 그러한 병폐는 교황권의 역사에서 빈번한 문제거리로 대두되어 왔었다. 이너슨트의 행동은 이런 문제에 대한 교황의 관할권을 분명히 했다. 그는 또한 교황의 행정부로부터 쓸모없는 사람들과 분별없는 공직자들을 대부분 쓸어내었다.

그의 다음 계획은 교황의 영호(정부, state) 즉 선대의 교황들이 관할하고자 해왔던 이탈리아 중심부의 땅에 관한 것이었다. 이너슨트는 그 지역 전체에 강력한 교황권을 확립하기 위해 수복의 프로그램에 착수하였다. 그의 노력은 효과를 거두게 되는데 이로 인해 그는 교황 정분의 두 번째 창건자로 지칭되고 있다. 그러한 프로그램을 추진하면서 교황은 자신이 교회 뿐만 아니라 모든 기독교국에서 하나님의 대리자라는 것을 분명히 못박았다.

그 개념은 이너슨트 통치 초년에 긴장의 근원이 되었었다. 1198년 신성 로마제국 황제 헨리 6세가 죽었다. 이 나라의 황제들은 독일 귀족에 의해 선출되고 교황의 기름 부음에 의해 정식으로 취임하였으며 일반적으로 지위에 있어 교황과 동등하거나 교황 다음 가는 자로 간주되었다.

논란이 많았던 1198년의 선출 사건, 그에 뒤이은 분쟁, 1212년 프레데릭 2세의 지명과 수락 등에 이 교황이 관련되었다는 사실은 교황이 황제보다 우월하다는 이너슨트의 사상을 여실히 보여준다.

당대의 여타 통치자들과 관련해서도 유사한 패턴을 엿볼 수 있다. 프랑스 왕 필립 2세는 교황의 명령에 자신의 첫 아내를 다시 찾아왔다. 영국의 존 왕은 무릎을 꿇고 교황이 켄터베리의 대주교로 지명한 사람을 받아들여야 했다. 존은 또한 교황에게 공물을 바치는 데도 동의하였는데, 이는 영국민의 대단한 수치였다. 유럽의 여타 군주들 대부분도 이모저모로 교황 이너슨트에게 복종하였다. 왕들의 존망이 하나님께 달려 있는 이상 법적으로 엄밀히 말해 교황 자신이 왕들보다 우월한 것은 아니지만 자신이 사실상 왕들의 영적 지도자와 고문이며 통치자들의 죄를 다룰 책무를 가지고 있다고 이너슨트는 주장하였다. 그의 저술에서 이너슨트는 교황과 군주의 관계를 설명하기 위해 해와 달, 영혼과 육체 같은 비유들을 사용하였다.

1095년 십자군이 처음 시작된 때로부터 대부분의 교황들은 성지를 이슬람으로부터 되찾아 기독교의 손아귀에 장악하려는 그러한 노력들을 지속시키는 것이 자신들의 역할이라고 생각하였다. 1189년 3차 십자군이 예루살렘을 탈환하지 못하였으나 국부적으로 성공을 거둔 이후 교황 이너슨트는 자신이 주요한 정복의 노력을 주도해야 한다고 믿게 되었다. 십자군이 모집되었으나 반응이 시원치 않았다. 대부분 프랑스 출신인 십자군들은 해로운 동쪽을 향해 여행하기 위해 베니스 사람들과 흥정을 하였다.

베니스인들은 다른 상업적 군사적 목적을 염두에 두고 있었으며 십자군을 이용하여 아드리해 동부 연안에서 두 개의 소규모 전투를 치루었다. 이어서 십자군은 콘스탄티노플로 이동하여 이 기독교 도시를 즉각 공격하였다. 강간, 약탈 기타 온갖 종류의 폭력이 자행되었다. 이 공격의 결과 1054년 이후부터 로마에서 공식적으로 분리해 왔던 콘스탄티노플 지역에 서방 교회가 세력을 구축하게 되었다. 이너슨트가 십자군의 본디 목표를 달성하지는 못하였으나 동방과의 재결합은 그에게 있어 거의 마찬가지로 중요하였다. 로마편에서 볼 때는 불행하게도 이 재결합이 피상적인 것에 불과하였으며 로마의 성직자 정치가 동방에서 지속적으로 확립되지는 못하였다.

알비겐시스파 척결 십자군

십자군 운동의 개념은 교황에 의해 프랑스 남부의 이단에 대한 발본색원으로 쉽게 전이되었다. 거기에서 카다리(Cathari) 즉 알비겐시스파가 정치 관료들과 명목상의 정통교회 관리들로부터 강력한 지지를 받으며 거대한 신봉 세력을 거느린 채 발전해 오고 있었다. 이너슨트는 신학적 정통주의를 크게 고수하는 인물이었다. 그는 이 지역에서 정치적 이권을 가진 평신도들이 이단에 대항하여 기꺼이 검을 휘두르고자 한다는 것을 발견하였다. 알비겐시스파 박멸 십자군은 교황의 특사가 암살된 이후 1208년에 시작되었다. 그후 20여년 간에 걸쳐 프랑스 남부는 교회의 이름과 프랑스 왕의 정치 권력의 이름으로 유린되었다.

이 십자군 운동은 또한 프랑스왕 필립 2세에게 있어서 영국왕 존과의 전쟁에 대비한다는 구실을 달고 있었다. 당시 존은 이너슨트와 분쟁을 하고 있었으며 존 왕의 나라는 금제(interdict) 상태에 있었다.

이단 척결 전쟁에 대한 이너슨트의 관심이 폭력적 극단적 전술에 국한된 것은 아니다. 그는 의심스러운 메시지를 전파하는 순회 설교자들과 그들의 메시지가 대중의 인기를 끈다는 것을 잘 알고 있었다. 그러므로 신앙에 충실한 성직자들에게 유사한 스타일을 발전시키고 장터의 거짓 교사들에 맞서 그들과 논쟁하라고 격려하였다. 많은 사람들이 이 도전을 받아들이게 된다. 그 중 주목할만한 것이 도미닉과 프란시스의 성공이다. 이들은 제자들과 아울러 이윽고 유능한 복음의 설교자와 사역자들로 알려지게 된다. 이너슨트는 이 집단을 격려하고 그들에게 처음으로 권위를 부여한다. 이로 인해 결국 그들은 교회 내에서 공인된 수도회로 확립되기에 이른다.

4차 라테란 공의회

1215년 로마에서 개최된 4차 라테란 회의는 이너슨트 3세의 생애에 있어 최고의 시점이었다. 유럽 각지로부터 1,200명 이상의 사람들이 모여들어 교황의 말을 듣고 교회와 모든 기독교 국가에 대한 교황의 지도권을 선언하였다. 이 회의에 70명의 총대주교와 대주교들, 400명의 주교들, 800명의 사제, 수도원장, 평신도들이 참석하였다. 동 회의는 70개의 교령을 발표하였다. 그 중 일부 법규를 살펴 보면 이단의 억제, 교회 수입의 십일조, 세속적 정의를 제공하는 데 있어서의 교회의 능동적 역할, 새로운 십자군 운동에 대한 지지, 1년에 한 번 사제에게 고해하고 부활절 미사에 참석하라는 그리스도인들에 대한 요구 등이 있다.

가장 큰 신학적 의의를 지닌 문제는 화체설을 유일한 성만찬 해석법으로 규정한 것이다. 이 사상은 선대로부터 여러 세기에 걸쳐 유포되어 왔었지만 그것이 모든 신자들에게 필요한 본질적 기독교 교리로 부상된 것은 1215년이었다. 화체설 교리는, 성만찬의 요소 빵과 포도주가 성별하여 거양하는 순간 기적에 의해 그리스도의 실제 몸과 피로 변한다는 학설이다. 빵과 포도주가 자체의 특성을 견지한다 하더라도 그리스도의 몸과 피의 실제 물질을 소유하게 된다는 것이다. 이 교리는 300년 후 프로테스탄트 종교 개혁자들의 주요 관심사 가운데 하나가 되었다.

4차 라테란 회의는 독재적 교황의 뜻에 맹종한 모임으로 묘사되어 오고 있다. 이 공의회는 또한 범기독교권의 단일성과 보편성이 최고조에 달한 중세의 절정기를 반영하고 있다. 이 공의회가 도달한 결론에 우리가 동의하든 하지 않든 이 회의가 교회사에서 한 주요한 단계의 획을 긋고 이너슨트 3세의 교황권에 집중 조명을 하였다는 사실은 확실하다.

교황 이너슨트는 18년 동안 깊은 헌신과 활력, 열정, 신실함을 가지고 교회를 섬기다가 1216년에 죽었다. 그의 후계자들은 이 탁월한 전임자가 확립한 규범을 유지시키려고 노력하였다. 거기에는 여러 가지 효과가 있었다.

이너슨트와 중세 기독교국

이너슨트는 이상의 지배를 받는 사람이었다. 이 이상은 제도를 형성하게 되고 제도는 백성의 삶을 모양짓게 된다. 그 안에 그의 최고 힘과 가장 큰 약점이 있었다. 이상에 대한 그러한 집착이 이너슨트에게, 그의 법률적 지성을 통해 발전된 일련의 목표들과 아울러 그러한 목표에 내포된 의미들을 제공해 주었다. 이것은 그에게 성경의 모델과 교회사 위에 기독교권을 세울 수 있다는 자신감을 심어 주었다. 동시에 이상에 대한 그러한 집착은 그의 목표들을 현실과 실제 문제들로부터 종종 떠나게 만들었다. 엄격하고 유연성이 없게 만들었으며 위기 국면시에 계획 변경 필요성을 인정하려 들지 않게 만들었던 것이다.

교황 이너슨트는 커다란 인기를 누렸지만 교황권의 갑주에서 깨어진 틈도 명백해지고 있었다. 주교들의 반대, 십자군 운동의 재난, 정치적 세력의 세속화 등이 그것이다. 젊은 황제 프레데릭 2세의 이탈리아에 대한 계획은 이너슨트의 후계자들에게 끊임없는 고통거리가 되었다. 그러나 확실히, 교황 이너슨트의 유능하고 강력한 정책이 없었더라면 중세의 교회는 보다 빨리 와해되었을 것이다.

이너슨트 3세는 세속적 권력 정치의 게임을 하고 있었는가? 아니면 그는 그 시대의 소산, 지극히 탁월한 소산였는가? 이너슨트는 그 시대가 낳은 인물이었다. 동시에, 그는 권력 게임을 하였다. 그러나 그것은 자신의 개인적 이익이나 소규모 교회 정치가 집단의 이익을 위해서가 아니었다. 그는 교회를 위해 태어난 사람이었다. 그는 교회의 유익을 진척시키기 위해 애썼으며 자신이 이해하는대로의, 그리고 선대 여러 세기에 걸쳐 집행되어 온대로의 그리스도의 대의를 진척시키기 위해 애썼다.

앗시시의 프란시스(Francis of Assisi)
1181~1228

전설은 프란시스가 죽은 날부터 시작되었다. 1228년에 그는 중세 교회에 의해 성자의 반열에 올랐다. 이러한 시복(beatification) 외에도 예술가들과 시인들은 프란시스에게 교회 역사상 거의 미증유의 지위를 부여하였다. 화가 지오토(Giotto)는 그를, 그리스도의 상처를 가장 크게 받은 인물로 그렸다. 단테는 그의 「신곡」(1305년경)에서 중세 종교 단들의 박사들과 창설자들 위에 올려 놓았다. 프란시스는 그리스도의 완전한 모방자로서 너무나도 유명하였으므로 프로테스탄트 종교 개혁자들은 대중의 경건에서 그에 대한 기억이 그리스도의 지위를 찬탈했다고까지 믿었다. 그러한 비평에 뒤이어 계몽주의는 프란시스를, 합리성의 쇠퇴를 보여주는 중세적 현상의 최고 실례로 들고 있다.

그러한 모든 요소들은 접어 두고, 프란시스는 여전히 우리를 끌어당기고 있다. 19세기로부터 로마 카톨릭과 개신교는 그의 세상적 비합리성 속에서 영적 건전성을 점차 깊게 인식해 왔다. 기실 우리가 로마의 멸망과 종교 개혁의 발생 혹은 근대의 개막 사이에 끼어 있는 천 년의 세월을 생각해 볼 때 그의 이름이 뇌리에 얼핏 떠오를 수 있는 극소수의 이름들 가운데 하나인 것만은 틀림없다. 프란시스는 장미 덤불 중의 특이한 성자로, 아니면 서방 문명의 양심으로, 혹은 둘 다로 빈번하게 묘사되어 왔다. 그러한 인물로서 그는 영적 무감각에 빠진 교회를 재건하고자 애쓴 인물로 기억되고 있을 뿐만 아니라 신적 단일성과 피조계의 상호 의존성을 깊게 인식한 인물로 추억되고 있다.

　그는 종종 이리를 길들이고 새들에게 설교한 사람으로 묘사되고 있으
나 프란시스의 사역은 허물어진 한 예배당의 재건과 함께 시작되었으며
이윽고 그는 로마의 궁전과 애굽에 있는 술탄의 장막에까지 가서 그리스
도께 대한 자신의 단순한 신앙을 나누어 주고자 노력하였다. 프란시스를
이해함에 있어서 우리의 어려움은 그의 민감성과 명백한 순박성으로부
터, 그리고 그가 당대인들과 후진들에게서 유도해 낸 반대에 대한 반응
으로부터 발생한다.

프란시스의 생애

1181	탄생
1202	군에 입대하고 포로로 잡히다
1205	로마의 성 베드로 성당에서 거지들에게 감동받다.
1208	자신과 동료들을 위한 규범, 「Regula Primitiva」를 만들다.
1209	이너슨트 3세로부터 형제단에 대해 승인을 얻다.
1211~1212년경	동방에 대한 선교
1119	동유럽과 성지, 애굽에로의 전도 여행
1220	이탈리아로 되돌아오다.
1223	프란체스코 수도회의 지도권을 버린 듯함
1224	여생을 고독과 기도로 보내다.
1226년 10월 3일	포르튠쿨라 예배당 (Chepel of Portiuncula)에서 죽음
1228년 7월 16일	교황 그레고리 9세에 의해 시성되다.

앗시시의 프란시스와 프란체스코 수도회의 이상

로드니 피터슨(Rodney L. Petersen)

프란시스의 소명

1811년 앗시시에서 부유한 직물 상인 피에트로 드 바르나도네와 그의 아내 피카 사이에 태어난 프란시스는(Giovanni라는 세례명을 받았으나 나중에 Francesco로 개명되었다) 포부 높은 상인 계급의 아들로서 특권을 누리며 보통교육을 받았다. 경쟁 상업 도시인 페루기아와 전쟁이 발발하였을 때 프란시스는 군에 입대하여 앗시시의 이권을 보호하고 자신의 이권을 진척시키고자 하였다. 1202년 그는 포로로 잡혔다가 1년 후 병자로 속전을 바치고 풀려난 후 다시 싸움터로 나가고자 하였으나 야간에 어떤 혼란스런 환상을 보고난 후 그렇게 하지 못하였다.

자기 회의에 사로잡히고 과거의 허영심을 의식하면서 프란시스는 장기간의 자기 반성기에 들어갔다. 1205년에 그는 로마로 순례를 떠났다. 거기에서 그는 빈곤의 실상을 체험하기 위해 한 거지와 옷을 바꾸어 입었다. 나중에 성 다미안 교회에서 기도하는 동안 프란시스는 황폐한 교회를 재건하라는 그리스도의 음성을 듣는다. 이 메시지의 의미를 정확히 알지 못한 채 프란시스는 먼저 산 다미안 교회를 재건하고 사회의 소외자들에게 도움의 손길을 베풀었다. 그는 이 목적을 위해 자신의 말과 부친의 직물을 일부 팔아 자금을 마련하였는데 그 과정에서 부친의 진노를 사기도 하였다. 과거에는 사치스러웠으나 지금은 (그의 부친이 보기에) 주변머리가 없는 이 아들을, 부친은 지방의 주교가 보는 앞에서 잡아 끌고 가며 자기에게 빚진 모든 것을 갚으라고 요구하였다. 이에 프란시스는 옷을 벌거벗어 의복과 재산을 부친에게 돌리고 하나님 한 분만을 아버지로 부르게 된다.

그후 수년간을 프란시스는 구비오(Gubbio)에서 보냈으며 나중에 수행자로서 앗시시로 되돌아와 산 다미안 교회와 기타 두 곳의 교회를 계속하여 수선하게 된다. 압도적인 종교적 태도와 날카로이 대조를 이루는 기쁨과 자유의 정신이 그의 노력에는 뒤따랐다고 한다. 프란시스의 회심이 이때 완전했다 하더라도 그의 특별 소명은 아직 오지 않았었다. 1208년 겨울에 포르튠쿨라("작은 몫") 교회에서 예배하는 동안 그리스도의 제자들이 최초로 받은 선교 명령을 그는 들었다(마 10 : 7~19). 프란시스는 이 소명을 자신의 것으로 듣고 수사의 의복을 발벗은 설교자의 그것으로 바꾸었으며 돈이나 바랑이 없이 돌아다니면서 하나님의 나라를 선포하였다.

작은 형제들

이윽고 다른 사람들이 그와 행동을 같이하게 된다. 작은 무리가 형성되고, 이들은 가난한 자들 및 압제받는 자들과 일체화된다는 의미에서 friars minor("작은 형제들")이라는 이름을 가지게 된다. 프란시스는 이 집단에 일련의 기본 규칙(Regula Primitiva)을 부여하게 되는데, 이는 아마 복음서에서 나왔을 것이다. 프란시스는 이것을 교황 이너슨트 3세에게 제출하고 1209년에 프란시스와 그의 집단은 공식적 재가를 구하여 얻었다. 그러한 승인은 한 완숙한 교회 정치가의 천재적 솜씨였든지 아니면, 간단히 말해 놀라운 성령의 사역의 한 실례였다. 프란시스의 이상은 교회의 주목을 끌었을 뿐만 아니라 이윽고 부모에게서 큰 유산을 물려받은 앗시시의 여인 클라레 쉬피(Clare Schifi)에 의해 두번째 수도회가 창설되었다. 1212년 프란시스에 의해 인정을 받은 이 "가난한 클라레들"은 미래의 투쟁기에 여러가지 면에서 최초 남성들의 수도회보다 프란시스의 이상에 더 충실하게 머문다. 1209년과 1221년 사이 어느 때에 세번째 집단인 프란체스코 제3수도회(Franciscan Tertiaries)가 평신도 회심자 공동체로 설립되었다. 회원들은 기혼자든 미혼자든 세상 직업을 계속 가지면서 가능한 한 복음서의 정신으로 살고 무기를 가지는 것이 금지되었다.

프란시스의 초기 규범은 지금 상실되고 없다. 그러나 그의 사상과 생애는 복음서의 완전에 대한 권고(마 19장)에 따라 일신되었다. 그의 목표는 단순히 주님을 따르는 것이었다. 그의 노력은 단순히 최초의 기독교 공동체로 되돌아 가려는 시도(이는 수도원 운동의 관습이었다)가 아니라 그리스도와 그의 제자들에게로 되돌아가려는 시도였다. 완전에의 권고(마19장)는 순종과 가난과 성적 금욕 가운데서 살도록 촉구하였다. 프란시스칸 수도사들은 영적인 직감을 통해 하나님께 순종하려고 하였다. 이 형제단 속에 성직자와 평신도의 차이는 없었다. 프란시스에 대해 다음과 같은 글을 읽어 볼 수 있다 : 프란시스는 단순히 "돌아다니면서 … 성령의 학식과 권능을 가지고… 하나님의 나라를 전파하였다… 당시에… 하늘로부터 새로운 빛이 보내진 것처럼 보였다."

프란시스의 가난

이 운동의 핵심적 성격은 가난에 대한 태도에 있었다. 프란시스는 자신의 것을 아무것도 원치 않았으며 형제들에게도 이러한 정신을 권면하였다. 한 탁발 수도사가 제단 위에 자선 기부금으로 놓인 돈을 주워 창문 선반 위에 올려 놓았다고 한다. 이 이야기를 들은 프란시스는 그에게 입으로 선반 위의 돈을 물어 배설물 더미 위에 올려 놓으라고 명령하였다. 프란시스의 초기 추종자들은 "그 때 이후로 돈을 나귀의 배설물처럼 경멸하였다"고 전해지고 있다.

소유물은 개인과 하나님 사이에 개입할 수 있는 온갖 것을 상징하게 되었다. 가난은 신비적으로 거의 의인화되다시피 하였다. "그는 아름다운 그녀의 연인이 되었다. 그는 백배를 받기 위해 썩어질 보화를 기쁘게 버렸다." 성적인 문제에 있어서도 그의 삶은 일편 단심이었다. 소유물이 하나님을 섬기는 데 장애물이 될 수 있다면 성욕과 결혼으로 인한 주의 산만도 그럴 수 있는 것이었다. 그리스도를 향한 프란시스의 뜨거운 열정을, 보나벤투르(Bonaventure)는 다음과 같이 묘사하였다. "프란시스가 그의 배우자 그리스도를 향해 불태운 그 열정적 사랑을 어떠한 인간의 혀도 결코 묘사할 수 없다. 그는 마치 이글거리는 숯불처럼 하나님의 사랑의 불에 완전히 빨려 들어간 듯하였다."

프란시스의 메시지는 일련의 선교 활동을 통하여 이탈리아 밖으로 퍼져나갔다. 1215년 그는 스페인에 갔다. 그러나 병 때문에 일차 목적지 북아프리카에는 도달하지 못하였다. 1219년 프란시스와 11명의 동료들은 애굽의 성지에 이르러 이슬람 황제 멜렉 엘카밀(Melec el-Khamil) 앞에서 복음을 전하였다.

프란시스가 이탈리아로 되돌아 왔을 때(1220) 자기 수도회 운동의 상황은 떠나기 전과 같지 않았다. 그가 목격한 첫번째 변화는 수도원 건물이 설립되었다는 것이다. 그 후의 분쟁에도 불구하고 일부 형제들은 이를 자신들의 재산으로 간주하고 있었다. 게다가 이러한 분열을 은연 중 보여주는 듯한 법령이 발표되어 있었다. 전에 프란시스는 오순절에 열리는 당 수도회의 연례 집회를 묵과해 왔었다. 감독 직원들이 이 운동의 특성인 하나님과의 직접적 교통성을 제거할까 두려워하면서도 말이다. 나아가 이제 명백한 조직화 현상이 나타나고 있었다. 그리고 혹자들의 시각에서 보면, 수도회가 하나의 형제단으로부터 사제들의 종단으로 변하고 있었다.

제일 규범

프란시스는 용기를 얻어 1221년에 수도회를 위한 새 규범을 만들었다(제일 규범 혹은 Regula Prima). 이 규범에 의하면 수도사들은 "순종과 성적 금욕 가운데서, 재산 없이, 우리 주 예수그리스도의 가르침과 발자취를 따르며 살아야” 했다(1221년의 규범 1). 입회를 위한 어떤 테스트는 없었다. 형제들은 사회에서 경멸받는 자들과 버림받은 자들에게, 즐거운 마음으로써, 그리스도의 권능을 신뢰하는 가운데 도움을 베풀어야 했다. 이윽고 보다 엄밀한 술어로 기술된 세번째 규범이 나왔다(1223). 이것이 최종적 규범으로 추정되고 있다. 이 규범은 분열이 점차 심화되고 있음을 은연 중 드러내고 있다. 예컨대 “매끄러운 혹은 호화로운 의복을 입고 사치스런 음식과 음료를 즐기는” 자들을, 경멸하거나 판단하지 말며 남의 약점을 용서하고, 오히려 자신의 자아를 경멸하라는 등의 날카로운 권면이 그것이다(1223년의 규범 2).

건강도 좋지 아니하였고 타인들에게 선택의 폭을 넓혀 주고 싶었으며 또한 자신은 그리스도의 깊이를 측량하고 싶은 욕구가 강렬하였으므로, 프란시스는 이 신앙 운동의 통제권을 재획득하려 하지 아니하고 수도회의 지휘권을 피터 카타니(Peter Catanii)와 코르토나의 엘리아(Elias of Cortona)에게 넘겨 주었다. 프란시스는 몇년 간의 여생을 알베르노 산에 은거하며 고독과 기도로 보냈다. 전통에 의하면, 거기에서 어떤 무력감에 사로잡혀 있는 동안 그의 몸에는 성흔(십자가의 상처)이 나타났다고 한다. 산중에서 그는 그의 가장 풍요로운 선물들 가운데 두 가지를 써서 우리에게 남겨 주었다 : 복음서에 대하여 주석이 필요없는, 「성약」(Testament)이 그 하나이며, 또 하나는 「태양의 아가」(Canticle of the Sun)이다. 후자는 오직 홀로 찬양을 받으실 분으로서 창조주를 노래한 찬가이다. 후자와 관련하여 프란시스 톰슨(Francis Thompson)은, 프란시스가 가난을 맹세하였지만 아름다움에 대해서는 맹세하여 거부하지 않았다고 말한다.

프란시스회

프란시스칸 운동의 제1기는 1226년 프란시스의 죽음과 함께 끝났다. 그후 1백년간 종단 내에서는 그의 엄격한 추종자들인 신령파(Spirituals)와 수도원파(Conventuals) 사이에 격렬한 논쟁이 벌어졌다. 전자는 열광적인 요아킴적 묵시주의의 색채를 풍겼으며 후자는 프란시스의 이상들을 약화시키는 경향이 있었다. 신령파는, 자신들이 보기에 영성을 세상과의 타협적 관점에서 규정하는 듯한 한 교회와 대결하면서, 분파주의적 집단으로 전락해 갔다. 교황 요한 22세(1316~1334)는 그들의 이상을 이단적이라고 선언하기까지 하였다. 20세기의 신학자이자 사회학자인 언스트 트뢸치(Ernst Troeltsch)는 프란시스칸 운동의 역사를 패러다임으로 삼아 교회의 유형과 기독교 분파 운동을 논하였다.

프란시스회 운동의 제3기는 새로운 영적 파당인 규범엄수파(Observants)의 부상과 함께 시작한다(1368). 16세기 중엽에는 이미 규범 엄수파가 상당히 해이해져 있었다. 이에 대한 반동으로 또 하나의 개혁적 수도회인 카푸친회(Capuchins)가 발생하였다(1529)고 혹자들은 말한다. 제4기는 교황 레오 13세가 상이한 파벌들을 하나의 조직 아래 통합시킨 1897년부터 시작된다고 할 수 있다. 오늘날에는 로마 카톨릭, 영국 국교회, 루터교 등에 프란시스 수도회가 존재한다. 이들 외에도 오늘날 많은 사람들이 그리스도의 종이자 평화의 애호자이며 창조주에 대한 피조물적 의존성을 설파한 인물, 성 프란시스에게 감화를 받고 있다.

토마스 아퀴나스(Thomas Aquinas)
1225년경~1274

위대한 스콜라 철학자들과 함께 토마스 아퀴나스도 다작의 저술가이다. 그의 작품들 가운데 짧은 글월들, 「De Ente et Essentia」, 「De veritate」, 「De Unitate Intellectus」 등도 긴 것들과 마찬가지로 강력하고 통찰력 있는 천재적 재능을 보여주고 있다. 세 개의 부피가 큰 작품들, 「명제집 주석」(Commentary on the Sentences, 1253~1257), 「대이교도 대전」(Summa Contra Gentiles, 1261~1264), 「신학대전」(Summa Theologia), I과 II(1266~1271), III(1272, 죽기까지 미완성으로 남음) 등은 로마 카톨릭 교회에 자체의 기독교 신앙 해석에 대한 조리 있는 진술을 제공해 준다.

아퀴나스는 자기 시대에 가장 위대한 사상가이자 신학자 였지만 그에 대한 변변한 전기 하나 없다. 전통적으로 알려져 있는 그에 관한 몇 가지 개인적 사항으로는, 그가 뚱뚱했다는 것과 그의 태도가 냉철했다는 것 등이 있다. 침묵의 습관 때문에 그는 "벙어리 황소"라는 별명을 얻게 되었다. 그의 저술은 차가운 이성적 언어가 그 특징이다. 그러나 찬송시 「Adore Te」가 그의 작품이라면, 이 시로 볼 때 그에게 따스한 열정과 헌신이 없었던 것은 아니다. 그는 진리 이해에 있어서 지성에 높은 지위를 부여하였지만 혹자들이 탁월하게 소유한, 위로부터 온 지혜도 인정하였다. 그의 「명제집 주석」의 한 구절(D. 35, q. 2, art. 1) 속에, 그의 인식론이 가장 잘 응축되어 있다. 신적 지식이 그의 인식론의 정상을 차지하고 있다.

"지혜는 이름 그 자체에 의해 뛰어나게 풍성한 지식을 시사하고 있다. 이 풍성한 지식은 인간에게 만물에 대한 판단력을 제공해 준다. 모든 사람은 자기가 충분히 아는 것을 잘 판단할 수 있기 때문이다. 혹자들은, 타고난 명민한 지성 외에도 학습과 공부의 결과로 이 풍성한 지식을 소유한다. 이것이 아리스도텔레스가 지성적 미덕들 가운데 포함시키고 있는 지혜이다. 그러나 어떤 이들은, 하나님의 것들에 대한 친근성의 결과로 지혜를 소유한다. 이것은 사도가 말한, 그러한 종류의 지혜이다 : '신령한 자는 모든 것을 판단한다.' 지혜의 은사는, 하나님과의 연합을 통해 인간에게 이 탁월한 지식을 부여한다. 인간은 사랑에 의해 이러한 연합을 소유한다. '하나님과 합하는 자는 그와 한 영'이기 때문이다. 그러므로 지혜의 은사를 통해 인간은 계시된 진리에 대한 신 같은 명백한 응시에 이른다. 단순한 신앙이, 마치 숨겨져 있는 듯 모종의 방식으로 이 진리를 소유한다."

아퀴나스의 생애

1225년경	이탈리아 카시노 근처에서 탄생
1244	도미니칸 수도사가 되다.
1252~1255	파리에서 가르치다.
1259~1263	이탈리아에서 가르치다.
1266~1272	「신학대전」을 저술하다.
1274년 3월 7일	포사누오바(Fossanuova)에서 죽음

토마스 아퀴나스, 신학의 거장

더못 맥도날드(H. Dermot McDonald)

학업과 교수 경력

토마스 아퀴나스의 개인적 삶에 대해선서는 상세한 내용이 빈약하다. 그가 편지를 썼다 하더라도 현재까지 보존되어 있는 것은 없다. 그의 많은 글월들 가운데 자신에 대해 언급하고 있는 특별한 내용은 없다. 그러나 그의 공적인 삶에 대해서는 대략의 윤곽을 추적할 수 있다.

아퀴노(Aquno) 백작의 대가족 가운데 작은 아들로 태어난 그는 토마스라는 세례명을 받았다. 1225년 아니면 1226년에 이탈리아 카시노 근처의 로카세카성에서 아퀴나스는 태어났다. 모친 쪽으로 토마스는 로마 황제 프레데릭(1194~1250)과도 혈연 관계가 있었다. 어린 시절 토마스는 수도 생활을 위해 몬테 카지노 수도원에 들어간다. 1244년에는 나폴리 대학의 학생이 되며 도미니칸 수도사가 된다. 그후 파리로 향하였으나 형제들에게 납치되어 1년 동안 사로잡혀 있었다.

풀려난 후 그는 먼저 파리로, 다음에는 쾰른으로 갔다. 쾰른에서 그는 알베르투스 마그누스(Albertus Magnus)의 제자와 친구가 되어 그와 함께 거기 슈톨크스트라세에 거주한다. 1252~1255년까지 아퀴나스는 파리에서 학사로 교수하였다. 1257년에 보나벤투라와 함께 아퀴스는 석사 학위(licentiate)를 마쳤다. 이탈리아로 되돌아와 1259년부터 1263

년까지는 교황의 여러 교육 센터에서 가르쳤다. 1269년 파리로 되돌아간 그는 여러가지 철학적 신학적 논쟁에 휩쓸리게 된다. 그리고 48 혹은 49세의 나이인 1274년 3월 7일, 리용 공의회에 가는 도중 포사누오바의 시토 수도원에서 사망하였다.

아퀴나스의 방법론

아퀴나스의 「신학대전」은 많은 물줄기가 들어가고 나오는 호수에 비유되고 있다. 샘은 아니다. 그렇지만 그것은 신학과 윤리의 거의 모든 문제를 다루고 있는, 논리적 사상의 걸작이다. 그러나 현대의 독자는 그 곤혹스런 방법론 때문에 다소 불쾌감을 느낄 수도 있을 것이다. 필수적인 문제들 뿐만 아니라 외견상 사소한 문제들까지도 그는 상세하게 다루고 있는 것이다. 마리아 예배, 고해 성사, 연옥 같은 성서 외적 개념들도 기독교 신앙과 메시지의 본질적 교리인 양 진술되고 있다.

아퀴나스의 전반적 구조에서 기본이 되는 것은 이성과 계시 사이의 날카로운 이분법이다. 이중적 진리의 이론을 거부하고 그는 각각에 자체의 독특한 방법을 부여한다. 이성은 자기 영역에서 최고이다. 이성은, nihil est intellectum, nisi prius fuerit in sensu("마음 속에 있는 것치고 먼저 오감 속에 존재하지 않는 것은 없다")라는 금언에 따라 외적 세계에 국한된다. 이것은 아퀴나스가 아리스토텔레스로부터 배운 명제이다. 따라서 스콜라 신학을 아리스토텔레스적 관점에서 제시하려 한 것이 그의 필생의 노력이었다.

하나님의 존재 그 자체(하나님의 진면목이 무엇인가)는 이성의 범주를 초월하므로 이성으로 발견할 수 없다. 삼위일체와 성육신 같은 신앙의 특별한 문제들은 계시를 통해서만 알 수 있다. 이들은 교회의 권위에 입각하여 신자들에게 전달된다. 그러나 하나님이 자존하는 존재로서 "무엇인가"라는 문제는 하나님의 작품에 대한 명상을 통해 이성으로 확실하게 알 수 있다. 만물의 우주는 인간이 하나님께로 오를 수 있는 사닥다리이다. 감각적 현상들과의 유추를 통해 인간은 초자연적이고 영원한 것의 존재를 확신하게 된다. 그러한 유추는, 자체를 넘어 이성의 한계 밖에 있는 것, 인간의 마음에 의해 표현 될 수 없는 것을 지적해 준다.

아퀴나스의 유추 교리는 본질(essense)과 존재(existense) 사이의 구별에 입각하고 있다. 그는 아리스토텔레스를 따라 모든 인간 실존을, 현실과 잠재, 본질과 존재의 혼합체로 간주한다. 그러나 하나님 안에는 그러한 구별이 없다고 그는 말한다. 하나님 안에서는 본질과 존재가 하나이다. 하나님 홀로 존재(Being) 그 자체이다. 기타 모든 만유는 존재를 가지고 있다. 하나님은 유일한 필연적 존재이다. 그러므로 하나님에게는 존재하지 않는다거나 존재할 수 없다는 말이 성립되지 않는다. 그는 출애굽기 3 : 14의 "나는 스스로 있는 자"(I Am)이다. 그는 유일하게 자존적인 실체, 독특하고 초월적인 존재이다. 결과적으로 선이나 진리 같은 피조물 속에 드러나는 특질들이 하나님 안에도, 그의 존재에 힘입어, 그리고 전달될 수 있는 탁월한 방식으로, 내재한다. 그러나 하나님 속의 그러한 특질들은 우리 인간의 그것들과 차원이 다르다. 예를 들어 하나님과 우리가 가진 선의 특질은 정도에 있어서 동일하지 않다. 그러나 하나님의 선은 우리의 경우와 다른 의미를 가진다고 말할 수 없다. 이는 유추적인 사용이다. 따라서 하나님이 "선하다"고 진술할 때 그 선의 유한한 "양식"은 부인되어야 하며 그것의 "의미"는 하나님에 대해 절대적인 방법으로 선언되어야 한다. 다시 말해 하나님 안에 있는 선은 어떤 점들에서 인간 안의 선과 같지만 또 어떤 중요하고 본질적인 측면에서 그것과 다르다. 하나님은 도저히 묘사할 수 없는 방법으로 탁월하게 선한 분으로서 존재한다.

아퀴나스의 5가지 방법

"아퀴나스의 5가지 방법" 즉 하나님의 존재에 대한 5중 증거는 모두, 시공 세계 속의 감각적 사물들을 통해 유추한다는 원리 위에 세워져 있다. 따라서 그것들은 경험적이고 후천적이다. 피조계 속에 존재하는 하나님의 각인들 위에 입각하고 있으므로 하나님이 존재한다고 확신하는 일은 모든 인간들에게 개방되어 있다. 5가지 방법은 「신학대전」 속에 아퀴나스의 계시 신학의 이성적인 서문으로서 출현한다. 그러나 유추 원리의 적확성은 종교 언어의 의미에 대한 현대의 논의에서 많은 논란을 불러 일으키고 있다. 5가지 방법 그 자체의 타당성과 의의에 대해서도 못지 않은 논란이 일고있다. 아리스토텔레스적 경험주의자로서 아퀴나스는 플라톤적 본유 관념이론을 거부하였으며 따라서 안셀무스의 본체론적 논증도 거부하였다. 그러나 그가 하나님의 존재에 대한 5가지 증명 방법을 진술하기 이전에 이미 하나님에 대한 모종의 관념을 마음 속에 소유하고 있었다는 것은 틀림없는 듯하다.

「신학대전」의 본문에서 계시 신학은, 계시된 진리로서의 그 명제들을 밝힐 목적으로 엄밀한 철학적 분석을 받는다. 하나의 모자이크 같은 체계로서 그것은 아퀴나스의 가르침의 내용과 방법을 보여주고 있다. 그가 선언한 내용 가운데 많은 부분이 동 시대인들에게는 새로운 것으로 여겨졌다. 아퀴나스의 말년에 그와 함께 나폴리에서 살았던 구글릴모 드 토코(Guglielmo de Toncco)는 아퀴나스의 신 존재 증명 방식에 대하여, "이 새로운 것들", "새로운 방식의 증거", "새로운 근거들", "새로운 교리들" 등등의 표현을 사용한다. 토코에게 있어서 이것들은 "새로운 것들을 가르치고 기록하도록" 아퀴나스에게 확실하게 주어진 "새로운 영감"의 결과였다.

그러나 켄터베리의 대주교였던 프란시스 수도회의 존 펙함(John PeckHam) 같은 인물들은 그 이론이 새로운 것이라는데 동의하면서도 그것의 신적 기원을 인정하는 데 있어서는 덜 우호적이었다. 기실 아퀴나스 자신의 시대와 그후 수십년 동안 그의 작품에 대한 불평이 널리 확산되었다. 그의 가르침 가운데 일부는 그가 죽은 후 오류로 정죄되기도 하였다. 물론 이것이 나중에는 역전되었지만 말이다. 특히 둔스 스코투스(Duns Scotus, 1266~1305)는 아퀴나스에 대해 일관된 비평을 제기하였는데 이로 인해 적대적인 도미닉 수도회와 프란시스 수도회에 의해 각기 후원을 받던 두 개의 라이벌 학교가 대립 관계에 놓이기도 하였다.

그러나 현대에는 "토마스주의"가 부활되고 있다. 이는 주로 교황 레오 13세가 1879년의 교황 회칙 애테르니 파트리스(Aeterni Patris)에서 아퀴나스에 대한 연구를 권한 결과였다.

동의로서의 신앙

「신학대전」의 현저한 특징은 지식을 강조한 점이다. 신앙은 카톨릭 교리에 대한 동의라는 사상이 책 전체에 일관되게 흐르고 있다. 이는 신앙을 **피두키아**(fiducia. 인격적 신뢰)로 본 종교 개혁자들의 견해와 완연한 대조를 이룬다. 아퀴나스는 신앙, 의견, 지식, 이 삼자를 구별하였다. "신앙"은 그 대상에 대해 확고히 동의한다는 점에서 의견보다 강하다. 그러나 결국 신앙은 신용과 거의 동일하다. 하지만 "신앙"은 지식만 못하다. 왜냐하면 신앙은 이해와 시각을 결여하고 있기 때문이다. 통상적인 스콜라주의의 관습에 따라 아퀴나스는 fides informis("형식이 없는" 신앙, 단순한 정통주의)와 fides caritate formata(형식이 있는 그리고 사랑에 의해 지식을 갖춘 신앙)를 구별하였다. 그러나 두 종류의 신앙이 다 가치가 있다고 그는 말한다. 전자는 단순한 "일치"로서 신적 상급을, 필연적으로 만들지는 않는다 하더라도 적합하게 만든다. 후자는 "당연한" 차이점을 가지고 있다. 즉 신적 상급이 공의의 문제로서 마땅히 주어진다는 점에서 그렇다.

「신학대전」의 몇몇 특정한 내용들을 고려해 볼 때 아퀴나스가 강력한 창조 교리를 가지고 있었다는 것이 주목해 볼 만하다. 세계의 존재는 하나님의 "무로부터의"(ex nihilo) 행위 결과이다. 그러나 창조는 하나님이 시간 "속에서" 행한 것이 아니다. 어거스틴처럼 아퀴나스도 세계의 창조와 함께 시간의 창조가 있었다고 주장한다. 세계가 없었을 때는 시간도 없었다. 그러나 아퀴나스는 영원한 창조라는 관념을 받아들이고자 하지 않는다. 물론 그것이 논리적으로 가능하다는 것은 그도 인정한다. 어떤 영원한 원인이 영원히 작용하지 않아야 한다는 것은 논리적 근거가 없다. 아퀴나스는 세계가 존재하지 않을 때가 있었으며 하나님의 절대

명령에 의해 세계는 지금 여기에 현존하고 있다고 강조한다.

인간

인간, 죄, 은혜 등이 상호 연관된 중요한 신학적 주제들에 대해서도 토마스 아퀴나스로부터 배울 만한 것이 많이 있다. 물론 그 중에는 받아들이기 어려운 것도 있다.

아퀴나스는 최초의 인간을 가장 존엄한 피조물로 생각했다. 동물과 달리 이성적 존재로서 인간의 특정 목표는 하나님을 아는 데 있었다. 하나님에 대한 지식이 인간에게 개방되어 있지만 그럼에도 그것은 하나님에 대한 앎에만 국한되었다. 하나님의 본질을 알았다면 인간은 그를 사랑했을 것이다. 그것은 인간이 죄없는 상태로 존재하는 것을 보장해 주었을 것이다. 그러나 타락하지 않은 인간이 소유한 지식은 죄로 훼손된 상태에 있는 우리의 지식보다 완전하였다. 그것은 감각적 사물로부터 유래하지 않았기 때문이다. 그럼에도 타락하지 않은 인간이 자기 본래의 의의 상태를 유지하기 위해서는 하나님의 초자연적 은혜의 은혜의 선물을 필요로 하였다. 따라서 아퀴나스의 교리에서는 처음부터 하나님의 은혜가 인간의 공로에 달려 있었다.

아퀴나스는 영혼의 기원에 대해 창조적 견해를 수용하였다. 사실상 그는 기타 어느 견해도 받아들일 수 없는 이단적인 것이라고 선언하였다. 그는 모든 영혼이 하나님에 의해 직접적으로 "새로"(de novo) 창조되어 탄생 시나 혹은 탄생 전에 부모가 낳은 육체와 결합된다고 보았다. 그는 한 개인 속에서의 육체와 영혼의 통일성을 강조하였으나 동시에 각각의 개체성을 주의깊게 진술하였다. 아퀴나스는 육체와 영혼이 실상 하나의 인격으로서 두 개의 다른 관점으로부터 본 것에 불과하다는, "이중 양상" 이론을 거부하였다.

아퀴나스에게 있어서 영혼의 불멸성 문제는 자연 신학의 영역에 속한 것이었다. 따라서 그는 영혼의 사후 존속을 증명하기 위해 수많은 논증을 전개하였다. 일례로 그의 다음과 같은 주장을 들 수 있다 : 인간 구조

속의 지성적 요소(사실상 그는 이를 영혼과 동일시하였다)는 물질로부터의 독립성에 의해 자체가 비물질적임을 보여주고 있다. 이와 같이 영적이므로 그것은 물질적인 모든 존재의 본성인 부패에 참여하지 않는다. 그리고 영적이므로 영혼은 "단일체"이다. 즉 복합체가 아니다. 해체되고 사멸할 수 있는 것은 복합체 뿐이다.

죄

어거스틴과 다소 유사한 방식으로 아퀴나스는 죄가 첫 인간 속에서 갑자기 돌발한 교만으로부터 유래되었다고 생각한다. 죄는 인류의 시조 속에서 지나친 자기 사랑의 폭발로서 출현하였다. 아퀴나스는 하나님에 의해 갓 창조되어 육체와 결합한 영혼이 어떻게 부패해질 수 있는가라는 문제를 건드리지 않았다. 그러나 그는 아담 속에 배태해 있던, 그리고 아담 속에서 타락한 인간의 본성이 한 세대로부터 후 세대로 전위된다고 확신하였다. 한편 그는 인간이 원죄 때문에 유죄하며 정죄받을 만하다는 어거스틴의 견해에 동조하지 않았다. 결국 그는 죄를 개인의 자유 의지와 연결시키고자 하였던 것이다.

아퀴나스에 의하면 의지의 자유는 하나님의 존재와 영혼 불멸에 대한 증거처럼 절대적인 합리적 증거를 안고있다. 그는 의지를 이성과 행위 사이에 위치시켰으며 의지가 이 양자와 필연적 관계를 맺고 있다고 보았다. 이성은 인간 속에 있는 신적인 요소로서 본질적으로 진실하고 선하다. 이런 측면에서 이성은 의지에 의해 추진력을 얻는다. 한편 의지는 인간의 낮은 욕구들과 이중적 관계를 가지고 있다. 의지는 그것들을 지배하고자 한다. 하지만 의지가 그것들에 이끌려 거기에 복종하기도 한다. 의지는 자기 결정적 존재라는 점에서 자유롭다. 의지는 우연의 지배를 받지 않는다. 하지만 그것은 지극히 강력한 동기에 의해서도 이끌리지 않으며 혹은 이끌릴 필요가 없다. 이성의 우월성과 의지의 자유에 대한 아퀴나스의 강조는 인간에 대한 그의(기껏해야) 반펠라기우스적인 견해로부터 유래한다.

은혜

아퀴나스는 중세 신학에서 두드러지게 나타난 경향들과 자기 작품에서 출현하는 경향들을 조화시키기 위해 부단히 노력하였다. 한편으로는 인간의 공로에 대해 광범한 인식이 있으며 한편으로는 하나님의 은혜에 대한 요구도 있다. 그의 「신학대전」 가운데 "은혜의 필요성에 대하여"라는 단락에서 그는 두 가지의 필요성을 언급하고 있다. 첫째로 타락 이전의 최초 인간이 의롭게 살기 위해 하나님의 추가적 도움을 필요로 하였다면 죄인인 인간들은 하물며 얼마나 더 필요로 하겠는가라고 그는 주장한다. 나아가 하나님의 은혜의 행위가 없다면 인간의 자유 의지는 하나님을 지향할 수 없다고 그는 말한다. 인간이 공로적 선을 향해 나아가는 것은 오직 하나님의 은혜를 통해서이다.

아퀴나스의 특이한 사상 가운데 하나는 "습관적 은혜"(habitual grace)의 개념이다. 그는 이것을 "행동적 은혜"(actual grace)와 구별된다. 그는 습관적 은혜가 인간의 자연적 영적 삶에 영향을 준다고 보았다. 아리스도텔레스의 「윤리학」에 있는 자연적 인간의 덕목들은 습관적 은혜의 결과이며 믿음, 소망, 사랑 등의 "신학적" 덕목들도 그러하다. 아퀴나스는 습관적 은혜와 "행동적 은혜"를 결부시킨다. 후자는 하나님의 일시적이고 반복적인 선물이라고 그는 말한다. 이 은혜는 영혼으로 하여금 특별한 활동을 하도록 만든다.

그는 선언한다 : "인간이 의롭게 살기 위해서는 하나님의 이중적 도움이 필요하다. 첫째는 습관적 은사이다. 이를 통해 타락한 본성이 치유될 수 있으며 치유된 후 높이 고양되어 영원한 생명을 받을만한 공로 있는 행위를 할 수 있다(영생은 본성의 수용력을 초월한다). 둘째로 인간은 하나님에 의해 어떤 행동을 향해 움직이기 위하여 은혜의 도움을 필요로 한다." 그러나 아퀴나스는 은혜를 "성결하게 하는", "거저 주어지는", "작용하는", "협력하는" 것으로서 4중적으로 분석하고 있지만 결국 인간의 공로와 하나님의 은혜 사이의 대립 관계를 미해결의 과제로 남겨놓

는다. 그는 구원의 도식에서 양자에 각각의 위치를 부여하고자 한다. 그러나 신약성경에서는 양자가 배타적 관계에 놓여있다.

구원

구속에 대한 견해에서 아퀴나스는 인간 구원이 부분적으로는 자신의 일이라는 사상을 피력하고 있다. 안셀무스처럼 그는 십자가를, 인간의 구속을 위한 절대적 필연으로 간주하지 않는다. "하나님이 그리스도의 수난 외에 다른 방법으로 인류를 구원하는 것은 가능하였다"(「신학대전」111. 46. 2). 한편 그는 그리스도의 사역을 "만족시킴"과 "공로", 이 양자로 간주한다. 그것은 공의의 요구가 충족되었다는 점에는 하나의 만족시킴이었다. 그리고 그것은 그리스도의 죽음이 하나의 과도한 일이었다는 점에서 공로였다. 인간은 일생내내 강제적 필연성에 의해 행동하지 않기 때문에 구원을 받을 만하다. 아퀴나스는 그리스도의 죽음을 "유효한" 것으로 선언한다. 그러나 결국 그의 글을 읽어 볼 때 그 죽음은 다소 유효하지 못한 성질을 띠고 있다. 신자 편에서 그리스도의 만족시킴에 결여된 것을 충족시키기 위해 세례와 참회가 필요한 이상 그리스도에게는 어떤 "상대적 위상"이 있기 때문이다. 아퀴나스의 다음과 같은 진술이 이와 일맥 상통한다 : "그리스도의 수난은 그것이 적용되는 당사자 속에서, 믿음과 사랑 및 신앙의 성례를 통해 효과를 발휘한다"(「신학대전」11. 49. 3).

아퀴나스의 윤리적 가르침은 아리스도테렐스의 합리적 자연주의를, 착색 유리창을 통해 본 것이라고 묘사되어 있다. 이는 사실이다. 이성적 존재로서의 인간은 자유 의지를 소유하고 있으므로 도덕적 존재이다. 그러한 존재로서의 인간은 자연적으로 선을 지향하는 경향이 있다. 그러나 인간은 하나님의 도움이 없이는 선을 목적할 수도, 행할 수도 없다. "하나님은 인간 의지의 보편적 목적 즉 선을 향해. 인간의 의지를 움직이신다. 이 보편적 움직임이 없이는 인간은 아무 것도 목적할 수 없다. 그러나 인간은 진정한 혹은 외견앙의 선인 이것이나 저것을 목적하고자 할 때 이성에 의해 그 뜻을 결정한다"(「신학대전」11. 9. 5).

　4개의 기본 덕목 즉 지혜, 정의, 절제, 용기는 모든 사람들이 소유하고 있다. 인간의 도덕적 목표로서 모든 사람이 여기에 도달할 수 있다. 아퀴나스는 도덕적 미덕의 목록 가운데서 지혜에 최고의 위치를 부여한다. 지혜로운 도덕적 선택에 의해 인간은 도덕적 행복(Eudaimonia)의 윤리적 표준에 도달할 수 있다. 그러나 도덕적 생활의 자연 법을 이해하기 위해서는 혹 영적 생활의 "새 법"을 이해하기 위해서는 인간은 하나님의 도움이 필요하다. 이런 식으로 아퀴나스는 스콜라 철학의 금언 "Gratia non tollit sed perficit naturam"("은혜는 본성〈자연〉을 파괴하지 않는다. 은혜는 그것을 완전하게 한다")을 정당시하고 있다(「신학대전」1. 8. 2, 그밖의 곳). 그러나 "은혜"와 "자연"〈본성〉이라는 용어를 성경적으로 이해할 때 그러한 금언은 성경적 근거를 상실한다.

존 위클립(John Wyclif)
1330년경 ~ 1384

존 위클립은 때로 종교 "개혁의 샛별"로 불린다. 그는 14세기에 살았다. 이 때는 로마 카톨릭 교회가 점증하는 부패로 고통을 받던 시기이다. 위클립은 그 시대의 위대한 사상가들 가운데 하나였으며 신학과 철학 분야에서 중요한 책을 다수 저술하였다. 그러나 그는 자기 삶을 학문 생활에만 국한시키지 않았다.

40대에 위클립은 정계에 뛰어 들어 정부와 교황의 논쟁에서 정부의 편을 든다. 그 시기에 그의 견해가 점차 급진적으로 변하면서 그는 공인된 카톨릭의 신조들 가운데 다수를 의문시한다. 위클립의 사상이 지극히 급진적으로 변했을 때 정치적 상황도 변하였으며 그의 정부는 더 이상 그의 봉직을 요구하지 않았다. 위클립의 견해는 정죄를 받았으며 그는 시골 교구로 물러나야 했다. 거기에서 그는 계속하여 저술 활동을 하며 개혁 추구세력을 격려하였다. 그의 추종자들은 성경을 영어로 번역하고 밖에 나가서 복음을 전하였다. 소위 이들 롤러드파(Lollards)는 격렬한 핍박을 받았으며 그들의 운동은 지하로 쫓겨갔다. 그러나 위클립의 사상은 보헤미아로 확산되었으며 거기에서 그들의 견해는 보다 공개적으로 수용될 수 있었다. 영국에서 그들 위클립의 사후 약 150년이 지나 일어난 프로테스탄트 종교 개혁의 길을 닦아 놓았다.

위클립의 생애

1330년경　　　탄생

1360	옥스포드 베일리얼 대학 (Balliol college)의 선생
1361	문학석사 학위 안수받음
1369	신학사 학위
1372	신학박사 학위
1374	왕을 섬기기 시작하다.
1377	성 바울 성당에서의 공판, 교황의 교서에서 정죄를 받다.
1378	람베드(Lambeth)에서의 공판 미수
1381	농민 폭동(Peasant's Revolt), 루터워스(Lutterworth)로 이사하다.
1382	그의 사상이 정죄를 받다. 1차 뇌일혈
1384	2차 뇌일혈, 죽음

존 위클립, "개혁의 샛별"

레인(A. N. S. Lane)

옥스포드의 지도적 신학자

존 위클립은 1330년경 영국의 지주 가문에서 태어났다. 그는 옥스포드 대학에 가서 공부하였으며 1360년에는 이미 베일리얼 대학의 선생이 되어 있었다. 이것은 오늘날과 같이 이름이 있는 것이 아니었다. 위클립은 여전히 문학석사 학위를 공부하고 있었다. 다음 해에 그는 이 학위를 획득하고 안수를 받았다. 이때 그는 링컨셔에 위치한 교회의 교구 사제직보다 유리한 지위을 얻기 위해 선생직을 그만 두었다. 그리하여 위클립은 부재(Absentee) 교구 사제가 되었으며 생애의 대부분을 이 자리에 있었다. 이것은 그 당시에는 특별히 학문 연구에 재정을 조달하는 방법으로서 용인될 수 있었다. 자기 직무를 수행할 대리자를 세우는 일은 부재 교구 사제의 책임이었다. 위클립이 이러한 점에서 얼마나 양심적이었는가는 알 수 없다.

1370년에는 이미 위클립이 옥스포드의 지도적인 철학자와 신학자가 되어 있었다. 또한 이때 통치권에 대해 급진적 사상을 가지고 있었다. 그는 이를 그의 저서 「시민 통치」(Civil Dominion)에서 자세히 논하고 있다. 여기에서 그는 한편으로 불신앙인들에게는 통치할 권리가 없다고 주장하며 한편으로 경건한 사람이 우주의 모든 부요를 소유하고 있다고 주장한다. 첫번째 사항은 간단히 입증될 수 있다. 모든 주권은 하나님에 의해 부여된다. 그러나 하나님은 자기를 거역하는 자들에게 그것을 부여하지 않는다. 부당하게 다스리는 자들은 하나님이 권한을 위임하면서 부여한 조건을 어기고 있는 것이다. 그러므로 그들은 통치할 권리를 이미 상실하였다. 두번째 사항은 경건한 사람이 하나님의 아들이라는 사실로부터 유래한다. 그러므로 그는 하나님의 주권을 공유한다. 이러한 주장은 확실히 지극히 급진적인 사회적 의미를 내포한 것이었다. 한편으로 그의 주장은 불의한 통치자들에 대한 거부와 그들의 재산에 대한 몰수를 정당시하는 것이었다. 반면 경건한 자의 우주적 통치권은 중요한 의미를 가지고 있었다. 이러한 통치권은 나머지 경건한 자들과 공유되어야 하는 것이었다. 이것은 결국 일종의 성경적인 공산주의로 귀결된다.

실제적으로 위클립의 사상은 그다지 급진적인 것이 아니었다. 우리가 지금 이 세상에서 누가 택자인지를 판단할 수 없다는 것과 택자와 유기자를 확실하게 구분할 수 없다는 것을 그는 잘 알고 있었다. 그러나 한편 그는 노골적으로 죄악적인 삶을 영위하는 자들은 이 세상에서 자기 권리를 박탈당한다고 주장하였다. 특별히 그는 이 이론을 그 시대의 성직자들에게 적용시켰다. 성직자들이 너무 타락해 있으므로 세속 당국이 교회 재산을 몰수할 권리가 있다고 그는 주장하였다. 이러한 가르침은 정부 당국으로서는 분명 흥미있는 것이었다.

위클립과 곤트(Gaunte)의 요한

위클립의 시대 교회는 엄청나게 부요한여 영국 전 토지의 거의 3분의 1을 소유하고 있었지만 여전히 면세를 요구하고 있었다. 위클립의 교리는 프랑스와의 값비싼 전쟁에 왕이 재정을 조달해야 했던 그 시대에 꺼려하는 성직자로부터 세금을 추출해 내는 데 사용될 수 있는 적합한 위협 교리였다. 그의 교리는 또한, 교황이(자신의 전쟁에 재정을 조달하기 위해) 영국의 성직자로부터 세금을 거둘 권리가 있다는 주장을 놓고 교황이 협상을 벌이는 데도 사용될 수 있었다. 위클립은 교황청 당국과 협상하기 위해 1374년 브뤼즈(Bruges)로 파견된 대표당 가운데 한 사람이었다. 1370년에 위클립은 정부의 호위와 지지를 누렸다. 특히 곤트의 요한으로부터 그러한 혜택을 입었다. 그는 랭커스터의 공작으로서 영국에서 가장 유력한 사람들 가운데 하나였다. 그러나 위클립의 교리는 교황의 귀에도 들렸다. 1377년 교황은 일련의 교서를 통해 위클립의 진술 가운데 18개를 정죄하였다. 그해 영국의 주교들은 위클립을 성 바울 성당에서 공판에 붙이려 하였으나 곤트의 요한이 그를 대신하여 중재하였다.

그 다음 해에 위클립에 있어서는 모든 것이 변하였다. 그 해 1378년 라이벌 교황이 선출되고 40년 동안의 대분열이 시작되었으며 두명 혹은 그 이상의 교황들이 그 기간내내 서로 대결하였다. 이것은 교황의 권력을 크게 약화시켰다. 이는 위클립에게 있어서도 중요한 의미를 가지고 있었다. 한편으로 정부는 성직자를 복종시키기 위해 그의 위험한 급진적 사상을 더이상 필요로 하지 않게 되었다. 그러나 한편으로 교황권은 다른 이슈들에 마음을 빼앗기고 있었으므로 위클립을 간섭할 여유가 없었다. 이것이 위클립에게는 호기가 되었다. 이 무렵 그는 보다 급진적인 사상을 발전시키고 있었던 것이다. 중세의 다른 시기 같았더라면 이러한 사상은 그의 파멸을 가져왔을 것이다. 어쨌든 이러한 사상은 정부의 호의를 잃게 만들었다. 그러나 이전의 후원자들은 위클립을 영국 성직자들의 공격으로부터 보호하기 위해 그를 위해 상당한 압력을 계속 발휘하고 있었다. 1378년 람베드에서 또 한번의 재판이 위클립에 대한 황태후의 지지에 의해 좌절되었다.

위클립, 정죄받다.

1378년 위클립은 공직에서 물러나 옥스포드에서 연구와 저술을 계속하였다. 주교들은 그의 급진적 사상을 반대하도록 대학 당국에 압력을 점차 가중시켰다. 그러나 그러한 압력에 처음에는 거부 당하였다. 하지만 1381년 농민 폭동이 일어나고 그 폭동의 지도자 가운데 한 사람인 존

볼(John Ball)이 위클립의 제자라는 소문이 나돌았다. 위클립은 그 폭동과 자신의 연계성을 부인하였지만 그로인해 손상을 입게 되었다. 나아가 켄터베리의 대주교가 폭도들에게 죽임을 당하고 그 자리를 위클립의 오랜 숙적 윌리엄 코티네이(William Courtenay)가 차지하게 되었다.

그 다음 해에 코티네이는 공의회를 소집하여 위클립의 진술 가운데 24개를 정죄하였다. 회의 중에 지진이 있었다. 위클립은 이를 그러한 정죄에 대한 하나님의 진노의 표징으로 해석하였다. 반면 코티네이는 땅이 위클립의 더러운 이단을 몸 밖으로 트림하고 있다고 주장하였다! 농민 폭동 직후 레스터셔의 루터워스로 물러갔다. 1374년부터 그는 그곳의 부재 교구 사제였었다. 거기에서 그는 몇년간의 여생 동안 저술에 몰두하였다. 1382년 위클립은 뇌일혈로 쓰러졌으며 1384년 12월에 두번째로 쓰러져 며칠 후 섣달 그믐날에 죽었다.

위클립의 사상이 왜 그토록 많은 논쟁을 불러 일으켰는가? 그는 중세에 교회의 부패한 관습에 대해 항변한 최초의 인물이 결코 아니었다. 그가 처녀지를 간 곳은 그러한 관습 저변에 놓여 있는 "교리들"에 대한 공격이었다. 이것은 그의 통치권 이론에서 이미 나타나 있다. 그러나 1378년부터 그는 당대 교회의 일부 핵심 교리를 계속 공격하였다.

위클립과 성경

1378년 위클립은 「성경의 진리」(The truth of Holy Scripture)라는 책을 저술하였다. 여기에서 그는 성경이 진실하다고 즉 오류나 모순이 없다고 주장하였는데 이는 교회의 가르침과 일치하는 것이었다. 그러나 이에서 더 나아가 그는 성경이 하나님의 계시 전체를 담고 있다고 주장하였다 : 교회의 전통이나 교황 혹은 기타 어떤 자료를 통해 더 이상의 가르침을 보충할 필요가 없다. 성경은 구원에 필요한 모든 것을 담고 있다. 더 나아가 전통, 교회법, 공의회, 교황 같은 기타의 모든 권위들은 성경에 의해 테스트를 받아야 한다. 성경은 다른 모든 가르침이 테스트 받아야 할 궁극적 기준이다. 여기에서 위클립은 분명 개신교 종교 개혁자들의 입장을 예시하고 있는 것이다. 마지막으로 성경은 성직자와 평신도를 다 포함한 "모든" 그리스도인들이 이용할 수 있는 책이라고 그는 주장하였다.

모든 그리스도인들이 성경을 이용할 수 있어야 한다면 성경이 백성의 공통 언어인 자국어로 번역되어야 한다는 것은 당연한 귀결이다. 위클립은 다른 작품들에서도 이런 진술을 한다. 이 때문에 위클립의 제자들은 성경을 영어로 번역하였다. 그러나 「위클립 성경」의 출판에 있어 위클립 자신의 역할이 무엇이었는가는 아무도 확실하게 알지 못한다. 이 책이 그의 영향을 받은 제자들에 의해 출간되었다는 것은 확실하다. 그가 이 책의 번역에서 "모종의" 감독 역할을 했다는 것은 확실하지는 않으나 꽤 가능성이 있다. 그가 실제로 번역에 참여하였다는 전승은 일리가 있지만 결코 확실하지 않다.

위클립과 교황

위클립은 성경의 역할을 높이는 한편으로 교황권을 깎아내렸다. 당시 유럽은 라이벌 교황들이 서로를 파문하는 덕스럽지 못한 광경을 연출하고 있었다. 교황의 역활을 재검토하기에는 안성마춤인 때였다. 1379년 위클립은 「교황의 권력」(The Power of the Papacy)을 저술하였다. 이 책에서 그는 교황직이 하나님이 아닌 인간에 의해 제정된 직분이라고 주장한다. 나아가 교황의 권위는 교회에 국한되며 세속 정부에까지 미치지는 않는다고 그는 말한다. 그에 의하면 더욱 중요한 것은 교황의 권위가 자동적으로 생성되지 않으며 베드로의 도덕적 인격을 가졌느냐에 좌우된다는 것이다. 위클립의 시대에 그러한 진술은 근래의 거의 모든 교황들에 대한 거부를 의미하였다. 예수 그리스도를 따르지 않는 교황은 적 그리스도라고 위클립은 주장하였다. 나중에 위클립은 일보 더 전진하여 악한 교황들 뿐만 아니라 교황 제도 그 자체에 적그리스도라는 딱지를 붙였다.

위클립이 당대인들에 가장 큰 충격을 준 것은 화체설 교리에 대한 거부였다. 위클립은 그리스도의 살과 피가 어떤 의미에서 성만찬 시에 현재한다는 것을 부인하지 않았다. 화체설은 그리스도의 임재를 설명하는 하나의 특별한 이론이다. 그것은 빵의 물질이 그리스도의 살의 불질로 변화되는 한편 빵의 "우유성"(빵의 물리적 특성)은 그대로 남아 있다는 이론이다. 위클립은 여러가지 근거 위에서 이 교리를 거부하였다. 그에게 있어서 그 교리는 13세기에 처음 선포된 최근의 신 고안물이었다. 그것은 철학적으로 논리성이 결여되어 있었다. 그것은 성경과 모순되었다. 1379년부터 위클립은 화체설을 거듭 공격하였다. 그는 한 설교에서, 정직한 시민들이 탁발 수도사들을 자신들의 포도주 저장실에 들어가지 못하도록 하는 것은 탁발 수도사들이 포도주에 축복을 해서 모든 포도주를 그리스도의 피(즉 단순히 우유성만 띤 물질)로 바꾸어 놓을까 두려워하기 때문이라고 말한다!

위클립은 떡과 포도주가 성 만찬에 봉헌된 후에도 그대로 존속한다고 믿었다. 그것들은 그리스도의 몸과 피의 상징적 요소가 된다. 그리스도의 몸은 나의 영혼이 육체 속에 존재하는 것과 같은 방식으로 빵 속에 내재한다. 어떤 의미에서 그리스도의 몸은 빵 속 어디에나 내재한다. 위클립이 여기에서 어떤 의미로 말했는지는 명확하지 않다. 루터교와 칼빈주의가 각기 위클립이 자신들의 입장을 지지하고 있다고 주장해왔다.

롤라드파(Lollards)

위클립의 제자들은 롤라드파로 불려왔다. 이는 "중얼거리는 자들"을 의미하는 일종의 욕설이다. 위클립 자신은 그다지 방해를 받지 않았으나 그의 사후 추종자들에 대해서는 반대 조처가 내려졌다. 처음에 귀족들과 학자들 가운데 그의 제자들이 있었다. 그러나 핍박이 이들을 대부분 물아내었다. 1414년에 실패로 끝난 롤라드파의 저항이 있었는데 이로인해 억압은 더욱 가중되었다. 후에 이 롤라드파 운동은 지하의 하층민 운동이 되었다. 롤라드파 운동과 16세기 프로테스탄티즘의 발흥 사이에는 실질적인 연속성이 있었다는 연구 결과가 나오고 있다. 롤라드파는 영어

성경을 확산시킴으로써 그리고 로마 교회에 대한 불만을 퍼트림으로써 16세기 영국 종교 개혁을 위해 길을 예비하는 역할을 하였다.

위클립의 사상은 그 밖의 유럽 지역에서도 영향을 미쳤다. 그의 옥스포드 생도들 가운데 일부는 보헤미아(현대의 체코슬로바키아) 출신이었는데 이들은 그의 작품의 복사본을 가지고 고국으로 돌아갔다. 위클립의 가르침은 보헤미아에서 반대 의견의 발흥에 영향을 미치게 되는데 이는 특히 존 후스(John Hus)의 이름과 연계되어 있다. 후스는 1415년 콘스탄스 회의에서 화형을 당하였다. 이 회의는 또한 위클립의 45개 "오류"를 정죄하였다. 1428년 당국은 그의 뼈는 다시 파내 불태웠다. 훗날의 역사 기록자는 다음과 같이 평하고 있다 : "그들은 그의 뼈를 불태워 재로 만들고 가까이에 흐르는 한 인근의 시내인 스위프트(swift)에 그 재를 뿌렸다. 그리하여 그 시내는 그의 재를 아본(Avon)으로 전달해 주었고 아본은 세베른(Severn)으로, 세베른은 좁은 바다로, 그 바다는 큰 대양으로 그의 재를 옮겨 주었다. 그러므로 위클립의 재는 지금 전 세계에 퍼진 그의 교리를 상징한다고 하겠다."

시에나의 캐더린(Satherine of siena)
1347년경～1380

　시에나의 캐더린은 중세 말기의 가장 놀라운 영적 신비가들 가운데 하나이다. 캐더린이 살았던 시대는 약동하면서도 어려웠다. 중세의 세계는 사회, 경제, 예술, 신앙 등에서 심대한 변화를 겪고 있었다. 그녀의 고국 이탈리아는 중세의 전통이 르네상스 정신과 만나는 선봉의 위치에 있었다. 이러한 변화의 시기에 상당한 영적 불안이 있었다.

　스웨덴의 브리드게트(Bridget, 1373년 사망)와 달리(캐더린이 종종 브리드게트와 비교된다) 캐더린의 환상과 영감은 성모 마리아가 아닌 예수 그리스도로부터 직접 왔다. 그리스도의 지시를 따라 캐더린은 교회를 개혁하고 복음을 전하며 병든 자, 가난한 자, 유죄 선고를 받은 자들을 위로하는 것이 자기의 의무라고 믿었다. 여자의 종교적 소명이 제한을 당하고 세상과는 동떨어진 것으로 생각되었던 시대였지만 그녀는 적극적 활동가였다.

캐더린의 생애

1347년경	시에나에서 탄생
1354년경	예수께서 베드로, 바울, 요한과 함께 있는 환상을 보다. 종교적 삶을 서원하다.
1363	통회자 자매회(Sisters of Penitence)의 일원이 되다.
1367	그녀의 천상적 결혼에 대한 환상을 보다. 사역을 시

	작하다.
1370	편지들을 쓰기 시작하다.
1374	플로렌스에서 도미니칸 수도사들에 의해서 이단 혐의로 심문을 받다. 카푸아의 레이몬드(Raymond of Capua)를 영적 지도자로 받아들이다.
1376	아비뇽으로 여행하다. 교황 그레고리 11세를 큐리아(Curia : 교황청)와 함께 로마로 돌아가도록 설득하다.
1378~1380	대분열을 치유하려고 시도하였으나 뜻을 이루지 못하다.
1380년 4월 29일	로마에서 사망

시에나의 캐더린, 영적 신비가

캐롤라인 마샬(Caroline T. Marshall)

캐더린 베닌카사(Benincasa)

1347년경 케더린 베닌카사는 14세기 이탈리아의 격렬하고도 다채로운 세계 속에 태어났다. 그녀의 아버지 자코보는 염색업자였으며 그녀의 어머니 루파는 평범한 가정 주부였다. 캐더린은 한 쌍동이와 24명의 자녀 가운데 하나였다. 베닌카사 가문은 부요하지 않은 장인 계급이었으나 도시의 부요에 참여할 수는 있었다.

캐더린은 심각한 혼란에 빠진 한 교회에서 세례를 받고 그 교회 교인이 되었다. 교황은 아비뇽에서 품위있는 유배 생활을 하고 있었다. 이른바 교황의 바벨론 포로 생활은 이미 수십년 동안 지속되어온 상태였다 (1309년부터). 이것은 기독교계에 깊고도 고통스러운 추문거리가 되었다. 로마의 주교들이 자신들의 영적 권력의 좌소로부터 이탈한 행동은 신자들에게 신뢰감을 주입시키는 데 도움을 주지 못하였다.

평민들은 교회의 통상적인 공인된 채널 밖에서 종교적 표현을 추구하고 있었다. 14세기는 신앙에 대한 평신도들의 관심이 크게 고조되던 시기였다. 사실 도미니칸 수도회, 프란시스칸 수도회, 카르멜 수도회, 어거스틴 수도회 같은 탁발 수도회들은 평신도 남녀들을 위한 이른바 제3의 종단들(Third Orders)로 확립되어 있었다. 이 속에서 평신도들은 수도원이나 서품의 구속을 받지 않고 보다 자유로운 영적 삶을 추구할 수 있었다.

캐더린은 그 시대가 낳은 자녀였으며 기독교 신앙 표현에 불후의 공헌을 한 사람 가운데 하나였다. 유년기부터 경건했던 그녀는 7세 때에 예수님이 베드로 바울 및 복음서 기자 요한과 함께 있는 환상을 보았다. 그 순간 이후로 그녀는 종교적 삶을 영위하기로 결심하였다. 부모들은 이를 거부하였다. 분명 그녀가 농담을 한다고 생각했을 것이다. 결국에는 그녀의 아버지가 뜻을 들이켰으며 집 안의 일부는 그녀의 기도와 명상, 입신과 황홀경의 체험들을 위한 방으로 구별되었다. 그녀는 사랑하는 자들에게 가장 놀라웠던 일은 그녀의 극단적 금욕 실천이었다. 그녀는 장기간의 금식을 실시하기도 하고 잠자는 것을 거부하기도 하였으며 가혹한 징계 방법을(채찍이나 사슬) 사용하기도 하였다.

세상에 대한 사역

캐더린은 초년기를 시에나의 집에서 보냈다. 그의 첫번째 사역은 1368년 도미니칸 제3수도회(Dominican Third Order)의 어떤 통회자들의 자매회에 가입한 후에 있었다. 그 해로부터 1374년까지 그녀는 선한 일에 힘쓰는 한편 유명한 일련의 「편지들」을 최초로 쓰는 등 공적 봉사의 분야에 들어갔다.

캐더린이 수녀원에 가입할 생각은 가지고 있지 않았던 것 같다. 물론 이것은 그녀의 활동을 제한했을 것이다. 그리고 세계 속의 그녀의 활동은 제한을 당하기에는 너무나도 절박한 것이었다. 그녀에게는 남녀의 커다란 추종자 무리 즉 파미글리아(famiglia, 가족)가 생겨났다. 여기에는 과부와 처녀들, 연로한 은자들, 사제들, 귀족들, 도미니칸 수도사들, 평신도와 성직자들, 늙은이와 젊은이 등 각계 각층이 포함돼 있었다. 그러나 평신도들이 주류를 이루었으며 아마 대부분은 그녀보다 나이가 더 많았을 것이다.

시에나에서 캐더린은 세상에 대한 사역을 시작하였다. 그녀는 불치의 암과 문둥병에 걸린 사람들 사이에서 가장 힘든 간호와 허드렛 일을 하였다. 환자들은 고통을 주었으며 종종 입버릇까지 사나웠다. 그녀는 이러한 체험이 십자가에 못박힌 그리스도의 고난에 동참하는 데 도움이 되며 따라서 자신의 궁극적 목표인 하나님과의 신비로운 연합을 향해 나아가는 데 있어 커다란 도움이 된다고 믿었다.

환자 간호 외에도 캐더린은 죄수들에게 관심을 가지게 되었다. 그녀는 사형수들에게 복음을 전하였으며 사형집행 순간에도 내내 그들과 함께 있었다. 그녀는 또한 시에나의 사람들에게 비공식적으로 복음을 전하며 조언을 주었으며 그들 사이에서 점차 인기를 끌게 되었다. 이에 반발하여 교회내의 그녀에 대한 비평가들은 더 큰 목소리를 내게 되었다. 1370년 캐더린은 「편지들」을 쓰기 시작했다. 아마 이를 수단으로 하여 그녀는 거리낌 없이 추종자들에게 영적 조언을 줄 수 있었을 것이다.

이단으로 고소 당함

중세의 많는 사람들처럼 캐더린도 교회계층과 공고 사회간의 차이를 보지 못하였다. 그녀는 이교도 터키인들을 회심시키기 위해 팔레스타인에 십자군으로 갈 것을 결심하였다. 여기에서 그녀의 뜻은 군사적 측면이나 영토 확장주의에 있었던 것이 아니다. 복음 전도에 있었다. 이윽고 그녀는 보수적인 교회 지도자들로부터 심각한 비평을 받게 되었고 결과적으로 이단의 혐의로 도미니칸 수도회의 법정에 서게 되었다.

그녀의 이단성이 구체적으로 어떠한 내용이었는지는 알려져 있지 않다. 종종 그 고소 이전에 그녀에게는 사기꾼이라는 딱지가 붙여지기도 했었다. 그녀가 성만찬 중이나 기도 중에 정규적으로 체험한 입신과 황홀경(trances and ecstacies)은 지방의 성직자들에 의해 고의적인 탄핵을 받았다. 현재 알려져 있는 것은 1374년 프로렌스에서 개최된 도미니칸 수도회의 총회가 그녀의 모든 혐의를 풀고 그녀에게 공식적인 영적 조언자, 형제 카푸아의 레이몬드를 붙여 주었다는 것이다. 이 사람은 캐더린의 비서이자 가장 절친한 친구들 가운데 하나가 되였으며 그녀의 전기 작가가 되었다.

도미니칸 수도사들 앞에서 공식적으로 혐의를 푼 뒤 캐더린은 공적인 일에 한층 더 적극성을 띠게 되었다. 그녀는 다시 한번 십자군에게 터키인들을 회개시키도록 촉구하였으며 프로렌스와 기타 이탈리아의 도시 정부들이 교황 그레고리 11세와 치르고 있던 전쟁에서 중재 역할을 하였다. 캐더린은 신속히 교황에게 부속되어 이탈리아에서 그녀의 유격대로 행동하였다. 특히 그녀는 교황에게 아비뇽의 "유배 생활"로부터 돌아와 로마에 교황청을 재설립하자고 요구하였다. 분명 캐더린은 교황이 로마로 돌아오기만 한다면 교회의 개혁이 확실하게 일어나리라고 믿었을 것이다.

1376년 여름에 캐더린은 아비뇽의 교황을 방문하였다. 이 때 그녀는 터스커니(Tuscany : 이탈리아 중부의 지방)와 교황청 사이의 평화를 위한 프로렌스의 제안을 가지고 갔다. 뒤이어 프로렌스와 교회 사이에는 평화가 찾아왔으며 교황은 스스로 과한 1세기 이상의 유형 생활을 보낸 후 로마로 교황청을 다시 옮겼다.

여기에서 우리는 그레고리 11세가 신비주의에 대해 다소 공감하고 있었으며 당시에 유행하던 천년 왕국에 대한 예언들에도 관심을 가지고 있었다는 점에 유의해야 한다. 당시 유행하던 묵시적 견해는 한 자비로운 교황의 통치와 이교도들의 회심, 말세의 표적으로서 적 그리스도가 강림할 것 등을 강조하고 있었다. 캐더린은 그러한 이론을 환영하지 않았으나 그녀의 일부 추종자들은 이를 수용하였다. 그녀는 확실히 교황에게 커다란 영향을 미쳤다.

교황청이 커다란 승리를 거두고 로마로 돌아온지 1년 후에 그레고리 11세가 죽었다. 일단의 로마 군중들이 이탈리아인 교황을 요구하였고 우르반 6세가 선출되었다. 그는 거만하고 무뚝뚝하였다.

또 라이벌들과 원만한 관계를 유지하지 못함으로서 이것이 교황이 범기독교권의 충성을 요구하던 그 치욕스러운 대분열을 창출하는 데 일조를 하였다.

대분열

캐더린은 개인적으로 자신이 대분열에 책임이 있다고 느꼈다. 그녀는 생애 말년의 2년 즉 1378~1380년의 많은 부분을 로마에서 보내며 교회의 분열을 치유하고자 하였으나 그녀의 노력은 허사로 돌아갔다. 그 기간에 그녀는 신비주의에 대한 위대한 논문 「대화록」을 집필하였다. 여기에서 그녀는 자신의 찬란한 그리스도 중심적 신앙을 묘사하고 있다.

시에나의 젊은 여인이었던 시절 캐더린은 입신 중에 자신이 그리스도의 "신부" 혹은 "배우자"가 되는 환상을 보았다. 중세 말엽 유럽의 언어는 크게 낭만적이었다. 현대인들에게는 그 시대의 말이 종종 지나치게 혹은 부적절하게 들린다. 그러나 그리스도의 신부로서 순결한 수녀가 되는 것이 중세인들이 선망하는 이상이었다. 캐더린이 자신을 이런 식으로 생각한 것은 당연하다 하겠다. 그러나 캐더린은 수녀원에 들어갈 생각을 가지고 있지 않았다.

천상적 결혼

캐더린의 천상적 결혼은 모든 신비가들이 갈망하는 신성과의 영적 결합이다. 클레어보의 버나드처럼 그녀는 하나님을 사랑함으로써 하나님을 알기 원하였다. 나중에 끊임없는 기도와 황홀경의 체험을 통해 더욱 강화되었던 이 초기의 연합에서 그녀는 자기 뜻을 하나님의 뜻 안에 완전히 잠기게 하였다고 믿게 되었다. 하지만 그녀는 그 체험을 벗어났을 때 여전히 본래 그대로의 한 개인이었다. 캐더린의 어휘에서 "배우자"라는 단어는 이 관계를 묘사할 때 사용된다. 그녀는 이 단어를 남녀 모두에게 적용한다. 그녀의 뜻은 아마 당시의 사람들이 그리스도와의 인격적 교제를 가진다고 말할 때 나타내던 어떤 의미와 같았을 것이다. 당시의 사람들은 이러한 인격적 교제를 형식적이고 제도적인 것이 아닌 무언가 따스하고 친밀하며 사랑스러운 것으로 보았다.

교황의 실패에 의해 힘이 소진하고 실망한 캐더린은 1380년 로마에서 죽었다. 그녀의 「편지들」과 「대화록」은 서방 기독교계의 보물들 가운데 하나이다. 그러나 캐더린의 최고 선물은 그녀의 이상하고도 아름다운 삶이었다. 시에나 사람이었던 교황 피우스 2세는 1461년 그녀를 성자의 반열에 올렸다. 그녀의 축일은 4월 29일이다.

존 후스(John Hus)
1372년경~1415

1360년에 보헤미아(지역적으로 현대의 체코슬로바키아와 유사함)의 왕은 발트하우젠의 콘라드(Conrad of Waldhausen)을 초빙하여 교회의 부패에 대하여 설교하게 하였다. 그때 이후로 보헤미아의 전국적 개혁 운동이 시작되었다. 존 후스는 이러한 전통 속에 확고히 자리잡고 있는 인물이다. 그를 이 운동의 얼굴과 국가적 영웅으로 만든 최고의 독특한 요인은 그의 순교였다. 후스는 대분열의 기간에 살았다. 이때 유럽은, 서로를 격렬하게 비난하던 두세 명의 라이벌 교황들 사이에서 분열을 겪고 있었다. 이 분열을 종결시키고 아울러 후스를 화형시킨 것은 콘스탄스 회의였다.

후스는 자신이 위클립의 제자라고 공언하였다. 그는 물론 위클립에게 어느 정도 영향을 받은 것이 사실이다. 그러나 그들의 공통적 기반은 교회 성직 제도의 부패에 대한 그들의 관심과 교회의 권위에 대한 그들의 기꺼운 도전에 있었다. 교리적으로 후스는 위클립보다 보수적이었다. 위클립은 실질적 추종자들이 별로 없는 대단히 외로운 인물이었다. 롤라드파 운동은 종교 개혁 때까지 별 중요성이 없었던 소규모의 지하 운동이었다. 이와 달리 후스는 점차 발전하는 한 운동의 (중요한) 일원이었다.

나아가 이것은 "전국적인" 개혁 운동으로 발전하였다. 이런 집에서 후스의 개혁은 16세기 종교 개혁과 아울러 전국적인 개혁주의 교회 설립을 미리 예시한 것이었다.

후스의 생애

1372년경	탄생
1385	프라카티스(Prachatice)에서 초등 학업을 쌓다.
1390	프라하 대학에서 공부하다.
1393	문학사 학위
1396	문학 석사 학위
1400	서품 받다.
1402	프라하 소재 베들레헴 채플(Bethlehem Chapel)에서 교구 사제와 설교자가 되다.
1404	신학사 학위
1410	설교를 금지 당하고 파문되다.
1412	프라하로부터 추방되다. 「교회」와 「성직 매매」를 저술하다.
1414	콘스탄스 회의에 가다. 체포되다.
1415	죽음 : 사형 선고를 받고 화형을 당하다.

존 후스, 체코의 개혁자

레인(A. N. S. Lane)

후스와 위클립

존 후스는 1372년경 보헤미아의 가난한 부모에게서 태어났다. 그의 어머니는 그가 사제가 되기를 원하였으므로 1385년 그는 프라카티스의 초등 학교에 보내졌다. 1390년 그는 프라하 대학으로 간다.

거기에서 그는 계속하여 문학사 학위와 문학 석사 학위를 취득하고 그 후 문학부에서 교수할 수 있었다. 그 동안에 그는 계속하여 신학을 공부하였으며 1404년에 신학사(B. D.) 학위를 취득한다.

1402년 그는 프라하 소재 베들레헴 채플의 교구 목사와 설교자로 임명되었다. 이 교회는 1391년 개혁적 설교를 위한 중심지로서 한 부유한 상인에 의해 설립된 예배당이었다. 체코에서는 매일 두 번의 설교가 있었다. 따라서 후스는 전국적 개혁 운동에서의 핵심적 지위에 임명되었던 셈이다.

1382년 영국 왕 리챠드 2세와 보헤미아의 앤(Anne)이 결혼한 이래 영국과 보헤미아 사이에는 밀접한 관계가 존속해 왔었다. 위클립의 철학적 저술은 14세기의 보헤미아에 이미 잘 알려져 있었으나 1401년 프라하의 제롬은 영국으로부터 위클립의 보다 급진적인 신학작품들 가운데 몇 권의 복사본을 가져왔다.

이로 인해 위클립과 그의 가르침을 정죄하고자 하는 자들과 그를 변화하는(그의 모든 급진적 교리를 받아들이는 것은 아니지만) 자들 사이에서 논쟁이 점차 가열되었다.

화체설에 대한 위클립의 공격은 별도 호감을 얻지 못하였다. 후스는 이 교리를 여전히 고수하는 대다수 보헤미아 개혁자들의 대표적 인물이었다. 그러나 성직자의 부패 특히 사이머니(simony) 즉 영적 특권 매매에 대한 위클립의 공격은 많은 호응을 얻었다. 후스는 또한 하나의 중요한 점에서 위클립의 입장을 받아들였다. 제도적 성직자 계급주의적 교회 대신 택자들의 불가시적 교회에 대해 강조한 것이 그것이다. 이것은 하나의 중대한 단계였다. 이것이 토대가 되어 악한 교회 지도자들의 권위가 거부되고 제도적 교회로부터 성경으로 강조점이 옮겨졌기 때문이다. 위클립에 대한 논쟁은 1403년 프라하 대학이 그의 저술들 가운데서 45개 명제들을 정죄하면서 시작되었다. 이러한 정죄 행위는 독일인들이 보헤미아인들을 투표비율에서 3 : 1로 이겼기 때문에 가능하였다. 보헤미아인들은 이 사실에 분개하지 않을 수 없었다. 처음에 프라하의 대주교 쯔비넥(Zbynek)은 개혁자들을 지지하였다. 그러나 라이벌 교황들 가운데 어느 편을 지지해야 할 것인가의 문제가 왕과 개혁자들을 대주교와 독일인들로부터 분리시켰다. 그 결과 1408년부터 대주교는 개혁파를 반대하게 되었다. 1409년 왕은 그 대학에서 과반수를 차지하는 독일인 투표수를 배재하였다. 결과적으로 독일인들은 대학에서 총사퇴하여 라이프찌히에 새로운 대학을 설립하였다. 그리하여 보헤미아인들이 프라하 대학을 관할하게 되고 후스를 당 대학의 총장으로 선출하였다.

파문

후스의 승진은 단명하였다. 대주교는 베들레헴 채플을 포함해 예배당에서의 후스에 대한 설교 금지령을 교황으로부터 얻어내었다. 후스는 이를 복종하기 거부하였으며 따라서 1410년 대주교에 의해 파문을 당하였다. 같은 해 대주교는 위클립의 작품 200권을 불태웠다. 이에 후스와 기타 어떤 인물들은 위클립의 정통주의를 옹호하였다. 이 논쟁의 결과 후스는 로마로 소환을 당한다. 그는 지혜롭게도 직접 가기를 거절하고 대신에 합법적인 대리자들을 보냈다.

1412년 문제는 극도로 악화되었다. 교황 요한 22세는 나폴리의 왕에 대항해 십자군을 출발시켰으며 자기를 지지하는 모든 자들의 죄를 완전히 사해주겠다고까지 제의하고 있었다. 후스는 교황 자신의 개인적 목적을 달성하기 위해 영적인 강제력을 사용하는 데에 대해 격분하였으며 사죄의 매매를 공격하였다. 결과적으로 후스는 로마에 의해 파문당하였으며 프라하시는 그가 거기에 있는 동안 금제(interdict) 상태에 놓이게 되었다. 이것은 어떠한 종교 의식도 심지어는 세례식이나 장례식도 집행될 수 없다는 의미였다. 그러한 상황에서 후스는 이 도시를 떠날 수 밖에 없다고 생각하게 된다. 그는 보헤미아의 남부로 물러가서 거기서 그의 가장 중요한 작품들 가운데 2권 즉 「교회」(The Church)와 「성직 매매」(Simony)를 저술하였다.

순교

1414년 대분열을 치유하기 위해 콘스탄스 회의가 개최되었다. 후스는 황제 지그문트(Sigismund)에 의해 초청을 받았으며 그에 대한 송사의 결과가 어떻게 되든 양단간에 안전을 약속받았다. 다소 주저하였으나 그는 가기로 결심한다. 그러나 한 달이 못되어 교황 요한 22의 추종자들이 그를 붙잡아 투옥시켰다. 후스는 약속을 받았음에도 그 공의회에 의해 공판에 붙여졌으며 결국 이단의 혐의를 인정받게 되었다. 그에 대한 혐의 가운데 많은 것들은 사실이 아니었다. 예컨대 그가 화체설을 부인했다는 주장이라든가 그가 악한 사제들의 목회를 무효한 것으로 생각했다는 주장 등이 그것이다. 그러나 그의 실제적인 가르침 가운데 심리에 붙여져 이단적인 것으로 간주되었다. 후스는 이런 견해를 철회하기 거부하였으며 따라서 1415년 7월 6일 이단으로 정죄받고 도시의 교회로 끌려가 화형을 당하였다. 그 지점에는 오늘날 기념비가 세워져 있다.

이 공의회의 후스에 대한 화형은 사실상 로마 카톨릭으로부터 보헤미아의 분리에 불을 붙인 행동이었다. 그의 추종자들에게도 즉각적인 조처가 취해졌다. 그러나 이것은 시민 전쟁을 촉발시키는 구실을 하게 된다. 개혁 운동은 그 후에도 계속되었으나 두 개의 주요한 집단으로 분리되었다. 다수파의 구성원들은 로마 카톨릭 체계 내에서의 소규모 개혁만을 촉구하고 있었다. 그들의 주요한 요구는 평신도가 성만찬시에 떡은 물론 잔까지 받아야 한다는 것이었다(로마 카톨릭은 성직자에게만 잔을 분배하였다). 이 때문에 그들은 칼릭스틴스(Calixtines, 라틴어 calix, "잔"에서 유래) 혹은 우트라퀴스츠(Utraguists, 라틴어 utrague, "둘 다"에서 유래)로 불렸다.

그러나 타보리츠(Taborites)라 불리는 소수파도 있었다. 이는 남쪽 보헤미아의 그들의 산지 거점을 따라 붙여진 이름이었다. 그들은 보다 철저한 개혁을 촉구하였다. 그들은 15세기 중에 그들은 때로는 관용은 받기도 하고 때로는 박해를 받기도 하였다. 그들은 서쪽에 위치한 로마 카톨릭으로부터의 또 하나의 이탈 그룹 왈덴시스파와 우호적 관계를 맺었다. 종교 개혁의 발흥과 함께 그들은 루터 및 칼빈과 접촉을 가지게 된다.

인물로 본 기독교회사 (초대, 중세편)

1993년 3월 15일 초판 발행
1994년 7월 30일 초판 2쇄 발행
2000년 4월 15일 개정판 1쇄 발행
2005년 3월 20일 개정판 3쇄 발행

엮은이 • 존 우드브리지
옮긴이 • 박용규
발행인 • 김수곤
발행처 • 선교햇불
등록일 • 1999년 9월 21일 제54호
등록주소 • 서울시 송파구 삼전동 103번지
전　화 • (02)2203-2739
팩　스 • (02)2203-2738
이메일 • ceo@com2u.com
홈페이지 • www.ccm2u.com

ISBN 978-8989-615-682　03230

총　　판 • 선교햇불